누적 판매량 63만 부 돌파*
상식 베스트셀러 1위 985회 달성*

수많은 취준생이 선택한
에듀윌 상식 교재 막강 라인업!

[월간] 취업에 강한 에듀윌 시사상식

多통하는 일반상식 통합대비서

일반상식 핵심기출 300제

공기업기출 일반상식

기출 금융경제 상식

언론사기출 최신 일반상식

94개월 베스트셀러 1위!*
Why 월간 에듀윌 시사상식

우수콘텐츠잡지 2021

업계 유일!
2년 연속 우수콘텐츠잡지 선정!*

Cover Story, 분야별 최신상식, 취업상식 실전TEST, 논술·찬반 등 취업에 필요한 모든 상식 콘텐츠 수록!

업계 최다!
월간 이슈&상식 부문 94개월 베스트셀러 1위!

수많은 취준생의 선택을 받은 취업상식 월간지 압도적 베스트셀러 1위!

10 YEARS ANNIVERSARY

업계 10년 이상의 역사!
『에듀윌 시사상식』 창간 10주년 돌파!

2011년 창간 이후 10년 넘게 발행되며 오랜 시간 취준생의 상식을 책임진 검증된 취업상식 월간지!

* 알라딘 수험서/자격증 월간 이슈&상식 베스트셀러 1위 기준 (2012년 5월~7월, 9월~11월, 2013년 1월, 4월~5월, 11월, 2014년 1월, 3월~11월, 2015년 1월, 3월~4월, 10월, 12월, 2016년 2월, 7월~12월, 2017년 8월~2022년 9월 월간 베스트)
* 한국잡지협회 주관 2020년, 2021년 우수콘텐츠잡지 선정

하루아침에 완성되지 않는 상식, 에듀윌 시사상식 정기구독이 답!

정기구독 신청 시 10% 할인

매월 자동 결제
정가 ~~10,000원~~ 9,000원

6개월 한 번에 결제
정가 ~~60,000원~~ 54,000원

12개월 한 번에 결제
정가 ~~120,000원~~ 108,000원

· 정기구독 시 매달 배송비가 무료입니다.
· 구독 중 정가가 올라도 추가 부담 없이 이용하실 수 있습니다.
· '매월 자동 결제'는 매달 20일 카카오페이로 자동 결제되며, 6개월/12개월/무기한 기간 설정이 가능합니다.

정기구독 신청 방법

인터넷
에듀윌 도서몰(book.eduwill.net) 접속 ▶
시사상식 정기구독 신청 ▶
매월 자동 결제 or 6개월/12개월 한 번에 결제

전 화
02-397-0178
(평일 09:30~18:00 / 토·일·공휴일 휴무)

입금계좌
국민은행 873201-04-208883 (예금주 : 에듀윌)

정기구독 신청·혜택
바로가기

에듀윌 시사상식과
#소통해요

#소통하는 방법

방법 1

QR코드 스캔 접속

방법 2

http://eduwill.kr/62dF

인터넷 주소 입력으로 접속

더 읽고 싶은 콘텐츠가 있으신가요?
더 풀고 싶은 문제가 있으신가요?
의견을 주시면 콘텐츠로 만들어 드립니다!

☑ 에듀윌 시사상식은 독자 여러분의 의견을 적극 반영하고자
   합니다.
☑ 읽고 싶은 인터뷰, 칼럼 주제, 풀고 싶은 상식 문제 등 어떤
   의견이든 남겨 주세요.
☑ 보내 주신 의견을 바탕으로 특집 콘텐츠 등이 기획될 예정
   입니다.

설문조사 참여 시
#스타벅스 아메리카노를 드립니다!

추첨 방법 매월 가장 적극적으로 의견을 주신 1분을 추첨하여 개별 연락
경품 스타벅스 아메리카노 Tall

취업에 강한

에듀윌
시사상식

OCT. 2022

10

eduwill

CONTENTS

2022. 10. 통권 제136호

발행일 | 2022년 9월 25일(매월 발행)
편저 | 에듀윌 상식연구소
내용문의 | 02) 2650-3912
구독문의 | 02) 397-0178
팩스 | 02) 855-0008

PART 01

Cover Story 01

Cover Story 02

PART 02

분야별 최신상식

PART 03

취업상식 실전TEST

PART 04

상식을 넘은 상식

PART
01

Cover Story

이 달 의 가 장 중 요 한 이 슈

1.

美 인플레이션 감축법 韓 '난감'

한국산 전기차 직격탄...
정부, 대응 고심

조 바이든 미국 대통령이 8월 16일(현지시간) '인플레이션 감축법(IRA)'에
서명했다. IRA에는 미국에서 생산되는 전기차에만
혜택을 주는 내용이 포함돼 한국차 기업의 피해가 예상된다.
미국 공장에 전기차 생산 라인을 갖추지 못한 한국 기업들은
신차 구매 시 제공되는 최대 7500달러(약 980만원)의
세액 공제 대상에서 제외되며 비상이 걸렸다.
정부는 IRA의 보조금 차별이 한미 자유무역협정(FTA)상 보조금 등에서
상대국을 불리하게 대우할 수 없다는 '내국인 대우 의무규정'에
명백히 위배된다고 판단했다. 일각에서는 칩4 협상을 통해
미국이 IRA를 한국에 유리하게 수정하도록
압박을 가해야 한다는 주장이 제기된다.

바이든 대통령, 인플레이션 감축법 서명

▲ 바이든 대통령이 인플레이션 감축법에 서명하고 있다.

조 바이든 미국 대통령이 8월 16일(현지시간) '인플레이션 감축법(IRA, Inflation Reduction Act)'에 서명했다. 바이든 대통령이 야심차게 추진해온 IRA는 중국의 경제 패권 도전을 견제하면서, 오는 11월 중간선거를 앞두고 부진한 여권 지지율을 끌어올리기 위한 바이든 대통령의 다목적 승부수다. 그러나 IRA에는 미국에서 생산되는 전기차에만 혜택을 주는 내용이 포함돼 한국차 기업의 피해가 예상된다.

IRA는 바이든 대통령이 지난해 제시한 역점 사업인 '■더 나은 재건 법안(BBB)'을 축소·수정한 법안이다. 바이든 대통령은 BBB에 기후 변화 대응 및 건강보험 복지 확대 등에 약 3조5000억달러(약 4600조원) 예산을 투입하려 했지만 야당인 공화당에서 지출 규모가 너무 크다고 반발했다.

결국 BBB에서 유치원 무상 교육, 유급 간병 휴가 등 일부 복지 정책을 뺀 IRA가 지난 8월 7일 미국 상원을 통과했다. 50 대 50 가부 동수를 기록했지만 당연직 상원 의장인 카멀라 해리스 부통령이 ■캐스팅보트를 행사하며 통과됐다. 8월 12일에는 민주당이 다수당인 하원을 통과했다.

IRA가 미국 경제에 부담을 줘 인플레이션을 악화할 것이란 경제학계의 우려에도 불구하고 지난 7월 19일 기준 36%로 저조했던 바이든 대통령의 지지율은 법안 통과 뒤 40%대를 탈환했다.

BBB에서 축소됐으나 IRA는 4400억달러의 정책 집행과 3000억달러 규모의 재정적자 감축으로 구성된 총 7400억달러(약 910조원) 규모의 거대한 지출 계획이다. 40년 만의 물가 폭등세로부터 미국 국민의 생활을 안정화한다는 대의명분을 내세우며 인플레이션 감축법이란 이름을 붙였지만 미국이 직면한 다양한 현안을 망라하고 있다.

이 법은 먼저 ▲의약품·에너지 가격 인상 억제와 비용 감소 및 세액 공제 등으로 직접적인 가계 지출 축소를 도모한다. 또한 ▲청정에너지 산업 발전으로 일자리를 창출하고 가계 소득 안정화에 기여한다는 명분을 내세우고 ▲글로벌 공급망 교란에 대응해 자국 중심의 공급망 재편까지 꾀하고 있다.

이는 대내적으로는 부자 증세와 복지를 우선하는 민주당과 바이든 행정부가 국정 주도권을 잡아 중간선거 및 차기 대선에서 승리하고 대외적으로 중국을 견제하는 것까지 염두에 둔 정책으로서 그 파급력은 단순히 미국 시장에만 그치지 않을 전망이다.

■ 더 나은 재건 법안 (BBB, Build Back Better)

더 나은 재건 법안(BBB)은 조 바이든 행정부가 추진하고 있는 경제 정책으로서 코로나19 구호 법안인 ▲미국 구조 계획, 인프라와 재생에너지 개발을 통해 일자리를 창출하고자 하는 법안인 ▲미국 일자리 계획, 육아와 노후 복지를 위한 ▲미국 가족계획으로 구성된다. 야당(공화당)이 과도한 복지 우려로 BBB에 반대하면서 바이든 대통령과 민주당은 이 가운데 미국 가족계획을 축소해 '인플레이션 감축법(IRA)'으로 수정했고 2022년 8월 IRA 입법에 성공했다.

■ **캐스팅보트 (casting vote)**
캐스팅보트란 두 세력이 균형을 이룬 상태에서 대세를 좌우할 열쇠를 가진 제3세력의 표를 말한다. 정치용어로 자주 쓰이며, 양대 정당의 세력이 비슷해 소수의 제3당의 의결에 의해 사안이 결정되는 것을 의미하기도 한다. 우리나라에서는 가부동수일 때 의장의 캐스팅보트를 인정하지 않고 부결 처리한다.

미중 고래 싸움에
韓 전기차 업체 직격탄

▲ 현대 전기차 아이오닉5 (자료 : 현대차)

IRA는 향후 10년 동안 에너지 안보 및 기후 변화 대응에 3750억달러(약 492조원), 처방 약 가격을 낮추기 위해 전국민건강보험에 640억달러(약 83조원)를 각각 투자하는 내용을 포함한다. 연간 10억달러(약 1조3000억원) 이상의 수익을 올리는 대기업에 최소 15% 법인세를 부과하고 초부유층에 대한 과세 허점 보완 등도 담겼다.

IRA는 태양광 패널, 풍력, 배터리 등 신재생·청정 에너지 사업에 막대한 투자와 지원을 아끼지 않는 법인만큼 이러한 산업 분야에서 기술 경쟁력을 갖춘 기업에 여러 혜택과 비즈니스 기회가 창출될 전망이다. 미국 내 가스 액화 및 저장 설비, 해상 운송을 위한 터미널 건설 인프라의 수요 증가로 인해 우리나라 수출 주도 업체의 수혜 가능성도 있다.

문제는 IRA가 철저하게 중국을 배제하고 미국 제조업을 우선하는 데 초점을 맞추고 있다는 것이다. 가장 문제가 되는 내용은 전기차 보조금 혜택 기준에 관한 IRA 섹션 13401(청정자동차 세액공제) 부분이다. 이 조항은 전기차 구매자에게 제공되는 세액 공제 관련 수혜 조건으로 **해당 전기차가 미국에서 생산돼야 하고 미국에서 제조된 배터리와 핵심 광물을 사용해야 한다**고 명시했다.

핵심 광물의 40% 이상이 미국이나 미국과 자유무역협정(FTA)을 체결한 국가에서 생산된 경우에만 세액 공제를 받을 수 있고 1년마다 핵심 광물 비율 기준을 10%씩 올려 2029년에는 100% 요건을 맞춰야 한다. 전기차 핵심 광물의 중국 의존도가 높고 미국 공장에 전기차 생산 라인을 갖추지 못한 한국 기업들은 신차 구매 시 제공되는 최대 7500달러(약 980만원)의 세액 공제 대상에서 제외되며 비상이 걸렸다.

우리나라 현대·기아차는 신형 전기차 아이오닉5와 EV6가 미국 시장에서 호평을 받으며 미국 내 테슬라, 포드, 폭스바겐에 이어 점유율 4위(7.6%)로 선전하고 있다. 그러나 **IRA로 세액 공제 대상에서 제외되고 보조금을 혜택을 받지 못하면 그만큼 가격 경쟁력이 훨씬 떨어져 미국 내 판매량 감소가 불가피**하다.

IRA는 사실상 전기차와 전기차 배터리 핵심 원자재 분야에서 미국과 패권 경쟁을 벌이고 있는 중국을 고립시키기 위한 목적인데 고래 싸움에

애먼 한국 기업의 등이 터지는 형국이다. 정의선 현대차 회장이 지난 5월 방한한 바이든 대통령과의 면담에서 미국에 100억달러(약 13조8000억원) 이상의 투자를 약속하며 세제 혜택을 기대했던 터라 한국 입장에선 배신감이 크다.

현대차는 2025년 완공을 목표로 미국 조지아주에 전기차 전용 공장을 짓겠다고 발표했지만 아무리 공장 증설을 앞당긴다고 해도 그 기간까지 보조금을 받을 수 없다. 미국에 전기차 생산을 늘리려면 국내 생산량을 줄여야 하는데 노조가 국내 일자리 감소를 우려해 반대하고 있어 이들을 설득하기도 쉽지 않다. 이러한 난관을 모두 극복하고 미국 내 전기차를 생산하더라도 중국산 배터리를 탑재하면 보조금 혜택을 받지 못하므로 소재·부품을 미국 중심으로 재편해야 하는 부담이 남는다.

▲ 안성일 산업통상자원부 신통상질서전략실장 (자료 : 산업부)

■ 전기차 배터리 주요 광물

구분		광물
음극재	배터리의 (−)극을 담당하며 배터리의 충전 속도와 수명을 결정	흑연
양극재	배터리의 (+)극을 담당하며 용량과 평균 전압을 결정	알루미늄, 니켈, 마그네슘, 코발트, 리튬, 철
집전체	활물질에서 전자를 받아 외부로 흘려보내는 통로 역할	알루미늄, 구리
케이스	배터리를 외부 충격과 이물질 침투로부터 보호하고 화재 위험을 차단	알루미늄, 강철

정부, 美에 IRA 협상 대표단 파견... WTO 제소 고려

정부는 IRA 제정에 따른 한국산 전기차 불이익 문제를 해소하기 위해 미국과 협의에 나섰다. 안성일 산업통상자원부 신통상질서전략실장을 비롯해 기획재정부, 외교부 등으로 구성된 정부 합동대표단은 8월 30일 미국 무역대표부(USTR)와 상무부 관계자를 만나 전기차 보조금 문제에 대한 논의에 착수했다.

정부는 IRA의 보조금 차별이 **한미 자유무역협정(FTA)상 보조금 등에서 상대국을 불리하게 대우할 수 없다는 '내국인 대우 의무규정'에 명백히 위배**된다고 판단했다. 이에 보조금 지급 조건을 북미산 전기차뿐만 아니라 한국처럼 미국과 FTA를 맺은 국가로 확대하거나 보조금 조치 시행을 유예하는 방향으로 IRA 개정을 요구한 것으로 알려졌지만 미국은 아랑곳 않는 상황이다.

미국 내에서 생산된 전기차에만 세액 공제를 적용하는 IRA에 대해 한국뿐 아니라 유럽에서도 비판의 목소리가 나오고 있다. 9월 4일 한국무역협회 브뤼셀지부에 따르면 최근 베른트 랑게 유럽의회 국제통상위원장은 미국 IRA의 전기차 보조금 제도 변경에 따른 유럽연합(EU)의 우려를 해소하지 않을 경우 미국을 ▪세계무역기구(WTO)에 제소하겠다는 입장을 표명했다.

다만 미국이 WTO 신임 위원을 선임하지 않고

있어 WTO상소기구가 사실상 무력화된 상황이므로 WTO 분쟁해결 패널에서 EU가 승소해도 이행강제는 불가능한 상황이다. 우리 정부 역시 당장 9월부터 한국산 전기차에 대해 세액 공제 혜택을 보지 못하게 되면서 **미국 정부를 WTO에 제소할 수 있다는 의지를 밝힌 만큼 EU와의 공조 가능성에도 무게가** 실린다.

이창양 산업통상부 장관은 "IRA는 WTO 규정을 위반했을 가능성이 높고 필요한 경우 WTO 제소 절차를 진행할 것"이라고 밝혔다. 이 장관은 "WTO 제소 절차로 가면 같은 입장인 일본, EU 국가들과 공조가 가능할 것"이라고 덧붙였다.

■ 세계무역기구 (WTO, World Trade Organization)
세계무역기구(WTO)는 세계 무역분쟁 조정, 관세인하 요구, 반덤핑규제 등 무역과 관련해 법적 권한과 구속력을 행사하는 국제기구이다. 1947년 이래 반세기 동안 국제무역질서를 규율해왔던 '관세 및 무역에 관한 일반협정(GATT, General Agreement on Tariffs and Trade·가트)'을 대체하는 체제로서 1995년 출범했다. 최고의결기구는 총회이며 본부는 제네바에 있다.

매정한 동맹...
칩4 출범 영향 미치나

한미 양국이 IRA 협상에 나선 가운데 **칩4**(Chip4 : 미국·한국·대만·일본 등으로 구성된 반도체 공급망 협의체) 협상이 연기돼 비상한 관심이 쏠렸다. 정부 관계자에 따르면 칩4 예비회의는 본래 8월 말로 예정됐으나 일정이 9월 초로 연기됐다가 또 다시 9월 중순으로 밀렸다.

한국 정부는 IRA 협상과 칩4 협상은 관련이 없다는 입장이지만 일각에서는 칩4 협상을 통해 미국이 IRA를 한국에 유리하도록 수정하도록 압박을 가해야 한다는 주장이 제기된다. 이러한 가운데 최근 지나 러몬도 미 상무장관이 중국에 대한 투자를 막는 '■ **칩과 과학법**'(반도체 지원법)을 강조하며, 한국으로 가기로 했던 대만 반도체 기업 글로벌 웨이퍼스의 50억달러(약 7조원) 규모 투자를 미국으로 가로챈 사실이 공개됐다.

미국에 매정한 동맹국이란 비판까지 제기되면서 정부가 전기차와 반도체 산업을 연계해야 한다는 여론이 더 커졌다. 미국이 한국산 전기차를 명백히 차별했는데 한국이 미국의 자국 이익 챙기기에 순순히 협조해야 하느냐는 것이다.

중국은 한국의 반도체 수출의 전체 60%를 차지할 정도로 절대적이고 삼성전자와 SK하이닉스의 핵심 생산시설은 중국에 있어 칩4 동맹 참여로 중국과 관계가 악화된다면 국내 주축 산업인 반도체가 흔들릴 수 있다. 미국의 자국 우선주의 압박이 '자국 생산주의'로 강화되면서 한국 정부와 기업의 고심이 커졌다.

■ 칩과 과학법 (CHIPS and Science Act)
칩과 과학법은 미국의 반도체 공급망 해외 의존도를 낮추기 위해 미국 반도체 산업에 520억달러(약 70조원)를 지원하는 법안이다. 2022년 7월 하원을 통과했으며 반도체 지원법이라고 명명된다. 이 법은 미국으로부터 보조금을 받은 기업이 10년 동안 중국에 첨단 반도체 시설 투자를 하지 못하도록 제한하는 가드레일(안전장치) 조항을 두고 있어 중국 내 반도체 공장을 가지고 있는 삼성전자와 SK하이닉스의 경영이 타격을 받을 수 있다.

2.

엘리자베스 2세 영국 여왕 서거
70년 최장 재위...
찰스 3세 즉위

엘리자베스 2세 영국 여왕이 9월 8일(이하 현지시간) 서거했다. 찰스 왕세자는 즉시 왕위를 물려받아 찰스 3세로 즉위했다. 엘리자베스 2세 여왕은 1952년 2월 6일 즉위한 이래 이날까지 만 70년 127일을 재위했다. 영국 군주 중에서는 최장 기록이다. 윈스턴 처칠부터 트러스까지 그를 거쳐 간 영국 총리만 15명에 달한다. 여왕은 재위 기간 자선 활동에 힘을 쏟았고 국가 원수로서 각국 정상들과 활발한 외교 활동을 벌였다.

퀸이 떠났다...한 시대가 저물다

▲ 고(故) 엘리자베스 2세

■ **영국연방**의 수장이자 영국인들의 정신적 지주인 엘리자베스 2세 영국 여왕이 9월 8일(이하 현지시간) 서거했다. 향년 96세. 여왕의 본명은 엘리자베스 알렉산드라 메리 윈저. 영국 왕실은 이날 "여왕이 스코틀랜드에 있는 밸모럴성에서 평화롭게 세상을 떠났다"고 밝혔다.

여왕은 서거 이틀 전인 9월 6일 차기 총리 내정자인 엘리자베스 트러스 총리를 밸모럴성으로 불러 만났다. 이는 버킹엄궁전에서 차기 총리를 임명하는 관례를 깬 것이었다. 이튿날 추밀원(樞密院 : 국왕 자문기관) 온라인 회의까지 연기되면서 여왕의 건강 문제가 제기됐고 왕실 가족들이 밸모럴성으로 몰려드며 위독하다는 사실이 전해졌다.

왕위 계승 서열 1위인 장남 찰스 왕세자와 부인 커밀라, 왕위 계승 서열 2위이자 찰스 왕세자의 아들 윌리엄 왕세손 등이 여왕의 마지막 길을 함께한 것으로 알려졌다. 영국 왕실 공식 관저인 버킹엄궁은 오후 6시 30분 조기를 게양했다. **찰스 왕세자는 즉시 왕위를 물려받아 찰스 3세로 즉위**했다.

여왕은 90대의 나이에도 활발한 대외 활동을 이어오다가 70여 년간 해로(偕老 : 부부가 한평생 같이 살며 늙어감)한 남편 필립공(公)이 지난해 4월 사망한 이후 급격히 쇠약해졌고 외부 활동을 자제했다. 올해 2월에는 코로나19에 확진되기도 했다.

엘리자베스 2세는 1952년 2월 6일 즉위한 이래 이날까지 만 70년 127일을 재위했다. 영국 군주 중에서는 최장 기록이며 역대 유럽 왕실을 통틀어서도 72년간 프랑스를 통치한 프랑스 루이 14세에 이어 두 번째다. 그는 2012년에는 영국에서 가장 위대한 국왕을 묻는 설문에 빅토리아 여왕과 엘리자베스 1세를 제치고 1위에 오르기도 했다.

■ **영국연방 (英國聯邦)**

영국연방이란 영국 본국과 구(舊)영국 제국 내의 식민지에서 독립한 나라로 구성된 연방체를 말한다. 영국을 비롯해 캐나다, 오스트레일리아, 뉴질랜드, 인도 등 과거 영국의 식민지였던 56개의 국가로 구성돼 있다. 영연방에 소속된 대부분 국가들은 과거 영국 영토였지만 지금은 독립국이며, 회원국들은 민주주의·인권·법질서 등을 공동의 가치로 추구한다. 영연방 국가 중 영국을 포함한 15개국은 영국 국왕을 국가원수로 인정하고 있으며, 그 외 국가는 공화국과 독자적으로 국왕을 추대하는 국가로 나뉜다.

한편, 영국(United Kingdom)은 국가에 준하는 지역이 연방을 구성한 국가로서 ▲잉글랜드 ▲스코틀랜드 ▲웨일스 ▲북아일랜드 등 4개 구성국으로 이뤄져 있다.

➕ **서거·타계·별세...죽음에도 급이 있다**

사람의 죽음을 높이 이르는 말에는 서거(逝去)·타계(他界)·별세(別世) 등이 있다. 서거는 대통령이나 종교 지도자 등 사회적으로 큰 영향을 미쳤던 비범한 인물의 죽음을 일컫는다. 타계는 '이 세상을 떠나 다른 세계로 간다'는 뜻으로 귀인(貴人)의 죽음을 이르는 말이다. 관용적인 쓰임새를 보면 서거를 쓸 정도는 아니지만 사회에 많은 기여를 했거나 상당히 지명도가 있는 인물의 죽음에 대해 쓰인다. 별세는 '세상과 이별한다'는 말로서 죽음을 높이 이르는 일반적인 표현이다. 고인의 사회적 지위나 명망과 관계없이 존경을 담은 표현이다. 그러나 이러한 표현이 엄격히 구분되는 것은 아니며 혼용되기도 한다.

현대사 산증인...2차 대전 군 복무 ·거쳐 간 총리만 15명

▲ 2차 대전 후반기 영국 육군에서 정비병으로 복무하던 엘리자베스 2세(당시 왕세녀) (자료 : The National WWII Museum New Orleans)

엘리자베스 2세는 ▪입헌군주제 국가인 영국에서 정치적 실권은 없지만 상징적인 존재로서 품격을 잃지 않는 철저한 자기 관리와 몸에 밴 겸손, 온화한 미소, 날카로운 판단력으로 영국인들의 존경과 사랑을 받았다.

그는 빅토리아 여왕(64년간 재위)에 이어 영국 역사상 두 번째로 다이아몬드 ▪주빌리(재위 60년)을 맞았고 올해 6월에는 최초로 플래티넘 주빌리(재위 70년) 행사를 치렀다. 윈스턴 처칠부터 트러스까지 그를 거쳐 간 영국 총리만 15명에 달한다.

여왕은 2차 세계대전 말기인 1945년에는 여군에

입대해 군 트럭 정비병으로 참전하며 ▪노블레스 오블리제를 실천했다. 1947년 그리스 왕족 출신인 필립공과 결혼했고 1952년 25세의 젊은 나이에 아버지 조지 6세의 왕위를 이어받았다. 심한 말더듬증을 극복하고 2차 대전 당시 독일의 공습에 맞서 국민들의 단합을 이끈 조지 6세는 영화 '킹스 스피치'의 주인공으로 잘 알려졌다.

여왕은 재위 기간 영국적십자사 등 620여 개 사회단체를 후원하며 자선 활동에 힘을 쏟았으며 국가 원수로서 각국 정상들과 활발한 외교 활동을 벌였다. 100개국 이상을 방문하고 각국 정상들과 소통하며 타고난 외교관이란 평가를 받았다.

여왕은 1999년에는 김대중 대통령의 초청으로 방문해 안동 하회마을에서 73세 생일상을 받기도 했다. 이는 1883년 조선과 영국이 우호통상항해조약을 맺고 수교한 이래 영국 군주로서는 첫 방한이었기에 한영관계에서 가장 중요한 사건 중 하나로 꼽혔다.

그러나 여왕은 왕실 스캔들로 골머리를 앓았다. 1981년 찰스 왕세자와 다이애나 왕세자빈의 결혼이 세계인의 이목을 집중시켰지만 찰스 왕세자와 커밀라의 불륜으로 1996년 두 사람이 이혼하면서 왕실에 대한 호감은 급격히 떨어졌다. 1997년 다이애나가 프랑스에서 파파라치를 따돌리다가 교통사고로 사망한 이후 왕실에 대한 대중의 반감은 커졌다.

2017년에는 다이애나의 둘째 아들인 해리 왕손이 2017년 미국인 여배우 메건 마클과 결혼한 뒤 왕실을 떠나는 과정에서 왕실의 인종차별 문제가 불거졌다.

■ 입헌군주제 (立憲君主制)

입헌군주제란 헌법 체계 아래 세습 군주(국왕)를 인정하는 정부 형태. 오늘날 입헌군주제는 대부분 대의 민주주의와 혼합돼 있으며 선거를 통해 실질적으로 국가를 통치하는 역할을 총리가 수행한다. 입헌군주제와 달리 왕이 절대적 권력을 지니며 통치하는 형태는 전제군주제이다. 사우디아라비아, 아랍에미리트, 카타르, 부르나이 등은 아직까지 전제군주국이다. 네팔과 부탄은 2008년 전제왕정을 포기하고 각각 공화국과 입헌군주국으로 개편하기도 했다.

■ 주빌리 (jubilee)

주빌리는 특정 기념주기를 뜻하는 말로 고대 이스라엘에서 50년마다 열린 안식년에서 유래했다. 그해 노예는 풀려나고 사면과 부채 탕감 등이 이뤄졌다. 유럽 왕가에서는 ▲즉위 25주년에 실버 주빌리 ▲50년에 골든 주빌리 ▲60주년에 다이아몬드 주빌리 ▲70주년에 플래티넘 주빌리 축제를 열어 기념한다.

■ 노벨레스 오블리제 (noblesse oblige)

노블레스 오블리제는 사회 고위층 인사에게 요구되는 높은 수준의 도덕적 의무를 뜻하는 말이다. 초기 고대 로마시대에서 귀족 등의 고위층이 전쟁에 참여하고 많이 희생됐던 전통에서 비롯됐다.

> **➕ 노블레스 말라드 (noblesse malade)**
>
> 노블레스 말라드는 '병들고 부패한 귀족'이란 의미로 사회적 지위가 높은 사람들이 도덕적 의무를 저버리고 패악을 저지르는 것을 말한다. 돈 많고 권력 있는 엘리트 집단이 약자를 상대로 갑질을 일삼고 권력에 유착해 각종 부정부패에 가담하는 것이 노블레스 말라드의 전형이다.

찰스 3세, 영국 국왕 공식 즉위

찰스 3세는 9월 10일 오전 10시 영국의 새 국왕으로 공식 선포됐다. 추밀원 서기가 새 국왕의 등극을 알리는 즉위 선언문을 낭독했고 이 반포문에 왕비와 왕세자, 영국 성공회를 대표하는 캔터베리 대주교와 요크 대주교 등이 서명했다. 버킹

▲ 찰스 3세

엄궁과 제임스궁 앞에 모인 시민들은 "신이여 국왕을 보호하소서(God save the King)", "국왕 만세(Long live the King)" 등을 외쳤다.

찰스 3세는 전날 국왕으로 첫 TV 대국민 연설에 나서 "일생 동안 여왕 폐하이자 제 사랑하는 어머니는 저와 우리 가족 모두에게 영감을 주는 사람이자 본보기였다"며 어머니의 유산을 계승해 "충성심·존중·사랑으로 영국인들을 위해 헌신하겠다"고 말했다. 찰스 3세의 대관식은 수개월 이내 열릴 예정이다.

찰스 3세의 부인 커밀라는 세자빈 호칭을 받지 못하고 콘월 공작부인으로 불렸지만 찰스 3세 즉위와 함께 왕비로 격상됐다. **왕위 승계 서열 1위를 물려받은 찰스 3세의 장남 윌리엄 왕자는 공식적 왕세자를 뜻하는 웨일스공의 작위를 수여했다.**

> **➕ 영국 왕위 계승 서열**
>
> 찰스 3세의 즉위에 따라 왕위 계승 서열 1위는 윌리엄 왕세자가 물려받았다. 윌리엄 왕세자의 자녀인 조지 왕자(9), 샬럿 공주(7), 루이 왕자(4)가 서열 2·3·4위가 된다. 5위는 찰스 3세의 차남인 해리 왕자이며 해리 왕자의 자녀인 아치 왕자가 6위, 딸 릴리벳이 7위에 해당한다. 8위는 찰스 3세의 동생 앤드루 왕자다.

분야별
최신상식

9개 분야 최신이슈와 핵심 키워드

분야별
최신상식

정치
행정

이재명, 더불어민주당 신임 당 대표 선출 확정

■ **이재명** (李在明, 1963~)
이재명은 경북 안동의 화전민, 경기 성남의 도시 빈민 가정 출신으로 소년공으로 일하다가 검정고시로 대학에 입학. 사법시험까지 합격한 입지전적인 인물이다. 성남시를 중심으로 노동·인권변호사로 활동하다가 정치에 입문해 성남시장 및 경기도지사를 지내며 보편적 복지 정책 등으로 주목받았다. 19대 대선에서는 당내 문재인 후보에게 패했고 20대 대선에서는 민주당 후보로 선출됐지만 정권교체 여론을 뒤집지 못하고 윤석열 후보에게 패했다.

민주당 역대 최고 득표율

더불어민주당의 새 대표로 ■**이재명** 의원이 선출됐다. 이 신임 대표는 8월 28일 서울 올림픽 체조경기장에서 개최된 정기전국대의원대회(■**전당대회**) 당 대표 경선에서 77.77%의 득표율로 박용진 후보(22.23%)를 멀찍이 제치고 압승했다. 이 대표의 전당대회 득표율은 지난 2020년 전당대회 때 이낙연 전 대표(60.77%)를 넘어선 **민주당 역대 최고 득표율**이기도 하다.

이번 경선은 권리당원 40%, 대의원 30%, 일반 국민 여론조사 25%, 일반 당원 여론조사 5%를 각각 반영해 합산하는 방식으로 진행됐다. 이 대표는 권리당원 투표에서 78.22%의 압도적인 득표율을 기록했고 대의원(72.03%), 국민(82.26%), 일반 당원(86.25%) 등에서도 고른 지지를 받았다.

연속된 전국 선거 패배로 위기에 몰린 당을 재건하기 위해서는 강력한 리더십이 필요하다는 당원들의 요구가 이른바 '**어대명**(어차피 대표는 이재명)'이라는 대세론으로 분출된 것이란 평가가 나온다. 이 대표는 당의 체질 개선을 통해 등 돌린 중도층의 마음을 돌리고 윤석열 정부를 견제할 '대안 야당'으로 인정받도록 만들 책무를 안게 됐다.

당 대표 비서실장에 천준호, 대변인 박성준

더불어민주당 신임 지도부는 8월 28일 이재명 **당 대표 비서실장에 천준호**(초선·서울 강북구갑) **의원을 임명**하고, **당 대변인에 박성준**(초선·서울 중구 성동구을) **의원을 내정**하기로 했다. 당 공보국은 이날 오후 이재명 대표와 최고위원이 간담회에서 협의한 결과 이 같은 인선안을 확정했다고 공지했다.

천 의원과 박 의원은 지난 대선 당시 일찌감치 '이재명 캠프'에 합류, 친이재명계로 분류된다. 이 대표와 함께 선출된 **최고위원**(정청래·고민정·박찬대·서영교·장경태) **5명**은 이날 전대 종료 직후 긴급간담회를 가졌다.

민주당은 8월 31일 신임 사무총장에 5선 중진인 조정식 의원을 내정했고 김성환 정책위의장은 유임했다.

검찰, 이재명 대표 소환 통보

한편, 민주당은 9월 1일 검찰이 이재명 신임 당 대표에게 소환을 통보했다고 밝혔다. 검찰은 백현동 식품연구원 부지 개발과 관련해 이 대표가 지난해 국정감사와 언론 인터뷰 등에서 "박근혜 정부 국토부가 성남시 공무원들에게 용도 변경을 압박했다"고 한 발언을 허위 사실로 보고 문제 삼고 있다.

이 대표는 공직선거법 위반 혐의로 고발됐는데, 경기남부경찰청 반부패경제범죄수사대는 8월 26일 이 사건을 수원지검 성남지청에 송치했다. 박성준 민주당 대변인은 "윤석열 대통령과 경쟁했던 대선 후보이자 제1야당 대표에 대한 정치보복, 야당을 와해하려는 정치 탄압에 대해 더불어민주당은 물러설 수 없다"고 해 여야 간의 갈등이 첨예하게 부딪칠 예정이다.

■ **전당대회 (全黨大會)**

전당대회는 각 정당의 대표를 비롯한 주요 지도부의 선출, 대통령 후보자의 결정, 당의 강령과 당헌 채택·개정, 당의 해산·합당 등 주요 사항을 결정하기 위해 개최하는 정당의 최대행사다. 각 정당 대표와 최고 지도부는 물론 전국의 당원을 대표하는 대의원들이 모두 참석해 결정을 내리도록 돼 있다.

POINT 세 줄 요약

❶ 8월 28일 더불어민주당의 새 대표로 이재명 의원이 선출됐다.

❷ 이재명 당 대표는 비서실장에 천준호 의원을 임명하고, 당 대변인에 박성준 의원을 내정했다.

❸ 더불어민주당 최고위원으로 정청래·고민정·박찬대·서영교·장경태 의원 5명이 선출됐다.

김건희 여사 팬클럽서 '尹 대외비 일정' 유출 논란

▲ 김건희 여사의 팬클럽 '건희사랑' 홈페이지 (건희사랑 페이스북 캡처)

윤석열 대통령의 '대외비' 일정이 부인 김건희 여사의 팬클럽을 통해 유출됐다. 8월 24일 팬클럽 '건희사랑' 페이스북에는 한 사용자가 "공지합니다. 윤석열 대통령, 대구 서문시장 26일 12시 방문입니다. 많은 참석, 홍보 부탁드린다"는 댓글을 올렸다. "공용주차장으로 오세요"라며 집결 장소까지 기재됐다. 방문 일시와 장소가 구체적으로 알려진 것이다.

통상 **대통령의 외부 일정은 경호상 이유로, 행사 종료까지 일정 자체가 대외비**(경호엠바고)에 부쳐진다. 출입기자단에 경호엠바고 조건으로 사전 공지된 개괄적인 '대구 방문' 일정보다도 세부적인 동선이 팬클럽 채널에서 사실상 공개된 것이어서 경호 및 보안상 논란이 일었다. 더구나 재래시장 방문은 그 자체가 사전 예고되지 않았다.

앞서 해당 팬클럽은 사진유출 논란에도 휩싸인 바 있다. 김 여사는 지난 5월 27~28일 연이틀 용산 대통령실 청사 집무실을 방문했고, 관련 사진이 '건희사랑' 페이스북 계정을 통해 공개됐다.

이례적인 경로로 보안 구역 내 사진이 외부로 유출된 만큼, 이를 촬영하고 배포한 사람이 누구인지 등을 놓고 논란이 이어졌다.

"김여사 팬클럽 즉각 해체해야" 목소리

윤석열 대통령 부인 김건희 여사의 팬클럽 '건희사랑'이 경호상 대외비인 대통령 대구 방문 일정을 노출해 논란이 인 가운데, 여권에서 팬클럽을 해체해야 한다는 목소리가 잇따라 나오고 있다.

윤석열 대통령의 '40년 지기'로 알려진 석동현 변호사는 8월 26일 MBC 라디오에 출연, "역대 대통령 중에 영부인(팬클럽)이 이렇게 활동하거나 지금처럼 논란거리가 된 사례가 없지 않느냐"며 "윤 대통령과 관련된 모임은 왈가왈부하기 어려우나 굳이 정치를 해오지도 않은 영부인에 대해 팬클럽을 만들어 괜히 구설을 낳게 하는 것은 마이너스라고 본다"고 말했다.

홍준표 대구시장도 페이스북 글에서 "그런 카페는 윤 대통령을 국민들과 멀어지게 하고 나라를 더욱 어렵게 할 뿐이다"라면서 "그만하시고 이젠 해산하시라"고 했다. 이어 "이상한 사람이 영부인 팬카페 회장이라고 하면서 어처구니없는 짓들도 한다"고 꼬집었다.

➕ 경찰, 김여사 '허위경력 의혹' 불송치

윤석열 대통령 부인 김건희 여사의 허위경력 기재 의혹을 수사해온 경찰이 사건을 불송치하기로 했다. 남구준 국가수사본부장은 9월 5일 기자간담회에서 일부 혐의는 공소시효가 지났고, 업무방해 등 여러 혐의에 대해 전반적으로 법리를 검토한 결과 혐의 인정이 어려워 9월 2일 불송치 결정했다고 밝혔다. 앞서 김 여사는 윤 대통령이 대선 후보이던 지난해 10월, 한림성심대·

서일대·국민대 등에 강사나 겸임교원으로 지원하면서 입상 기록과 근무 이력, 학력 등을 허위로 기재한 이력서와 경력증명서를 제출한 혐의로 시민단체로부터 고발당한 바 있다.

'신설' 정책기획수석 이관섭... 새 홍보수석 김은혜·2차장 임종득

윤석열 대통령은 정책기획수석을 신설하고 이관섭 한국무역협회 상근부회장을 이 자리에 발탁했다. 새 대통령 홍보수석비서관에는 김은혜 국민의힘 전 의원이 기용됐다. 기존 최영범 홍보수석은 '대외협력특보'를 맡아 전반적인 국정홍보 업무를 측면지원하게 된다.

김대기 대통령 비서실장은 8월 21일 용산 청사 브리핑룸에서 이런 내용을 골자로 하는 일부 참모진 개편안을 발표했다. 전체적으로 홍보라인을 보강하고 정책 컨트롤타워 역할을 강화하는 데 초점이 맞춰졌다.

이관섭 신임 정책기획수석은 산업부에서 에너지자원실장, 산업정책실장을 거쳐 차관을 마지막으로 2016년 공직에서 물러났다. 한국수력원자력 사장을 거쳐 이마트·SKC 사외이사 등을 맡으면서 민간 분야 경험을 쌓았다.

김은혜 신임 홍보수석은 윤석열 대통령의 당선인 시절 대변인으로 활동한 대표적인 '언론통' 인사로 꼽힌다. MBC 기자·앵커 출신으로, 2008년~2010년 이명박 정부 청와대에서 제2대변인 등을 지내기도 했다. 지난 6·1지방선거에서 경기지사에 도전장을 냈고, 김동연 더불어민주당 후보와의 접전 끝에 0.15%p 차로 패하면서 고배를 마셨다.

임종득 신임 안보실 2차장은 육사 42기로 합동참모본부 비서실장, 육군 17사단장을 역임했다. 2016년 박근혜 정부 청와대에서 국방비서관으로 일했다. 안보실 2차장은 국방 상황 전반을 관장하는 자리다. 앞서 신인호 전 2차장이 이달 초 '일신상의 이유'로 전격 사퇴하면서 공석이었다.

야권에서는 대통령실 홍보 강화 처방보다는 전면적 인적 쇄신을 요구하고 있다. "현재 윤 대통령의 지지율 하락 원인은 홍보가 아닌데, 원인 지적이 잘못된 게 아니냐"는 지적에 대통령실 측은 "(윤 대통령의) 임기가 5% 지났다"며 "문책성 인사가 아니고, 대통령비서실이 효율적으로 운영될 수 있도록 바꿔나가는 과정"이라고 했다.

한편, 윤 대통령 취임 100일이 지나도록 임명되지 않고 있는 대통령실 **특별감찰관**에 대해서 대통령실 측은 "대통령이 수용하겠다, 안 하겠다 차원이 아니고, 국회에서 결정되면 100% 수용하게 돼 있다"고 했다.

■ **특별감찰관 (特別監察官)**

특별감찰관은 대통령의 친인척 등 대통령과 특수한 관계에 있는 사람의 비위행위에 대한 감찰을 담당하는 차관급 정무직 공무원이다. 임기는 3년으로 중임할 수 없으며 정년은 65세까지이다. 직무수행에 필요한 범위에서 1명의 특별감찰관보와 10명 이내의 감찰담당관을 임명할 수 있으며, 직무수행을 위하여 필요한 때에는 총 20명 이내의 한도 내에서 감사원, 대검찰청. 경찰청. 국세청 등 관계 기관의 장에게 소속 공무원의 파견 근무와 이에 관련된 지원을 요청할 수 있다.

대통령 경호처, '文 사저' 경호구역 최장 300m 늘려

▲ 문 전 대통령 내외 사저 경호 강화 첫날인 8월 22일 평산마을 사저로부터 300여m 떨어진 곳에 확성기를 부착한 차량이 정차해 있다. 이 차는 마을 내 진입이 통제됐다.

문재인 전 대통령의 경남 양산 **평산마을** 사저 인근 경호구역이 확장 재지정됐다. 그동안 문 전 대통령 사저 앞 시위가 과격 양상을 보인 데 따른 대통령 경호처의 조처로 풀이된다. 대통령 경호처는 8월 21일 "문재인 전 대통령의 경남 양산 평산마을 사저 인근 경호구역을 확장해 재지정했다"고 밝혔다. 이어 "기존 경호구역은 사저 울타리까지였으나, 이를 울타리로부터 최대 300m로 확장한 것"이라고 덧붙였다.

경호처가 **문 전 대통령 사저 인근 경호구역을 확장한 배경에는 60대 최 모 씨가 지난 8월 16일 오전 흉기를 들고 문 전 대통령 비서실 관계자를 협박하다 현행범으로 체포·구속**된 사건이 영향을 미친 것으로 보인다. 최 씨는 체포되기 전날 사저

인근을 산책 중이던 문 전 대통령 부부를 향해 "겁대가리 없이 어딜 기어 나오냐"며 협박하기도 했다.

확대된 경호구역에서는 '대통령 등의 경호에 관한 법률'이 적용돼 욕설·폭언 등 질서를 어지럽히는 행위를 금지하고 위험물질 반입을 제한할 수 있다. 이를 근거로 대통령 경호처와 경찰은 사저로부터 약 300m 떨어진 마을버스 정류장(청수골가든)부터 마을 출입차량을 통제, 확성기·스피커 부착 차량을 마을 안으로 들어오지 못하게 하고 있다.

평산마을은 문 전 대통령이 퇴임 후 내려온 뒤 석 달 동안 시위에 시달려왔다. 특히 확성기를 사용한 욕설, 고성 등의 시위 방식으로 주민들도 큰 고통을 받았다. 최근에는 김정숙 여사를 흉기로 위협한 시위자가 경찰에 체포되는 일까지 발생했다. 결국 대통령이 경호구역 확대를 요청하는 야당 측 요구를 받아들여 이날 경호구역이 확대되면서 당분간 시위 분위기가 가라앉을 것으로 보인다.

■ 평산마을

평산마을은 경남 양산시 하북면 지산리의 자연마을 3곳(지산마을·서리마을) 중 하나로 영축산 자락에 있다. 영축산은 경남 밀양과 양산, 울산에 걸쳐 높이 1000m 이상 고산 지역(영남 알프스)을 이루는 산봉우리 중 하나다. 평산마을 왼쪽에는 우리나라 유네스코 세계문화유산으로 등재된 천년고찰 통도사가 있다. 양산 통도사는 합천 해인사, 순천 송광사와 함께 우리나라 3대 사찰로 꼽힌다.

▌ **집회 시 허용되는 최대 소음 기준** (자료 : 집회 및 시위에 관한 법률 시행령)

측정 방식	지역	주간 (오전 7시 ~일몰 전)	야간 (일몰 후~ 밤 12시)	심야 (0시~ 오전7시)
등가소음 (10분 평균)	주거지역	65	60	55
	공공도서관		60	60

	기타	75	65	65
최고소음	주거지역	85	80	75
	공공도서관		80	80
	기타	95	95	95

※단위 : dB. 최고소음은 1시간 내 3회 이상 기준 초과 시 위반

민주 '권리당원 전원투표' 등 당헌 개정안 부결

더불어민주당 '▪권리당원 전원투표 우선'·'기소 시 직무정지' 관련 당헌 개정안이 8월 24일 중앙위원회 문턱을 넘지 못하는 초유의 사태가 벌어졌다. 민주당은 이날 국회에서 중앙위원회를 열고 당헌 개정안을 투표에 부쳤지만, 재석 566명 중 찬성 268명(47.35%)으로 재적 과반 정족수(283명)를 불과 15표차로 부결됐다.

통상 전당대회에 상정할 안건을 추인하는 절차인 중앙위 투표에서 당헌 개정안이 부결되면서 **이재명 당 대표와 친명계의 독주에 급제동**이 걸렸다는 해석이 나온다. 이재명 대표에 친명 최고위원으로 구성되는 이재명 지도부에 대한 견제 심리가 작동한 셈이다.

당헌 개정안은 '권리당원 전원투표'를 전당대회에 우선하는 최고의결 요건으로 명시하는 것과, 당

헌 80조 '기소 시 자동 직무정지' 적용 예외를 판단하는 주체를 윤리심판원에서 당무위원회로 바꾸는 게 골자다.

'당원 전원투표 우선' 개정안의 경우 당원세력에서 압도적인 이재명 대표 강성 지지층, 이른바 '개딸'을 통해 주요 의결권을 장악하려는 게 아니냐는 의혹이 제기됐다. 당원 청원으로 제기된 당헌 80조 개정안도 이재명 대표의 '당권 유지'를 위한 방탄용이 아니냐는 비판이 비명계를 중심으로 나왔다.

당헌 개정안 이틀 뒤 최종 의결

더불어민주당 내에서 '이재명 방탄용' 아니냐는 계파 간 논쟁을 불러일으킨 **당헌 개정안이 8월 26일 재투표 끝에 최종 확정**됐다. 민주당은 이날 중앙위원회 온라인 투표 결과 '기소 시 당직 정지' 관련 규정 등이 포함된 당헌 개정안을 의결했다고 송기헌 중앙위 부의장이 발표했다.

이날 의결된 안건에는 부정부패와 관련된 법 위반 혐의로 기소된 당직자의 직무를 정지시킬 수 있도록 하되 정치보복으로 인정되는 경우 당무위 의결을 거쳐 취소할 수 있다는 내용의 당헌 제80조 개정안이 포함됐다. 권리당원 전원투표 근거를 신설하면서 이를 '전국대의원대회 의결보다 우선하는 당의 최고 의사결정 방법'으로 규정하는 내용의 당헌 제14조의2 신설안은 제외됐다.

▪ 권리당원 (權利黨員)
권리당원은 당원 중 당비를 납부한 당원, 즉 진성당원을 더불어민주당에서 일컫는 말이다. 진성당원은 당 대표 및 최고위원 선출 투표권, 국회의원 후보 경선 선거인 자격 등을 갖는 등 당의 정책 및 의사결정에 참여한다. 국민의힘에서는 진성당원을 책임당원이라고 부른다.

尹 정부 1기 장·차관 재산 평균 46억

▲ 한덕수 국무총리

윤석열 정부 출범 첫 달에 임명된 장·차관급 공직자는 평균 46억원 재산을 가진 것으로 집계됐다. 정부공직자윤리위원회가 8월 26일 전자관보에 공개한 고위공직자 재산등록사항을 보면 지난 5월에 임용된 장·차관은 총 39명이다. 이들의 재산신고액은 평균 45억8000만원이었다.

내각을 통할하는 한덕수 국무총리는 총 85억원 재산을 신고했다. 재산 중 가장 큰 비중을 차지한 것은 예금으로, 한 총리 본인이 32억7000만원, 배우자가 19억원 등 51억8000만원을 신고했다. 서울 종로구 신문로2가에 있는 27억5000만원짜리 단독주택과 인천 남동구 운연동 토지 약 8000만원어치도 보유했다.

한 총리는 한국무역협회와 대형 로펌인 김앤장에서 받은 고액 급여가 인사청문회 과정에서 드러나 논란이 된 바 있다. 한 총리는 김앤장에서 2017~2022년에는 19억8000만원, 2002~2003년에는 1억5000만원을 받았다. 2012년 2월부터 2016년 2월까지 한국무역협회장으로 재직하면서는 총 19억5320만원을 받았

다. 퇴직금으로는 4억원을 받았다.

1기 내각 장·차관의 평균 재산은 김소영 금융위원회 부위원장과 이종호 과학기술정보통신부 장관이 끌어올렸다. 김 부위원장은 총 보유재산 292억449만원을 신고해 이번에 공개된 윤석열 정부의 고위공직자 중 가장 많았다.

직계가족이 대주주이자 대표이사로 있는 비상장 해운선사 A사 주식(21만687주) 보유액이 209억2354만원으로 대부분을 차지했다. 김 부위원장은 인사혁신처 주식 **¨백지신탁** 심사위원회에 직무관련성 심사를 청구해 현재 심사가 진행 중이다.

이종호 과학기술정보통신부 장관은 160억4000만원의 재산을 신고했다. 본인 명의로 115억9000만원의 예금을 예치해뒀다.

■ 백지신탁 (blind trust)

백지신탁은 공직자가 자신이 보유한 주식이나 채권 가격에 영향을 주는 정책을 입안하거나 법을 집행하지 못하게 막자는 취지에서 제정된 제도다. 사익과 공식 업무 간 이해가 상충되는 현상을 방지하기 위한 장치로 '폐쇄신탁'이라고도 한다. 외국에서는 '블라인드 트러스트(blind trust)'로 불린다. 백지신탁 제도를 처음 만든 국가는 미국이며 한국에서는 2005년 11월 백지신탁 제도가 도입됐다.

백지신탁 대상자는 국회의원과 장·차관을 포함한 1급 이상 고위 공직자이며 기획재정부와 금융위원회 등 주식과 관련된 공무원은 4급 이상 공직자까지 포함된다. 공직자윤리법에 따르면 해당 공직자는 자신과 직계존비속이 보유 중인 3000만원 초과 주식을 임명일로부터 한 달 이내에 매각하거나 금융회사에 백지신탁화해야 한다. 신탁 금융기관은 60일 이내에 해당 주식을 매각해야 하며 이로써 변경된 자산은 당사자에게 알려줄 의무가 없다.

오석준 대법관 후보자 '800원 횡령 버스기사 해임 판결' 논란

▲ 오석준 대법관 후보자

윤석열 정부 첫 대법관 후보로 지명된 오석준 대법관 후보자가 '800원 횡령 해고' 판결 논란에 대해 "살피지 못한 부분이 있었다"며 유감을 표했다. 윤석열 대통령과의 사적 친분을 묻는 말에는 "대학 다닐 때 식사하게 되면 술을 나누곤 했다"고 답했다.

오 후보자는 8월 29일 **국회 인사청문특별위원회에서 열린 인사청문회**에서 800원 횡령 해고 사건에 관한 질의를 받자 "결과적으로 그분(버스기사)이 저의 판결로 인해 어려움을 겪고 있을 수도 있단 생각에 마음이 무겁다"며 "오랫동안 재판을 하면서 이 사건을 포함해서 나름대로는 가능한 범위 내에서 (소송 당사자의) 사정을 참작하려 했으나 살피지 못한 부분도 있었던 것으로 (보인다)"고 말했다.

오 후보자는 2011년 12월 서울행정법원 행정 1부 재판장 재직 시절 800원을 횡령한 버스기사를 해임한 고속버스 회사의 해고 처분이 정당하다고 판결했다. 17년간 버스기사로 일한 김 씨는 2010년 버스요금 잔돈 400원을 두 차례 챙겨 800원을 횡령했다는 이유로 해고됐다.

당시 지방노동위원회와 중앙노동위원회는 횡령 금액이 소액인 점 등을 들어 부당해고로 판정했

지만, 행정소송 재판장이었던 오 후보자는 "노사 합의서에 '운전원의 수입금 착복은 금액을 불문하고 해임을 원칙으로 한다'고 규정돼 있다"는 점 등을 근거로 해고가 정당하다고 판결했다. 이는 2013년 2월 변호사로부터 85만원 상당의 접대를 받은 검사의 면직에 대해 "가혹하다"고 한 판결과 대비돼 입길에 올랐다.

이날 청문회에서는 오 후보자와 윤 대통령과의 사적 친분 의혹도 도마에 올랐다. 윤 대통령의 서울대 법대 1년 후배인 오 후보자는 윤 대통령과 사법시험을 함께 준비했고, 윤 대통령이 서울중앙지검장으로 재직할 때 서울고법 부장판사였던 오 후보자와 자주 만나는 등 두 사람의 친분이 깊은 것으로 알려져 있다.

오 후보자는 "윤 대통령과 후보자가 술을 좋아해서 모임도 같이하고 사적 친분이 있을 것 같은데 없느냐"고 묻는 안호영 민주당 의원의 질의에 "대학 다닐 때 (윤 대통령과) 식사하게 되면 술을 나누곤 했고, 이후 만남에서도 보통 저녁에 만날 때는 술을 곁들이는 경우가 있었다"고 답변했다.

검찰의 직접 수사권을 축소한 개정 검찰청법 시행을 앞두고 법무부가 시행령을 통해 무력화하려는 시도에 대해서 오 후보자는 "하위법령이 (상위법의) 위임 범위와 한계를 준수하는 건 법 이론상 마땅하다"는 원론적 입장을 내놨다.

➕ **법관의 임명과 임기**
대법원장은 국회의 인사 청문 및 동의를 거쳐 대통령이 임명하고, 대법관은 대법원장의 제청으로 국회의 인사 청문 및 동의를 거쳐 대통령이 임명한다. 판사는

법관인사위원회의 심의와 대법관회의의 동의를 얻어 대법원장이 임명한다. 판사의 보직은 대법원장이 행한다. 법관의 인사에 관한 기본계획 수립 및 인사운영을 위한 심의기관으로 법관인사위원회가 설치되어 있다. 대법원장과 대법관의 임기는 6년이고, 판사의 임기는 10년이다. 대법원장은 중임할 수 없으나, 대법관과 판사는 연임할 수 있다. 법관은 임기 내라도 정년에 달하면 퇴직한다. 대법원장, 대법관의 정년은 70세, 판사의 정년은 65세다.

'택시 기사 폭행' 이용구 전 법무차관 1심 집행유예

술에 취해 택시 기사를 폭행하고 증거를 인멸하려 한 혐의로 기소된 이용구 전 법무부 차관이 1심에서 징역형의 집행유예를 선고받았다. 서울중앙지법 형사합의32-2부는 8월 25일 특정범죄가중처벌법상 운전자 폭행 및 증거인멸교사 등 혐의로 재판에 넘겨진 이 전 차관에게 징역 6개월 집행유예 2년을 선고했다.

재판부는 "범행은 교통사고를 유발해 제3자의 생명 및 신체 재산의 중대한 손해를 야기할 수 있는 범죄로 죄질이 가볍지 않다"며 "피고인은 형사처벌을 면하거나 경감받기 위해 증거인멸을 시도하는 등 죄질이 불량하다"며 이 전 차관의 공소사실을 모두 유죄로 판단했다.

이 전 차관은 2020년 11월 6일 밤 서울 서초구 자택 앞에서 술에 취한 자신을 깨우려던 택시 기사를 폭행한 혐의로 재판에 넘겨졌다. 사건 발생 이틀 뒤 택시 기사에게 합의금 1000만원을 건네

며 **폭행 장면이 찍힌 블랙박스 영상을 삭제해달라고 요청해 증거인멸을 교사**(敎唆 : 남을 꾀거나 부추겨 못된 짓을 하게 함)한 혐의도 받는다.

이 전 차관은 택시 기사를 폭행한 사실은 인정하면서도 증거인멸교사 혐의에 대해서는 무죄를 주장해왔지만 재판부를 이를 받아들이지 않았다. 재판부는 택시 기사의 진술과 당시 정황을 고려하면 최소한 증거은닉의 승낙으로 보이고 증거인멸교사로 보는 데도 지장이 없다고 판단했다.

재판부는 이날 특가법상 특수직무유기 등 혐의로 함께 재판에 넘겨진 경찰관 A 씨에게는 증거 불충분으로 무죄를 선고했다. A 씨는 블랙박스 영상을 확인하고도 특가법이 규정하는 '운행 중' 상태로 보지 않고 이 전 차관에게 단순 폭행죄를 적용해 내사 종결하고 보고서를 작성한 혐의를 받았다. 사건 당시 최초로 신고를 받은 서울 서초경찰서는 **반의사불벌죄**인 단순 폭행죄를 적용하고 내사 종결해 '봐주기 수사' 논란을 빚었다.

이 사건은 이 전 차관이 차관직에 임명된 뒤 언론을 통해 사건이 알려지며 재수사가 진행됐다. 이 전 차관은 2021년 5월 차관직에서 물러났고 검찰은 같은 해 9월 형법상 폭행죄가 아닌 특가법상 운전자 폭행죄로 이 전 차관을 기소했다.

■ 반의사불벌죄 (反意思不罰罪)

반의사불벌죄는 피해자의 고소가 없어도 기소할 수 있지만, 피해자가 범인의 처벌을 원하지 않는다는 의사를 표시하면 기소할 수 없고 기소한 후에 그러한 의사를 표시하면 형사재판을 종료해야 하는 범죄를 말한다.

이 범죄에 대해 기소 후에 피해자가 처벌을 원하지 않는다는 의사를 표시하거나 1심 판결 선고 전까지 처벌을 희망하는 의사를 철회한 경우, 법원은 친고죄와 마찬가지로 공소기각

을 선고하여야 한다(형사소송법 제327조제6호). 처벌을 원하는 의사를 1심 판결 선고 전까지 유효하게 철회한 경우에는 다시 고소하지 못한다(형사소송법 제232조).

정부, 2023년 예산 '건전재정' 639조 편성

윤석열 정부가 2023년 예산안을 전년 본예산 607조7000억원보다 5.2% 늘어난 639조원으로 편성하며, 국가 재정운영 기조를 '확장재정'에서 '건전재정'으로 전면 전환하겠다고 선언했다. 코로나19 기간의 확장재정 기조를 탈피하기 위한 것이지만, 복지·고용 예산으로 전년 대비 4.1% 증액한 226조6000억원을 편성하는 등 취약계층 안전망 강화에는 재정을 적극 투입하기로 했다.

정부는 8월 30일 국무회의를 열고 2023년도 예산안을 심의·의결했다. 전년도 본예산 대비 총지출 증가율인 5.2%는 박근혜 정부 당시인 2017년 3.7% 이후 6년 만에 가장 낮은 수치다. 전임 문재인 정부의 총지출 증가율은 2019년도 9.5%, 2020년도 9.1%, 2021년도 8.9%, 2022년도 8.9%였다.

올해 두 차례 추가경정예산(추경)을 더한 2차 추경 기준 총지출 679조5000억원과 비교하면 2023년 예산안은 6.0% 줄어든 수준이다. 내년 본예산이 전년도 총지출보다 감소하는 건 2010년 이후 13년 만이다.

추경호 경제부총리 겸 기획재정부 장관은 "지난 5년 사이 국가부채와 재정적자가 늘어 (국가부채가) 1100조원에 육박하는 장부를 물려받았다"면서 "힘들지만 허리띠를 졸라매지 않으면 경제 불확실성 앞에 방패막이 없이 맞서야 한다"고 긴축 예산 편성 배경을 설명했다.

건전재정 기조에 맞춰 2023년에 역대 최대 규모인 24조원 상당의 고강도 지출 구조조정이 예정됐다. 소상공인 손실보상 등 코로나19 확산에 따른 한시적인 지원 조치는 종료한다. '이재명표' 지역사랑상품권(지역화폐) 예산은 전액 삭감한다. 공무원 보수는 서기관(4급) 이상은 동결하고 장차관급은 10%를 반납한다.

이를 통해 정부는 내년 국내총생산(GDP) 대비 **■관리재정수지** 적자 비율을 올해 2차 추경 5.1%의 절반 수준인 2.6%로 줄일 계획이다. 0%에 근접할수록 초과한 총지출이 총수입과 가까워진다는 의미다. 올해 첫 1000조원을 돌파한 GDP 대비 국가채무 비율은 50.0%에서 49.8%로 5년 만에 낮아진다.

■ 관리재정수지 (管理財政收支)
관리재정수지는 '통합재정수지'에서 국민연금기금, 사학연금기금, 산업재해보상보험기금, 고용보험기금 등 사회보장성 기금수지를 제외한 재정수지를 말한다. 사회보장성 기금은 정부가 미래에 지출 의무를 다하기 위해 모아놓은 돈이기 때문에 정부가 운용할 수 있는 재정 여력으로 보는 데 한계가 있다. 따라서 사회보장성 기금수지를 차감한 관리재정수지를 통해 재정건전성을 더 정확하게 설명할 수 있다.

2023년 예산 3대 투자 중점 (자료 : 기획재정부)

모두가 함께 행복한 사회 구현	민간주도 역동경제 뒷받침	국민안전·글로벌 중추국가 역할강화
두터운 사회안전망 구축 (31.6조원)	반도체 등 전략산 업육성 (3.7조원)	과학기술 강군 육 성 (57.1조원)
사회적 약자 맞춤 형 보호 (26.6조원)	R&D 고도화 (6.0조원)	적극적 ODA 기 반 외교협력 강화 (4.5조원)
생활물가 안정 지 원 (5.5조원)	디지털 혁신·탄소 중립 대응 (8.9조원)	일류 보훈체계 구 축 (6.2조원)
지속가능한 좋은 일자리 창출 (12.1조원)	기업·산업 역동성 제고 (5.6조원)	감염병 대응체계 고도화 (4.5조원)
농·산·어촌 등 지역 균형발전 (8.0조원) 저출산 대응 (7.4조원)	중소벤처, 소상공 인 경쟁력 강화 (4.6조원)	재난대응 및 공정 한 법질서 확립 (7.3조원)

尹 정부 첫 정기국회 개막... 100일 대장정

▲ 국회 본회의장

윤석열 정부에서 첫 **정기국회**가 9월 1일 막을 올렸다. 국회는 이날 오후 2시 본회의장에서 제 400회 정기국회 개회식을 열고 100일간의 대장

정에 들어갔다. 이번 정기국회에서는 여소야대 정국에서 국정 주도권을 잡기 위한 여야의 힘겨 루기가 이어질 전망이다.

여야는 9월 14일 더불어민주당, 9월 15일 국민의 힘 순서로 **교섭단체**(의원 수 20명 이상으로 구성된 단체) 대표연설을 진행했다. 이어 9월 19~22일 나흘간 대정부질문을 실시하며 10월 4일부터 24일까지 국정감사를 한다.

국정감사에서 여당은 전임 문재인 정부의 정책 실패를 강조하며 당정(여당과 정부)의 지지율 끌 어올리기에 나설 것으로 보인다. 야당은 윤석열 대통령 부인 김건희 여사를 겨냥한 특검(특별검 사) 요구와 현 정부의 감세 추진에 대한 반대에 나설 전망이다.

권성동 국민의힘 원내대표는 9월 1일 "윤석열 정 부 첫 정기국회에서 100개 입법 과제 추진을 목 표로 약자, 민생, 미래를 위한 입법을 추진하겠 다"고 밝혔다. 전날 박홍근 민주당 원내대표는 "이번 정기국회는 윤석열 정권의 실정(失政 : 잘못 된 정치)을 끊고 국정을 바로잡을 골든타임"이라 고 각오를 다졌다.

정기국회 (定期國會)

정기국회는 해마다 한 번씩 정기적으로 소집되는 국회다. 우 리나라의 경우 국회법에 따라 정기 국회는 매년 1회, 9월 1 일 열리며(그날이 공휴일인 때에는 그 다음날에 집회됨) 회기 (기간)는 100일 이내이다. 정기국회 업무는 예산안을 심의·확 정하고 법안을 심의·통과시키는 일을 한다. 정기국회에서는 법률안 등 안건을 처리하는 것 외에 매년 정기회 다음날부터 20일간 소관 상임 위원회별로 감사를 한다.
정기국회와 별도로 필요에 의해 소집되는 국회는 임시국회라 고 한다. 임시국회는 2월·3월·4월·5월 및 6월 1일과 8월 16 일(국회의원 총선이 있는 경우 임시회를 집회하지 않으며, 집회일이 공휴일인 경우에는 그 다음 날 집회) 열리며 대통령 또는 국회 재적의원의 4분의 1 이상 요구 시에도 열 수 있다. 회기는 30일 이내이다.

■ 2022년 정기국회 100대 입법 과제 (자료 : 국민의힘)

구분	입법 과제
국민 통합	▲납품단가 제값 받는 환경 조성(대중소기업상생법, 하도급법) ▲살기 좋은 임대주택 만들기(장기공공임대주택법) ▲함께 잘 사는 사회 실현(장애인 소방안전교육법, 장애예술인 문화예술활동 지원법, 농촌공간 재구조화·재생지원법 등)
민생경제 회복	▲부모급여 신설 등 육아부담 완화(아동수당법) ▲금융시장 활성화, 일자리·투자 세제지원 등 경제활력 제고(자본시장법, 국세기본법, 조세특례제한법 등) ▲각종 재난·재해 예방 및 기후위기 대응(재해대책안전법, 기후변화 감시·예측법) ▲서민주거 안정 및 부동산시장 정상화(생애최초주택활성화법, 지방세특례법, 신도시특별법, 대도시권 광역교통관리특별법, 도심복합개발지원법 등)
미래 도약	▲미래 먹거리 산업 육성(반도체특별법, 인공지능기본법, 디지털헬스케어산업활성화법, 메타버스특별법, 소부장특별법 등) ▲미래 인재 양성(지방교육재정교부금법, 고등·평생교육지원특별회계법, 국가재정법, 인공지능교육진흥법, 미디어교육활성화법 등)

기출TIP 2019년 서울주택도시공사 법학에서 정기국회 회기(100일)와 임시국회 회기(30일)를 묻는 문제가 출제됐다.

▲ 8월 22일 여의도 국회 회의실에서 국민의힘 비상대책회의가 열리고 있다.

만, 8월 16일 상임전국위원회를 통해 비대위 구성까지 완료한지 10일 만이다.

특히 이번 비대위 체제 전환에 당내 친윤계(친윤석열계)가 주도적으로 영향력을 행사했다는 점을 고려하면 이번 법원 결정에 따른 충격과 파장은 더욱 클 것으로 예상된다. 향후 당내 화합은 물론이고 차기 당권 구도를 비롯한 여권 내 권력지형 전반에 상당한 불안 요소가 될 전망이다. **윤핵관**(윤석열 핵심 관계자) 그룹의 맏형 격인 권성동 원내대표도 토요일인 8월 27일 긴급의원총회를 소집하는 등 후속 대응에 나섰다.

주호영號 17일만 좌초...
대혼돈 빠진 여당

대선에 승리하고도 내홍으로 몸살을 앓아온 집권 여당이 새 출발을 다짐하며 띄웠던 주호영 비상대책위원장 체제가 출범 한 달도 채우지 못한 채 좌초됐다. **법원은 8월 26일 주호영 국민의힘 비대위원장 체제에 대한 이준석 전 대표의 효력정지 가처분 신청을 받아들였다.** 이는 지난 8월 9일 당 전국위원회가 주 위원장 인선을 의결한 지 17일

주호영 비대위 해체
주호영 국민의힘 비상대책위원회 위원장을 비롯한 비대위원 전원은 9월 5일 사퇴했다. 박정하 당 수석대변인은 이날 당 비대위원실 앞에서 기자들과 만나 이같이 밝히며 "9분 중 7분은 서면으로 사퇴서 작성했다. 전주혜·이소희 위원은 구두로 사퇴 의사를 밝혔고 (위원실에) 도착하면 서면으로도 사퇴서 작성할 것"이라고 말했다. 이에 따라 8월 16일 출범한 '주호영 비대위'는 해산됐고, 새 비대위가 꾸려지기 전까지 '권성동 원내대표의 당 대표 직무대행 체제'로 유지됐다.

국민의힘은 9월 5일 전국위원회를 열어 새 비대위 출범을 위한 ▪**당헌** 개정안을 의결했다. 개정 당헌에는 '당 대표가 궐위되거나 선출직 최고위원 5명 중 4명 이상이 사퇴하는 등 당에 비상 상황이 발생한 경우 비대위로 전환할 수 있다'는 내용과 '비대위가 구성되면 기존의 최고위는 해산되고 기존 당 대표의 지위와 권한도 상실된다'는 취지의 내용 등이 새로 담겼다.

▪ **당헌 (黨憲)**
당헌은 정당의 강령이나 기본이 되는 방침을 말한다. 보통 당규(黨規)와 묶어 당헌·당규라고 표현할 때가 많다. 당규는 정당의 규칙이나 규약을 말한다. 정당을 국가에 비유한다면 당헌은 헌법, 당규는 법률에 해당한다고 할 수 있다.

검찰, 이재명 소환 통보...
野 "전쟁이다" vs 與 "소환 응해야"

더불어민주당은 9월 1일 검찰이 이른바 '백현동 의혹'으로 이재명 민주당 대표에게 소환 통보한 것에 대해 "야당 탄압"이라고 강력 반발했다. 그러면서 '전쟁'을 선포하기도 했다. 백현동 의혹은 이 대표가 성남시장 시절이던 2015~2016년, 백현동 부지의 용도가 자연녹지에서 준주거지역으로 변경되면서 전체 임대 아파트 건립 계획이 분양아파트로 전환됐다는 '특혜 의혹'이다.

박성준 민주당 대변인은 이날 국회 소통관에서 브리핑을 통해 검찰의 이 대표 소환 조치에 대해 "윤석열 대통령의 부인인 김건희 여사와 관련한 사건들, 국민의힘 의원들에 대한 고발사건은 줄줄이 무혐의 처분하면서 야당 대표의 정치적 발언은 사법 판단에 넘기겠다니 황당하다"며 "김건희 여사가 권력을 잡으면 경찰이 알아서 할 것이라더니, 경찰은 물론 검찰까지 나서서 야당 탄압을 자행하고 있다"고 말했다.

반면 국민의힘은 이 대표를 향해 조사에 성실히 임할 것을 촉구했다. 박정하 국민의힘 수석대변인은 이날 서면 논평을 통해 "이 대표는 국민께서 가지고 계시는 의혹을 해소한다는 의미에서라도, 반드시 소환에 응하여 성실히 조사에 임하여야 한다"고 이같이 촉구했다. 그러면서 "민주당의 '정치 탄압'이라는 주장과 달리, 이 대표와 관련된 의혹들은 대통령 선거 이전부터 제기되어왔던 내용"이라고 꼬집었다.

이재명, 검찰소환 불응키로 결정
이재명 대표는 9월 6일 검찰의 소환조사에 응하지 않기로 했다. 안호영 민주당 수석대변인은 이날 서면브리핑을 통해 "이재명 대표는 검찰의 서면조사 요구를 받아들여 서면진술 답변을 했으므로 출석요구사유가 소멸돼 출석하지 않는다"고 전했다.

민주당에 따르면 이 대표는 전날 검찰이 요구한 서면조사서에 관련 진술을 기재해 서울중앙지검에 보내고 유선으로도 통지했다고 한다. 애초 검찰이 소환을 통보한 명분이 '서면조사에 불응했기 때문'인데 이제 서면 답변을 보냈기 때문에 출석할 필요가 없어졌다는 논리다.

➕ **이재명 '사법리스크'**
이재명 대표는 이번에 기소된 ▲공직선거법 위반 혐의를 비롯해 ▲대장동·백현동 개발사업 특혜 의혹 ▲성남

FC 후원금 의혹 ▲변호사비 대납 의혹과 ▲부인 김혜경 씨의 법인카드 사적 유용 의혹 등 수많은 사법 이슈와 마주했다. 재판에 따라 벌금 100만원 이상의 형을 받으면, 공직선거법에 따라 이 대표는 향후 5년간 피선거권이 박탈돼 2027년 대선 출마가 불가능하다. 한편, 성남 FC 후원금 의혹을 수사해 온 경찰은 이재명 더불어민주당 대표에게 제3자 뇌물공여 혐의가 인정된다는 내용의 보완수사 결과를 검찰에 통보했다고 9월 13일 밝혔다.

국민의힘 새 비대위 출범

국민의힘 전국위원회가 **정진석 비상대책위원장 임명안을 의결**하면서 9월 14일 새 비상대책위원회가 공식 출범하게 됐다. 8월 26일 법원의 ■**가처분** 결정으로 주호영 전 비대위원장 직무가

▲ 9월 14일 정진석 국민의힘 비상대책위원장이 1차 비상대책위원회의를 주재하고 있다. (자료 : 국민의힘)

정지된 지 13일 만이다. 국민의힘은 이날 제5차 전국위를 비대면으로 열고 비대위 설치와 정진석 비대위원장 임명 안건 투표를 진행했다. 정수 731명 중 과반(366명) 이상 찬성으로 안건이 모두 가결됐다.

상임전국위원회는 새 비대위 출범에 반대하며 사퇴한 서병수 전국위 의장을 대신해 윤두현 부의장이 의장 직무대행을 맡아 주재했다. 윤 대행은

전국위 결과 발표 직후 기자들과 만나 "상임전국위원회는 추석 연휴 지나서 할 예정"이라며 "가능한 추석 연휴 이후 빠른 시일 내 할 계획"이라고 전했다.

이준석, 與 상대 네 번째 가처분
이준석 국민의힘 전 대표가 9월 9일 새로 출범하는 국민의힘 비상대책위원회와 정진석 국회부의장을 상대로 효력정지 및 직무정지 가처분을 신청했다. 이 전 대표가 국민의힘을 상대로 한 가처분 신청은 이번이 4번째다.

이날 이 전 대표 측 법률대리인단은 입장문을 내고 "서울 남부지법에 전국위원회 의결 사안인 비대위 설치안과 정진석 비대위원장 임명안의 효력정지 및 직무정지 가처분 신청서를 제출했다"고 밝혔다.

이어 "선행 가처분 인용결정에 의해 주호영 비대위원장 임명, 비대위원들 임명 및 비대위 설치 자체가 무효이므로 무효에 터잡은 '새로운' 비대위 설치, 새로운 비대위원장 임명 역시 당연무효"라며 "지난 9월 5일 주호영 및 기존 비대위원들의 전원사퇴는 헌법 제13조 제2항의 소급적용금지 위반을 회피하려는 꼼수에 불과하다"고 주장했다.

■ **가처분 (假處分)**
가처분이란 금전채권 이외의 권리 또는 법률관계에 관한 확정판결의 강제집행을 보전(保全)하기 위한 집행보전제도를 말한다. 이는 다툼의 대상에 관한 가처분과 임시의 지위를 정하기 위한 가처분으로 나뉜다. 금전채권이나 금전으로 환산할 수 있는 채권(매매대금·대여금·어음금·양수금·공사대금·손해배상청구권 등)의 집행을 보전하기 위해서는 가처분이 아닌 가압류(假押留)를 신청해야 한다.

분야별
최신상식

경제
산업

"정부, 론스타에 2925억 배상 책임"...
국제기구 판정

■ 벌처펀드 (vulture fund)
벌처펀드는 부도 위기에 처한 기업의 채권이나 국채 등을 낮은 가격에 사들인 뒤 채무자를 상대로 소송을 제기해 더 많은 돈을 받아내는 헤지펀드를 말한다. 죽은 동물의 시체를 뜯어먹는 독수리(vulture·벌처)에서 이름이 유래됐다.

법정 분쟁 10년 만에 판결
정부와 국제 투자자 간 분쟁을 다루는 국제기구가 우리 정부에 미국계 ■**벌처펀드** 론스타에 2925억원을 지급하라는 판정을 내렸다. 우리 정부와 론스타가 법적 분쟁을 벌인 뒤 10년 만에 나온 결과다. 법무부는 8월 31일 **세계은행 산하 국제투자분쟁해결기구**(ICSID)가 우리 정부에 론스타가 청구한 손해배상금의 4.6%인 2억1650만달러(약 2925억원)를 지급하라고 판정했다고 밝혔다.

이 손해배상금 가운데는 이자도 포함된다. ICSID는 우리 정부에 2011년 12월 3일부터 이를 모두 지급하는 날까지 한 달 만기 미국 국채 수익률에 따른 지연이자도 배상하라고 결정했다. 현재 수익률을 기준으로 보면 185억원에 이를 것으로 예상된다.

론스타 사건 배경
IMF(국제통화기금) 금융 위기의 여파가 가시지 않았던 2003년, 론스타는 벨기에 법인을 앞세워 자산 70조원 규모의 외환은행을 1조4000억원을 투자해 인수한 뒤 3년 만에 4조5000억원 매각 차익을 거뒀다.

당시 론스타가 국내 은행 매입 자격을 갖추지 못했는데 론스타와 금융 당국이 이를 숨기고 배임했다는 지적이 끊이지 않았다. 론스타는 되레 한국 정부가 매각 과정에 개입하면서 더 비싼 값에 매각할 기회를 잃었다고 주장하며 **▪투자자·국가 간 소송(ISD)** 제기를 통해 46억7950만달러(약 6조 3000억원)의 손해배상액을 청구했다.

이에 대해 우리 정부는 당시 론스타 주가조작 사건 등 형사재판이 진행 중이었기에 정당하게 매각 심사 기간을 연기했다고 반박했고 매각 가격 인하는 형사사건 판결에 따라 외환은행 주가 하락이 반영된 것이라고 선을 그었다.

중재 판정부가 론스타가 요구한 금액의 4.6%만을 인용했다는 점은 상당 부분 우리 정부의 설명을 받아들인 것으로 볼 수 있다. 이를 두고 일각에서는 **정부가 선방했다는 의견도 있지만 일부 패소로 약 3000억원을 물어주게 돼 파장이 불가피**하다.

정부 '론스타 소송' 판정 취소신청 제기

정부는 ICSID의 판정에 대해 취소 및 집행정지 신청을 제기하는 쪽으로 가닥을 잡았다. 한동훈 법무부 장관은 9월 1일 브리핑에서 "이번 판정을 수용하기 어렵다. (중재판정부의) 소수 의견에 따르면 정부 배상액은 0원이다"라며 "피 같은 세금이 한 푼도 유출돼서는 안 된다고 생각해 끝까지 책임을 다하겠다"고 말했다.

소수 의견은 "론스타의 주가조작 수사가 유죄로 확정되며 금융 당국의 승인 지연은 정당했고, 론스타가 자초해 한국 정부 책임이 전혀 인정되지 않는다"고 판단했다. 이 판단에 따르면 한국 측의 배상액은 0원이다. 쟁점 사안 대부분에서 패소한 론스타 측도 취소 신청을 제기할 가능성도 높아 론스타 사건은 2차 분쟁이 불가피해 보인다.

▪ **투자자·국가 간 소송 (ISD, Investor-State Dispute)**
투자자·국가 간 소송(ISD)은 어떤 국적의 투자자가 다른 국가에서 투자했다가 법적 분쟁이 생겼을 때 그 국가가 관할하는 재판에서 불이익을 당할 수 있으므로 중립적인 국제기구의 중재로서 분쟁을 해결하도록 한 제도이다. 투자자는 외국을 상대로 소송을 걸 수 있으며 일반적인 투자 분야뿐만 아니라 공공 정책도 ISD의 소송 대상이 될 수 있다. ISD의 중재소 역할을 담당하고 있는 대표적 기관은 국제부흥개발은행(IBRD) 산하에 있는 국제투자분쟁해결기구(ICSID, International Centre for Settlement of Investment Disputes)이다.

POINT 세 줄 요약

❶ 우리 정부가 론스타에 2925억원을 지급하라는 국제기구의 판정이 나왔다.

❷ 중재 판정부는 론스타가 요구한 금액의 4.6%만을 인용했다.

❸ 정부는 이번 판정에 대해 취소 및 집행정지 신청을 제기하기로 했다.

천연가스 가격·환율 급등...
10월 도시가스 요금 또 오른다

국제 천연가스 가격이 치솟고 원·달러 환율도 급등하면서 도시가스 요금이 또다시 인상될 것으로 보여 국민 부담이 가중될 전망이다. 8월 29일 정부와 에너지업계에 따르면 산업통상자원부는 오는 10월 도시가스 요금을 올리기로 하고 기획재정부와 인상 수위를 논의하고 있다.

한국가스공사가 가스를 비싸게 사와 저렴하게 팔면서 떠안은 손실이 5조원을 넘어서자 정부가 도시가스 요금 인상 방침을 정하고 현재 내부적으로 인상 폭을 협의하고 있다. 특히 **한국전력공사의 올 연간 적자 규모가 30조원**에 달할 것으로 전망되는 등 전기요금 인상 요인도 쌓이고 있어 공공요금발 물가 상승 압박은 당분간 지속될 것으로 우려된다.

도시가스 요금은 발전 원료인 액화천연가스(LNG)의 수입단가인 원료비(기준원료비+정산단가)와 도소매 공급업자의 공급 비용 및 투자 보수를 합한 도소매 공급비로 구성된다. 산업부는 오는 10월 예정된 정산단가 인상 때 연료비에 연동되는 기준연료비도 함께 올릴 계획이다.

정부는 원료를 비싸게 들여왔음에도 국민 부담을 고려해 계속 저렴하게 팔면서 누적된 미수금이 1조8000억원 규모로 불어나자 가스요금 인상을 통해 손실분을 회수하려는 것이다. 그러나 최근 가스 가격 급등으로 가스공사의 미수금이 5조원도 넘어서자 기존 조치만으로는 역부족인 상황이 됐다. 이에 따라 오는 10월 소폭의 정산단가 인상만으로는 미수금 해소가 어렵다고 보고 기준원료비도 함께 올리기로 했다.

이런 가운데 10월에는 전기요금도 오를 예정이어서 가스요금과 전기요금 동시 인상에 따른 물가 상승 압박은 더욱 커질 전망이다. 지난해 말 정부는 연료비 상승을 고려해 올해 4월과 7월 두 차례에 걸쳐 기준연료비를 kWh(킬로와트시)당 4.9원씩 인상하기로 한 바 있다.

한전과 가스공사의 부실을 털어내기 위해서는 전기요금과 가스요금 인상이 필요하지만 최근 치솟는 물가로 국민 고통이 큰 상황에서 공공요금을 큰 폭으로 올리기 쉽지 않아 고민이 깊어지고 있다.

> **➕ 연료비 연동제 (燃料費連動制)**
>
> 연료비 연동제는 산업통상자원부와 한국전력공사가 2020년 12월 17일 발표한 전기요금체계 개편안의 핵심으로, 유가 등락에 따라 전기요금을 조정하는 제도를 말한다. 전기 생산에 사용되는 석유 등의 가격이 하락하면 전기요금도 내려가고, 원재롯값이 상승하면 전기요금도 올라가는 식이다. 문재인 정부는 발전 연료비를 전기요금에 반영하기 위해 연료비 연동제를 도입했지만, 국민 부담 등을 이유로 전기요금 인상을 억제하면서 연료비 연동제는 사실상 유명무실해졌다.

파월 연준 의장
"고강도 금리 인상 또 할 것" 시사

▲ 제롬 파월 연준 의장

제롬 파월 미국 연방준비제도(Fed·연준) 의장이 9월 공개시장위원회(FOMC) 회의에서 또 한 번의 강도 금리 인상 가능성을 예고했다.

파월 의장은 금리 인상으로 인한 경기 침체 심화를 우려하는 시장의 목소리를 의식한 듯 "물가 안정은 경제의 근간"이라며 "물가 안정을 위해선 고통을 감내해야 한다"고 강조했다. 그는 이와 함께 "물가 안정 없인 모두에게 이익이 될 수 있는 노동시장 환경을 조성하기 어렵다"며 "물가 안정을 회복하지 못하면 더 큰 고통을 겪게 될 것"이라고 재차 경고했다.

파월 의장은 8월 26일(현지시간) 미국 와이오밍주 잭슨 홀에서 열린 ▪잭슨홀 미팅(연례 경제정책 심포지엄) 연설에서 이와 같이 밝혔다. 그는 연설 내내 **"인플레이션을 목표치인 2%까지 안정시키기 위해선 고강도 긴축 통화 정책이 필요하다"**는 점을 거듭 강조했다.

파월의 연설 내용에 대해 투자시장에선 9월 22일 열릴 예정인 공개시장위원회(FOMC) 회의에서 연준이 '자이언트 스텝'(기준 금리 0.75%p 인상)을 또 한 번 단행할 가능성이 크다는 전망으로 해석했다. 이럴 경우 6월과 7월에 이어 3연속 자이언트 스텝이 된다.

통화 긴축 기조를 드러낸 이날 파월 의장의 연설은 전방위로 파장을 일으켰다. 원·달러 환율은 13년 5개월 만에 처음으로 1370원을 돌파했다. 1360원선을 넘어선지 1거래일만에 1370원도 넘어선 상태다.

9월 5일 오전 11시 13분 서울 외환시장에서 원·달러 환율은 달러당 1370.1원까지 올랐다. 환율이 1370원을 넘어선 것은 금융위기 당시였던 2009년 4월 1일(고가 기준 1392.0원) 이후 13년 5개월 만이다.

9월 7일에 환율은 장중 1388원까지 급등하며 2009년 4월 1일 이후 최고치를 기록했다. 내년에는 환율이 1500~1600원까지 오를 것이란 전망까지 나온다. 환율 고점과 상승 폭이 연일 금융위기 수준으로 치솟고 있다. 기준금리를 올리는 미국의 통화정책은 글로벌 달러 가치를 변화시킴으로써 각국의 환율에 영향을 미친다. 미국의 통화정책은 달러화 강세를 더욱 심화시킴으로써 원·달러 환율의 상승을 초래하고 있다.

▪ 잭슨홀 미팅 (Jackson Hole Meeting)

잭슨홀 미팅은 미국 캔자스시티 연방은행의 주최로 매년 8월 주요국가의 중앙은행 총재와 경제전문가를 와이오밍주 해발 2100m 고지대의 휴양지인 잭슨홀로 초청해 친목을 쌓고 거시경제에 대해 토론하는 연찬회이다. 세계 경제의 흐름을 좌우하는 중요한 논의와 결정이 이뤄지는 경우가 많아 각국 언론의 관심이 집중된다.

원희룡
"1기 신도시 재정비 신속 추진"

▲ 원희룡 국토부 장관

8·16 공급 대책 발표 이후 신도시 재정비 공약 파기 논란이 빚어진 가운데, 정부가 **1기 신도시 재정비를 위한 마스터플랜 일정을 최대한 앞당기겠다**고 밝혔다. 전담조직(TF)을 즉시 확대해 가동하고, 당장 마스터플랜 수립을 위한 연구용역 발주에 나서겠다는 것이다. 1기 신도시 공약 파기 논란이 이는 것과 관련해서도 조목조목 반박했다.

원희룡 국토교통부 장관은 8월 23일 취임 100일을 맞아 취재진과 만난 자리에서 "1기 신도시 재정비 TF를 즉각 확대·개편하겠다"며 "5개 신도시별 시장과 장·차관, 책임자들과 지속적인 협의체를 가지면서 주민 대표단 등 주체와 활발한 의견 교환을 할 수 있도록 하겠다"고 말했다.

지난 5월 30일 꾸려진 TF는 현재 실장급에서 차관급으로 격상되며, 해당 신도시별 전담팀을 마련한다. 해당 조직은 도시계획 현황 분석과 노후주택 정비, 기반시설 확충, 광역교통 개선, 도시기능 향상 방안 등을 담은 마스터플랜 수립을 지원한다. 이를 위해 원 장관은 조만간 경기 분당·일산·중동·평촌·산본 등 5개 1기 신도시 시장과 일정을 조정해 1차 협의회 일정을 조율할 계획이다.

2024년으로 예고한 1기 신도시 재정비 마스터플랜 수립 시기를 최대한 앞당기겠다고 강조하기도 했다. 9월 중 마스터플랜 수립 연구용역을 발주하고, 올해 연말에는 용역에 착수하겠다는 것이다. 연구용역 과업지시서에는 5개 신도시별 마스터플래너(MP·전문가)를 지정하도록 한 지침을 담을 예정이다. MP는 지자체와 주민 요구 사항을 수렴하는 동시에 용역 내용을 정기적으로 보고하는 일을 맡는다.

1기 신도시 재정비 공약에 대해 파기 논란을 빚는 것과 관련해 원 장관은 반박했다. 그는 "30만 가구를 10년에 걸쳐 재건축한다고 하면 3년의 이주 기간이 걸린다"며 "수도권 통틀어 1년에 9만 가구 이상 이주 수요가 발생하는데 안정적인 이주가 이뤄지지 않으면 계획 전체가 차질을 빚을 수 있다"고 말했다.

그러면서 "용산역세권과 3기 신도시는 마스터플랜을 수립하는데 50개월, 36개월이 각각 걸렸다"며 "1기 신도시 재정비 마스터플랜은 2024년 내에서 더 당길 수 있으면 좋겠지만 인센티브를 줘야하기에 법적 근거가 필요하다"고 설명했다.

한편, 원 장관은 김동연 경기도지사가 1기 신도시 마스터플랜 2024년 수립 계획을 두고 최근 "사실상의 대선 공약 파기", "정부와 별개로 경기도 차원에서 할 수 있는 일을 하겠다"고 주장한 것을 두고 강도 높게 비판했다.

원 장관은 "경기도지사는 1기 신도시에 아무런 권한이 없다"며 "주민 일부가 의문과 불만을 제기하고 있는 걸 틈타서 정치적으로 공약 파기라고 몰고 가고 무책임한 정치적 발언으로 걱정거리 많은 주민들에게 혼란을 일으키는 것은 책임 있는 정치인이 해서는 안 되는 일"이라고 말했다.

➕ 1기·2기·3기 신도시

▲1기 신도시는 제6공화국 노태우 정부 시절, 주택 부족 해결을 위해 주택 200만 호 건설이라는 대한민국 역사상 최대의 주택 건설 프로젝트를 추진할 때 그 일환으로 지은 신도시이다. 1기 5대 신도시는 분당, 일산, 중동, 평촌, 산본이다.

▲2기 신도시는 2003년 노무현 정부에서 서울 집값의 급등을 막기 위해 건설한 12곳의 신도시이다. 12곳 중 10곳은 수도권, 2곳은 충청권에 속한다. 수도권 신도시는 판교, 동탄, 동탄2, 한강, 운정, 광교, 양주, 위례, 고덕, 검단이다. 충청권은 아산과 도안이다.

▲3기 신도시는 문재인 정부에서 주택시장 안정을 위해 계획한 대규모 택지지구다. 남양주 왕숙신도시·하남 교산신도시·인천 계양신도시·고양 창릉신도시·부천 대장신도시 5곳이 3기 신도시로 지정되었다.

11월, 올해 1월, 4월, 5월, 7월(0.5%p 인상)에 이어 이날도 금리를 올리면서 금리는 1년 1개월 사이 2.0%p나 뛰었다. 3·6·9·12월에는 금리 결정을 하지 않는다는 점을 고려하면 지난 4월부터 사상 첫 네 차례 연속 금리인상에 나선 것이다.

가계의 이자 부담도 더 늘어날 전망이다. ▮**코픽스** 수치 역시 급상승했기 때문이다. 2분기 기준 가계대출 수치가 확정되지 않아 1분기 기준 가계대출 잔액(1752조7000억원)과 4월말 기준 변동금리 비율(77%) 기준 등을 적용해 계산하면 금리가 2.5%로 오르고 가계의 연간 이자부담액은 26조 9912억원으로 늘어날 것으로 예상된다.

기준금리가 0.25%p 오르고, 대출금리도 그에 맞춰 동일하게 오른다고 가정하면 0.25%p씩 인상 때마다 대출자의 연간 이자 부담은 3조3739억원(1752조7000억원×77%×0.25%) 불어나는 것으로 추산된다. 차주 1인당으로 환산하면 연간 약 130만원의 이자를 더 부담해야 하는 것이다.

한은이 8월 23일 발표한 2분기 가계신용 잠정 수치 결과 가계대출 잔액은 2분기 기준 1757조 9000억원으로 나타났다. 이에 따라 1분기 기준 가계대출 수치로 추산한 가계의 이자부담 금액보다 소폭 더 증가할 가능성도 있다.

한국은행, 1년간 기준금리 2% 인상

한국은행이 8월 25일 금융통화위원회를 열고 **기준금리를 연 2.5%로 0.25%p 인상**했다. 2021년 8월 이후 1년 동안 2.0%p나 인상한 것이다. 이에 따라 차주 1인당 감당해야 할 연간 이자 부담도 130만원 이상 더 늘 것으로 예상된다.

한은 금통위는 이날 기준금리를 기존 연 2.25%에서 2.5%로 0.25%p 올렸다. 2021년 8월과

한은 관계자는 "아직 2분기 기준 데이터가 확정된 것이 없어서 현재로선 1분기 기준으로 추산한 연간 이자부담 수치와 크게 달라진 것이 없다"면서 "9월 이후 나올 데이터들을 적용해도 그리 큰 폭의 변화는 없을 수 있다"고 설명했다.

한편, 한은은 연간 5%대에 달할 것으로 예상되는 소비자물가 상승세를 안정시키기 위해 기준금리 인상을 이어왔지만, 가계이자 부담이 늘어난 점을 고려해 금리를 올리면서도 추가 지원 대책을 이어오고 있다.

코로나19 피해 중소기업 및 소상공인 지원 프로그램의 대출 금리는 연 0.25%로 유지하고 있으며 최근 정부가 지원하는 안심전환대출 지원을 위해 주택금융공사에 1200억원 출자를 결정했다. **안심전환대출은 시중은행에서 변동금리로 주택담보대출(주담대)을 받은 차주가 고정금리로 갈아타게 해주는 정책금융상품**으로, 주금공이 공급한다.

■ 코픽스 (COFIX, COst of Funds IndeX)
코픽스(자금조달비용지수)는 은행 대출금리의 기준이 되는 자금조달비용지수다. ▲국민 ▲신한 ▲우리 ▲KEB하나 ▲농협 ▲기업 ▲SC제일 ▲씨티 등 8개 은행이 시장에서 조달하는 ▲정기 예·적금 ▲상호부금 ▲주택부금 ▲금융채 ▲양도성예금증서(CD) 등 수신상품 자금의 평균 비용을 가중 평균해 산출한다.
은행들은 코픽스에 대출자의 신용도를 반영하여 일정률의 가산금리(스프레드·spread)를 더해 대출금리로 결정한다. 코픽스는 계산 방법에 따라 잔액 기준과 신규 취급액 기준 두 가지가 있다. 잔액 기준은 매월 말 현재 조달자금 잔액을 기준으로 계산한 가중평균금리이고, 신규 취급액 기준은 매월 신규로 조달한 자금에 적용된 가중평균금리를 말한다. 대출받는 입장에서 본다면 금리 상승기엔 잔액 기준 코픽스가 신규 취급액 기준 코픽스보다 유리하다.
코픽스가 도입된 건 기존에 주택담보대출의 기준금리 역할을

했던 양도성예금증서(CD) 금리가 시장의 실제 금리를 제대로 반영하지 못하고 있다는 비판 때문이었다.

한수원, 3조원 규모 이집트 원전 사업 수주

한국수력원자력(한수원)이 8월 25일 이집트 엘다바 원전 건설 사업을 수주했다. 2009년 아랍에미리트(UAE) 바라카 원전 이후 13년 만의 대규모 원전 수출이다. 러시아 국영 원전기업인 로사톰의 자회사인 ASE JSC가 주도하는 엘다바 원전의 총사업비는 300억달러(약 40조원)이며 한국이 참여하는 사업은 3조원 규모다.

윤석열 대통령은 페이스북에 "이번 계약이 어려움을 겪고 있는 원전 생태계를 복원하는 데 큰 힘이 될 것이라 믿는다"고 밝혔다. 이어 "저부터 발로 뛰면서 세계 최고 수준인 우리의 우수한 원전을 알리겠다"면서 "원전 산업이 국가 핵심 산업으로 성장할 수 있도록 지원을 아끼지 않겠다"고 강조했다.

이어 윤 대통령은 ■한미 원자력 동맹을 맺고 있는 미국 측에도 이집트 원전 계약 체결을 앞두고 사전 설명을 하라고 지시했다. 한미 관계 당국은 원전 관련 긴밀한 협의를 이어가기로 했다.

'2030년까지 원전 10기 수출'을 국정과제로 설정

한 정부는 체코 등 사업자 선정이 임박한 국가를 대상으로 세일즈 외교에 적극 나서고 있다. 이창양 산업통상자원부 장관은 "엘다바 프로젝트 수주는 윤석열 정부의 강력한 원전 수출 정책과 연계된 첫 가시적인 성과"라며 "원전 수출이 새로운 국부를 창출할 수 있도록 강력하게 지원하겠다"고 밝혔다.

한수원은 2017년부터 엘다바 원전 발주사인 이집트 원자력청과 협의를 시작했으며, 2021년 12월 러시아 원전 건설사인 ASE JSC로부터 단독 협상대상자로 선정됐다. 이후 러시아·우크라이나 전쟁 등으로 인해 한국의 사업 참여가 어려워질 수 있다는 우려가 나왔지만 정부와 한수원이 미국과 이집트를 설득하는 노력을 펼친 끝에 이날 계약 체결에 이르렀다.

한수원과 ASE JSC 간 원전 기자재·터빈 건물 시공 분야 계약은 이날 이집트 카이로에서 체결됐다. 한수원은 2023년부터 2029년까지 엘다바 원전 4기에 터빈 건물과 구조물 80여개를 건설하고 기자재를 공급하게 된다. 이번 수주를 통해 지난 정부의 탈원전 정책으로 인해 일감 수주에 어려움을 겪고 있는 원전 건설업체와 기자재 공급업체에 일감을 공급하는 등 원전 산업 생태계 복원에 기여할 전망이라고 산업부는 설명했다.

■ 한미 원자력 동맹
한미 원자력 동맹은 윤석열 대통령과 조 바이든 미국 대통령이 소형모듈원전(SMR) 개발 및 수출에 협력하기로 공식 합의한 것이다. 한미 정상은 2022년 5월 21일 공동성명에서 "양 정상은 원자력을 탄소제로 전력의 핵심·신뢰 원천이자 청정에너지 경제 성장의 주요 요소, 글로벌 에너지 안보 증진의 필수로 인식하고 있다"면서 "원자력 협력을 더욱 확대하고 (원자력) 수출 진흥과 역량개발 수단을 공동 사용하고 회복력 있는 원자력 공급망 구축으로 선진 원자로 및 SMR 개발과 전 세계 배치를 가속할 것"이라고 선언했다. 원자력 동맹을 맺은 것은 한미 양국이 정치·군사적 동맹 관계에서 기술·경제 분야를 아우르는 이른바 '경제·기술 동맹'으로 한 발 더 나가기 위한 과정의 일환으로 평가된다.

2023년 GDP 대비 재정적자 비율 3% 이내로 낮춘다

한국의 ■ 재정수지 적자가 내년을 기점으로 경제 규모 대비 3% 이내로 줄어들 전망이다. 본예산상의 총지출 증가율은 이명박·박근혜 정부 평균 수준인 5~6% 수준으로 관측된다.

기획재정부에 따르면 정부는 이런 내용 등을 담은 2023년 예산안을 최종 조율했다. 기재부는 여당과 대통령 최종보고 등 절차를 거쳐 내년도 예산안을 확정했다.

정부는 2023년 예산을 편성하면서 관리재정수지 적자 폭을 국내총생산(GDP)의 3% 이내로 설정했다. 또 GDP 대비 국가채무비율이 60%를 초과하면 관리재정수지 적자 비율을 2% 이내로 관리하는 강력한 재정준칙도 도입하기로 했다. 정부가 본예산 편성 기준으로 관리재정수지 적자를 GDP 대비 3% 이내로 줄이는 것은 2019년 1.9%(37조6000억원) 이후 4년 만이다.

본예산 편성 기준 GDP 대비 관리재정수지 적자 비율은 2020년 3.5%(71조5000억원), 2021년 5.6%(112조5000억원), 2022년 4.4%(94조1000억원)를 기록했다. 올해 말 기준 GDP 대비 관리재정수지 적자 비율 예상치가 5.1%라는 점을 고려하면 허리띠를 상당히 조였다는 평가가 나온다.

다만 코로나19 사태와 같은 예기치 못한 사유로 추가경정예산(추경)을 편성해 지출이 늘어날 가능성을 배제할 순 없는 상태다. 실제로 코로나19 사태가 터졌던 2020년의 경우 본예산 기준 재정적자는 GDP 대비 3.5% 수준이었지만, 4차례에 걸친 추경으로 인해 5.8%로 불어났다.

관리재정수지 적자 폭을 GDP의 3% 이내로 관리할 경우 내년 총지출 증가율은 이명박·박근혜 정부 평균치인 5%대 중반 수준이 될 것이라는 관측이 나온다.

올해 본예산상 총지출은 607조7000억원이다. 2023년 지출 증가율을 5%로 잡으면 638조원, 6%로 잡으면 644조원이 된다. 이에 따라 내년 총지출 규모는 640조원 안팎이 될 가능성이 크다. 올해 2차 추경까지 합친 총지출 679조5000억원과 비교하면 40조원가량 감소하는 셈이다.

■ 재정수지 (財政收支)

재정수지는 정부가 거둬들인 재정의 수입(세입)과 지출(세출)의 차이를 말한다. 세입이 세출보다 많으면 재정흑자, 반대로 세출이 세입보다 많으면 재정적자가 된다. 세입과 세출이 일치하여 흑자도 적자도 없는 재정 상태는 균형재정이라고 한

다. 적자재정일 경우 정부는 부족한 재정을 메우기 위해 국채, 즉 나랏빚을 발행한다.

우리나라는 재정수지 통계로서 통합재정수지와 관리재정수지를 활용한다. 통합재정수지는 해당 연도의 일반회계, 특별회계, 기금을 모두 포괄한 수지로서 회계-기금 간 내부거래 및 차입, 채무상환 등 보전거래를 제외한 순수한 재정수입에서 순수한 재정지출을 차감한 수치다. 관리재정수지는 재정 건전성 여부를 명확히 판단하기 위해 통합재정수지에서 사회보장성기금(국민연금·사학연금·고용보험·산재보험) 수지를 제외한 수치다.

8월 무역적자 100억달러 육박... 66년 만에 최대

우리나라 무역적자가 8월 100억달러에 육박하면서 66년 만에 최대치를 기록했다. 수출은 한 자릿수 증가에 그친 반면 에너지 가격이 고공행진하면서 수입이 역대 최대 규모로 늘어났기 때문이다.

9월 1일 산업통상지원부에 따르면 8월 수출액은 566억7000만달러로 지난해 동월보다 6.6% 늘었고, 수입은 661억5000만달러로 28.2% 증가했다. 이로써 무역수지는 94억7000만달러(약 12조7000억원)의 적자를 보였다.

이는 무역통계가 작성되기 시작한 1956년 이래 66년 만에 최대치다. 기존의 최대 기록인 올해 1월(-49억5000만달러)보다도 93.1% 많다. 월 기준 무역적자가 40억달러를 넘은 것도 올해 1월과 7월(-48억5000만달러), 글로벌 금융위기 당시인 2008년 1월(-40억4300만달러) 세 번뿐이었다.

8월 무역수지 악화는 국제 에너지 가격 급등 여파가 컸다. 원유·가스·석탄 등 에너지 수입액이 8월 185억2000만달러로 지난해 동월(96억6000만달러)보다 88억6000만달러나 증가했다. 반도체 수출이 7.8% 감소한 반면 반도체 수입이 26.1% 급증한 점도 무역수지에 부정적 영향을 줬다.

15대 주요 품목 중에서도 석유제품, 자동차, 차부품, ▪**이차전지**, 일반기계, 철강 등 6개 품목만 수출이 늘었다. 최대 교역국인 중국으로의 수출도 1년 전보다 5.4% 줄어들며 3개월 연속 감소세가 이어졌다.

올해 연간 무역수지가 2008년 글로벌 금융위기 이후 14년 만에 적자 전환할 것이란 우려가 커지고 있다. 올 들어 8월까지 무역적자가 247억2000만달러에 달하면서다. 국책 연구소인 산업연구원은 지난 5월 올해 연간 무역적자가 158억달러를 기록할 것으로 전망했지만 지금 추세라면 이런 전망이 빗나갈 가능성이 크다.

이부형 현대경제연구원 이사는 "세계 경기 자체가 하방 압력이 커지고 있어 수출 확대나 무역수지 개선을 기대하기 힘든 상황"이라며 "올해 안에 무역흑자 전환은 어렵고 적자를 얼마나 축소할 수 있을지가 중요하다"고 설명했다.

■ **이차전지 (secondary cell)**

이차전지란 한 번 쓰고 버리는 일차전지와 달리 충전해서 반영구적으로 사용하는 전지다. 친환경 부품으로 주목받고 있으며, 니켈-카드뮴, 리튬이온, 니켈-수소, 리튬폴리머 등 다양한 종류가 있다. 노트북 컴퓨터와 휴대전화, 카메라 등 들고 다니는 전자기기뿐만 아니라 전기자동차의 핵심소재이며, 부가가치가 높아 반도체 및 디스플레이와 함께 21C 3대 전자부품으로 꼽힌다.

➕ **퍼펙트 스톰 (perfect storm)**

퍼펙트 스톰이란 개별적으로 보면 위력이 크지 않은 태풍 등이 다른 자연현상과 동시에 발생하면서 엄청난 파괴력을 갖게 되는 현상으로, 경제 분야에서는 세계 경제가 동시에 다발적인 위기에 빠져 대공황이 초래되는 상황을 뜻한다.

현재 한국은 강달러와 원화 약세 지속에 따른 외국인 투자 자금 유출, 물가 상승 압력이 가중되는 데다 가계부채 위기 고조, 성장률 하락, 경기 침체 우려가 고조된다. 이에 한국경제에 고물가·고환율·저성장의 퍼펙트 스톰 도래 기류가 커지고 있다.

2030년까지 원전 비중 33%... '탈원전 폐기' 본격화

2030년 원전 발전 비중이 전체의 32.8% 가까이 대폭 확대된다. 신재생에너지 발전 비중은 21.5% 수준으로 조정되며, 석탄은 감축 기조에

따라 21.2%로 대폭 축소된다.

산업통상자원부는 8월 30일 이런 내용 등을 담은 '제10차 전력수급기본계획(전기본)' 실무안을 전력수급기본계획 자문기구인 총괄분과위원회에서 마련했다고 밝혔다. 문재인 정부가 지난해 10월 확정한 '2030년 국가 온실가스 감축목표(NDC, Nationally Determined Contribution) 상향안'과 비교하면 원전은 8.9% 높고, 신재생에너지는 8.7% 낮다.

총괄분과위는 원전의 경우 계속운전·신규원전 가동 등에 따라 발전 비중이 2030년에 32.8%로 높아질 것으로 전망했다. 총괄분과위원장인 유승훈 서울과학기술대 교수는 "원전의 계속운전을 통해 2030년 원전 비중을 확대하고 신재생에너지는 합리적 보급 목표를 설정해 실현 가능성이 큰 온실가스 감축 방안을 검토했다"고 설명했다.

원전 설비 12기 계속운전·6기 신규 가동 반영

총괄분과위는 최대전력 수요가 올해부터 연평균 1.4% 증가해 2036년에는 117.3GW(기가와트)에 달할 것으로 전망했다. 이에 2036년 목표 설비는 최대전력 수요에 예비율 22%를 반영한 143.1GW로 산출했고, 실제 건설 현황 등을 고려한 확정 설비 용량은 142.0GW(실효용량)로 예상했다.

확정 설비 용량은 원전의 경우 사업자의 의향을 반영해 2036년까지 12기(10.5GW)의 계속운전과 준공 예정인 원전 6기(8.4GW)를 포함한 것이다. 준공 예정인 원전은 2025년까지 신한울 1·2호기(2.8GW)와 신고리 5·6호기(2.8GW), 2032~2033년 기간의 신한울 3·4호기(2.8GW) 등이다.

산업부는 앞으로 신규 원전건설 및 계속운전, 재생에너지 보급 확대 등 발전설비 계획 변화와 전력수요 증가를 반영한 전력망 건설을 확대할 계획이다. 아울러 전력시장 다원화도 추진하며 ■재생에너지 전력구매계약(PPA) 허용 범위를 점진적으로 확대하고 전력시장의 시장경쟁 여건을 조성하기로 했다.

■ 재생에너지 전력구매계약 (PPA, Power Purchase Agreement)

재생에너지 전력구매계약(PPA)이란 재생에너지 설비를 가진 발전사업자가 생산한 전력을 한국전력을 통해 전기소비자에게 직접 팔 수 있도록 한 제도다. 한국전력공사가 해당 전력을 신재생에너지를 원하는 전기소비자에게 판매 중개한다. 발전사와 기업 간 직접적인 전력거래가 불가능했지만 2021년 1월 국무회의에서 한전의 전력구매계약 중개를 허용하는 전기사업법 시행령 개정안을 통과시키며 가능해졌다.

'이상 해외송금' 8조 넘어... 금감원 현장검사 돌입

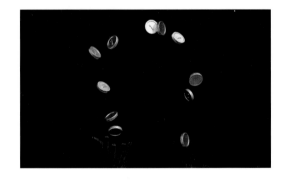

우리은행과 신한은행을 거쳐 해외로 송금된 불분명한 자금이 초기 발표보다 많은 34억달러(4조 5300억원)를 넘어선 것으로 파악돼 '거액 이상 외환 거래' 파문이 확대됐다. 이 금액의 상당액이

국내 가상화폐 거래소에서 은행을 거쳐 송금돼 국내 가상화폐 시세가 해외보다 비싸게 형성되는 '■김치 프리미엄'을 노린 차익거래와 연관됐을 가능성이 있어 주목된다.

8월 28일 금융권 등에 따르면 금감원은 우리은행과 신한은행으로부터 지난 6월 말에 거액의 이상 해외 송금 사실을 보고 받고 현장 검사에 착수해 각각 13억1000만달러(1조7000억원)와 20억6000만달러(2조7000억원) 등 총 33억7000만달러(4조4900억원)의 문제 거래를 찾아냈다.

이후 추가 검사에서 2000만달러(260억원)를 추가로 적발해 우리은행과 신한은행에서만 이상 해외 송금액이 33억9000만달러(4조5200억원)로 늘었다.

금감원은 지난 8월 모든 은행을 대상으로 지난해 1월부터 올해 6월까지 신설·영세업체의 대규모 송금 거래, 가상자산 관련 송금 거래 등에 해당하는 20억달러(2조60600억원) 규모의 거래에 대해 자체적으로 조사해 보고할 것을 지시한 바 있다.

금융 당국은 "우리은행과 신한은행의 이상 해외 송금 검사 말고 이들 은행의 자율 점검에서도 이상 해외 송금이 더 있다는 사실이 확인됐다"면서 "전체 액수로 보면 이들 은행의 이상 해외 송금은 기존보다 더 늘어난 셈"이라고 말했다.

자율 점검을 통해 거액의 이상 해외 송금을 보고한 하나은행, NH농협은행, 국민은행에 대한 검사가 8월 22일부터 이뤄지고 있는 데다 하나은행의 경우 기존에 하던 수시 검사에 이 사안까지 추가돼 적발액이 더 늘어날 수 있다.

■ 김치 프리미엄 (kimchi premium)

김치 프리미엄이란 한국 암호화폐 거래소에서 원화로 비트코인을 살 때와 해외 거래소에서 달러화, 혹은 달러화 기반 스테이블 코인으로 비트코인을 살 때의 가격 차이를 말한다. 둘을 비교했을 때 국내 가격이 비싸면 '김치 프리미엄', 국내 가격이 낮으면 '김치 디스카운트'(역프리미엄)가 된다. 한국에서는 2017~2018년 비트코인 열풍이 일며 기본 10% 이상의 김치 프리미엄이 꾸준히 유지됐다. 국내 투자자들이 해외 투자자들에 비해 10% 이상 높은 가격을 감수하고 비트코인을 매수했다는 얘기다. 비트코인 김치 프리미엄 역대 최고치는 2018년 1월에 기록된 54.48%다.

금융 당국, 물적분할 반대 주주에 주식매수청구권 부여

금융 당국이 ■물적분할로 인한 주주 피해를 막기 위해 앞으로 기업의 공시를 강화하고, 주식매수청구권을 도입한다. 또 물적분할 이후 자회사에 대한 상장심사 요건을 적용해 주주 보호에 나설 계획이다. 금융위원회는 9월 4일 이 같은 내용을 담은 '물적분할 자회사 상장 관련 일반주주 권익 제고방안'을 발표했다.

최근 **일부 기업이 고성장 사업부문을 물적분할해 단기간 내 상장하면서 주주권 상실과 주가 하락 등 일반주주의 피해 문제가 제기**된 바 있다. 이에 따라 금융 당국은 관련된 의사결정에 반대하는 일반주주들의 권리를 보호하기 위해 지난 수개월 간 전문가 및 이해관계자 논의를 통해 해당 방안을 마련했다.

먼저 물적분할을 추진하려는 기업은 앞으로 '주요사항보고서'를 통해 물적분할의 구체적인 목적(구조조정, 매각, 상장 등), 기대효과 및 주주보호 방안을 이사회 의결 후 3일 이내에 공시해야 한다. 특히 분할 자회사 상장을 계획한 경우 예정 일정 등을 공시해야 하고 추후 상장계획이 변경될 시엔 정정공시를 해야한다.

또 상장기업의 주주가 물적분할에 반대할 경우에 기업에 주식을 매수해줄 것을 청구하는 권리인 주식매수청구권을 부여하기로 했다. 이 경우 반대주주들은 물적분할이 추진되기 이전 주가로 주식을 매입할 수 있게 된다.

이와 함께 물적분할 이후 5년 내 자회사를 상장할 시 거래소가 모회사 일반주주에 대한 보호노력을 심사하고 미흡한 경우엔 상장이 제한된다. 이는 상장기준 개정 이전에 이미 물적분할이 완료된 기업에게도 동일하게 적용된다.

금융위 관계자는 "기업은 물적분할이 기업가치를 제고하고 일반주주의 권익에도 부합한다는 점을 공시와 주주 소통노력을 통해 적극적으로 설명하여야 한다"며 "일반주주들의 지지와 동의를 얻지 못하면 물적분할 추진이 사실상 어려워질 수 있다"고 말했다.

■ 물적분할 (物的分割)
물적분할은 기업분할 방식의 하나로서, 원래 존재했던 회사

(모회사)가 분할되는 기업의 주식을 100% 보유하는 것이다. 모회사는 분할을 통해 새로 생기는 기업(신설법인)으로 분리할 사업부를 자회사 형태로 보유해 자회사에 대한 지배권을 계속 유지한다. 분할 주체가 신설회사의 주식을 100% 소유하는 형태이므로 주주들은 종전과 다름없는 지분가치를 누릴 수 있다.

롯데, '9억달러' 베트남 투티엠 복합단지 착공

롯데그룹이 베트남에서 건설·유통 인프라가 집결된 스마트단지 프로젝트를 개시하는 등 중국 사업 철수 이후 동남아 사업을 본격 확대하고 있다. 신동빈 롯데 회장은 "이번 프로젝트를 기점으로 롯데그룹은 베트남에 대한 투자를 더 확대하겠다"고 했다.

롯데는 9월 2일 베트남 독립기념일에 맞춰 호찌민시 투티엠 지구에서 '투티엠 에코스마트시티' 착공식을 진행했다고 9월 4일 밝혔다. 신 회장은 이날 행사에 참석해 "에코스마트시티에 롯데의 역량이 총집결된 스마트 주거·유통 시설이 자리 잡아 향후 베트남을 대표하는 ■ 랜드마크가 될 것"이라고 했다.

이번 프로젝트는 1996년 식품군을 시작으로 롯데가 베트남에 진출한 이래 가장 큰 규모다. 베트남 호찌민시 투티엠 지구 5만㎡ 땅에 코엑스 1.5배 규모(연면적 약 68만㎡) 지하 5층, 지상 60층짜리 쇼핑몰 등 상업 시설과 오피스, 호텔, 레지던스, 시네마와 아파트로 구성된 대형 복합 단지를 개발한다. 롯데는 총사업비 9억달러를 투자해 베트남 최초의 최고급 스마트 단지로 완공할 계획이다.

'투티엠 에코스마트시티' 착공을 계기로 롯데는 동남아 사업 확장에 본격적으로 나설 것으로 보인다. 신 회장은 베트남 방문에 앞서 지난 8월 29일 인도네시아 '라인프로젝트' 공사 현장도 직접 찾아 진척 상황을 점검하고 직원들을 격려하기도 했다. '라인 프로젝트'는 롯데케미칼이 자회사인 롯데케미칼타이탄과 합작해 인도네시아 반텐주에 총 39억달러를 투자해 초대형 석유화학 단지를 조성하는 사업이다.

■ 랜드마크 (landmark)
랜드마크는 어떤 나라, 지역 등을 대표하는 건물이나 상징물. 조형물 등을 말한다. 세계의 랜드마크 중 가장 잘 알려진 것들로는 프랑스 파리의 에펠탑. 미국 뉴욕의 자유의 여신상. 영국 런던의 타워 브리지, 이탈리아의 피사의 사탑, 중국의 만리장성, 이집트의 피라미드 등이 있다. 우리나라의 대표적인 랜드마크로는 서울타워 등이 있다.

일시적 2주택·고령·장기보유자 종부세 완화

국회가 9월 7일 본회의에서 종합부동산세 부담을 완화하는 법 개정안을 통과시켰다. 일시적

2주택자와, 고령 또는 장기 보유한 1주택자의 종부세 부담을 줄여주는 게 개정안의 핵심이다. 국회는 이날 본회의에서 종부세법 개정안을 재석 245명 중 178명 찬성으로 통과시켰다.

이번 법 개정에 따라 이사를 위해 신규 주택을 취득한 뒤 기존 주택을 바로 처분하지 못한 경우, 상속으로 주택을 추가 취득한 경우, 지방의 저가 주택을 보유한 경우엔 다주택자가 아닌 '1가구 1주택자'로 취급된다. 다주택자로 분류되면 1.2%에서 최고 6%의 중과세율로 세금을 내야 하지만, 법 개정안이 적용되면 0.6%~3.0%의 기본 세율이 적용된다.

1주택자로 만 60세 이상이거나, 현재 소유한 주택을 5년 이상 보유했고 소득이 일정 수준 이하(총급여 7000만원, 종합 소득 6000만원 이하)인 경우엔 주택을 상속, 증여, 양도 등으로 처분하는 시점까지 종부세 납부가 유예되는 내용도 포함됐다. 1가구 1주택자가 당장 종부세 납부 걱정을 하지 않아도 되는 것이다.

이번 개정안 내용은 올해 11월 말 종부세 고지분부터 적용될 예정이다. 다만 이번 개정안에는 그동안 함께 추진돼 온 1주택자의 종부세 부과 기준선을 기존 ■공시가격 11억원에서 최고 14억원으로

올리는 내용은 포함되지 않았다. 국민의힘은 기준선을 14억원까지 높이는 법 개정안을 제시했다가 민주당이 반대하자 다시 12억원으로 낮췄지만, 민주당은 12억원으로 올리는 데에도 반대했다.

민주당은 이미 정부·여당이 시행령 개정으로 종부세 부과를 위한 '공정시장가액비율'을 100%에서 60%로 하향했기 때문에, 종부세 부과 기준선까지 대폭 올리는 것은 받아들일 수 없다고 했다.

■ **공시가격 (公示價格)**
공시가격이란 정부가 토지와 건물에 대해 조사·산정해 공시하는 가격을 말한다. 부동산 가격의 지표가 되는 공시가격은 보유세 등 부동산 세제는 물론 건강보험료와 기초연금, 부동산 가격평가 등 60여 가지 행정 업무의 기준이 된다. 공시가격이 상승하면 주택 수요가 떨어져 집값을 안정화하는 데 도움을 주지만, 공시지가로 측정되는 보유세 부담이 커질 수 있다.

소리바다, 9월 7일 상장폐지

국내 1세대 음원 유통 서비스로 알려진 소리바다가 결국 상장폐지 수순을 밟는다. 8월 26일 한국거래소에 따르면 코스닥시장본부는 전날 공시를 통해 소리바다에 대한 상장폐지에 따른 ■**정리매매**를 개시한다고 밝혔다. 8월 29일부터 9월 6일까지 정리매매 절차를 거쳐 9월 7일 상장 폐지됐다.

앞서 거래소는 지난 5월 소리바다의 상장폐지를 최종 의결하고 6월 15일 상장폐지를 결정했다. 하지만 소리바다 측이 법원에 상장폐지 결정 효력정지 가처분을 신청하면서 정리매매가 일시 중단됐다. 이후 가처분 신청이 기각 결정되면서 정리매매 절차가 재개된 것이다. 거래소 코스닥시장본부는 "상장폐지 결정 등 효력정지 가처분 신청 기각 결정에 따라 정리매매 절차를 재개한다"고 밝혔다.

소리바다의 상장폐지 사유는 '감사의견 거절'이다. 2021년 5월 2020사업연도에 대한 감사의견 거절을 받으면서 상장폐지 사유가 발생했고 관리종목에 지정되면서 주식 거래가 정지됐다. 이듬해인 2021사업연도에도 감사의견 거절을 해소하지 못하면서 상장폐지가 결정됐다.

소리바다는 지난 2000년 양정환, 양일환 형제가 설립한 국내 **1세대 P2P**(개인 간 파일 공유) **음원 공유업체**로 2001년 코스닥 시장에 상장됐다. 저작권법 침해 논란이 불거지며 법원으로부터 서비스 중지 명령을 받기도 했지만 2009년엔 애플과 손잡고 실시간 음악 감상 프로그램을 내놨다.

저작권 문제가 해결된 이후 소리바다는 경영권 분쟁에 휘말렸다. 창업자인 양정환 대표와 양일환 전무는 2016년 중국 국영투자기업 ISPC에 경영권을 넘겼고, 같은 해 12월 제이메이슨이 유상증자 방식으로 지분 10.53%를 인수해 최대주주에 올랐다. 2020년 2월엔 중부코퍼레이션(현 중앙컴퍼니)이 유상증자에 참여해 최대주주에 등극했다.

이 과정에서 제이메이슨이 중부코퍼레이션의 동의 없이 10억원 규모 유상증자를 단행하려 하면서 경영권 갈등이 불거졌다. 법원이 중부코퍼레이션의 손을 들어주면서 유상증자는 철회됐지만 1년여간 이어온 경영권 분쟁 하에 재무상태는 최악으로 치달았다. 2017년부터 2020년까지 4년 연속 영업손실을 기록하며 결국 감사의견 거절로 상장 폐지 수순을 밟게 됐다.

소리바다의 상장폐지가 결정되면서 소액 주주들의 피해는 불가피할 전망이다. 올해 6월 말 기준 소리바다 소액 주주는 2만1036명이다. 이들은 전체 발행 주식 수(894만349주)의 55.26%인 494만349주를 보유하고 있다.

■ 정리매매 (整理賣買)
정리매매란 상장폐지가 결정된 주식에 대해서 마지막으로 주식을 거래할 수 있는 기회를 주는 제도다. 상장폐지되어 장외 주식이 될 경우 투자금 회수가 어렵기 때문에 투자자 보호 차원에서 두는 제도이다. 한국거래소에서는 정리매매 기간을 7거래일로 하고 있으며, 접속매매로 자유롭게 거래되는 일반 주식과 달리 정리매매 종목은 단일가 매매로 이루어진다.

독일 포르쉐, 올해 독일 증시 상장…
26년만에 최대 IPO

세계 2위의 자동차 생산 기업인 독일 폭스바겐 그룹이 자사의 고성능 스포츠카 브랜드 '포르쉐'를 올해 안에 상장하겠다고 밝혔다. 상장이 이뤄

지면 **독일 역사상 최대 규모의 상장인 동시에 유럽 증시에서 약 26년 만에 가장 큰 규모의 ■기업공개(IPO)**가 될 전망이다.

파이낸셜타임스(FT)에 따르면 폭스바겐 그룹은 9월 5일(현지시간) 발표에서 9월 말~10월 초에 폭스바겐 그룹의 자동차 브랜드 포르쉐AG를 독일 프랑크푸르트 증시에 상장하겠다고 밝혔다. 그룹 측은 구체적인 상장 시기에 대해 "추후 자본 시장 변화에 달려 있다"고 설명했다. 상장은 늦어도 올해 말까지는 마무리될 전망이다.

시장에서는 포르쉐가 폭스바겐 산하 10개 브랜드 가운데 가장 수익성이 좋은 브랜드라며 상장시 시가총액이 600억~850억유로(약 82조~116조원)에 달한다고 추정했다. 금융정보업체 리피니티브는 시가총액이 전망치 최상단에 달할 경우 독일 증시 역사상 최대 IPO인 동시에 유럽 증시에서 1996년 도이치텔레콤(130억달러) 이후 최대 규모의 IPO라고 내다봤다.

■ 기업공개 (IPO, Initial Public Offering)
기업공개(IPO)란 기업의 경영정보를 외부로 공개해 주식을 다수 투자자에게 공개적으로 파는 일을 말한다. 한국에서는 증권거래소에 상장하는 방법을 가장 많이 이용한다. IPO는 기업에서 자금조달을 원활히 하고, 재무구조를 개선하고, 기업정보가 공개돼 사회의 기업감시 기능이 강화되어 기업의 건전한 발전에 기여한다. 이를 통해 기업은 주식가치의 공정한 결정, 세제상의 혜택, 자금조달 능력의 증가, 주주의 분산투자 촉진 및 소유분산 등의 혜택을 얻을 수 있다.

분야별
최신상식

사회
환경

괴물 태풍 '힌남노' 한반도 관통

➕ '힌남노' 이름 두고
해프닝

힌남노(Hinnamnor)는 익숙지 않은 어감 때문에 한국 남성에 대한 혐오 표현인 '한남'을 연상시켜 어이없는 해프닝이 이어졌다. 한 대형마트 점포는 '힌남노 태풍으로 배송불가지역'이라는 공지를 냈다가 교체하기도 했다. 힌남노는 라오스 카무안주에 위치한 국립공원인 '힌남노 국립자연보호구역'에서 딴 명칭이다.

사라·매미 위력 능가

올해 **제11호 태풍 '힌남노'**가 한반도를 관통했다. 8월 28일 발생한 힌남노는 일본 남쪽 해상에서 발달해 대만과 중국 방향으로 이동하다가 오키나와 일대에서 급격히 방향을 바꿔 한반도로 북상했다.

앞서 힌남노의 위력은 **한반도에서 최악의 피해를 남긴 2003년 태풍 '매미'** 보다 강력할 것으로 전망됐다. 태풍은 중심기압이 낮을수록 세력이 강한데 힌남노는 9월 3일 기준 중심기압이 915hPa(헥토파스칼)로 초강력 태풍 지위를 유지했다. 이는 **한반도에서 가장 강력했던 태풍으로 꼽히는 1959년 '사라'**의 중심기압 951hPa과 매미(954hPa)보다 낮은 것이다.

힌남노의 직접 영향권에 놓인 제주도는 9월 3일부터 사흘간 누적 강수량이 800mm를 넘었다. 해상에는 최고 13m 이상의 너울성 파도가 일어 해일 피해가 우려됐다. 제주 곳곳에서는 마을에 정전 사태가 일어나거나 나무가 쓰러지는 등 피해가 속출했다. 힌남노는 9월 6일 2시간 20분가량 영남 지방을 관통한 뒤 오전 7시 10분에 울산 앞바다로 빠져나갔다.

920hPa 이하 태풍은 모두 북위 25도 아래 아열대 바다에서 발생했지만 **힌남노는 기상 관측 이후 처음으로 북위 25도 위에서 발생**했다.

태풍의 진로도 특이했다. 우리나라에 영향을 준 슈퍼 태풍은 대부분 북쪽으로 움직였는데 힌남노는 이례적으로 서남쪽으로 역주행했다. 마지막으로 주목할 점은 서태평양의 해수면 전역의 수온이 매우 높았고 힌남노는 먹이를 찾듯 수온이 가장 높은 해역을 골라 이동했다는 것이다. 기상 전문가들은 이러한 사실을 고려할 때 **힌남노가 기후변화 영향에 따라 역대급으로 힘을 키웠다**고 분석했다.

영남권 피해 집중

기상청은 "힌남노가 새벽 4시 50분쯤 경남 거제 부근에 상륙했고, 오전 6시에 부산 등 경남권 동부를 지나, 7시 10분에 울산 앞바다로 진출했다"고 밝혔다. 힌남노는 한반도 상륙 뒤 세력이 다소 약해졌지만 9월 6일 오전 6시 부산 인근을 기준으로 중심 기압 955hPa, 최대 풍속 초속 40m로 여전히 강도 '강' 수준의 강한 세력을 유지했다.

태풍의 직접 영향권에 놓인 영남 지역에는 매우 강한 바람과 함께 시간당 100mm 넘는 폭우가 쏟아졌다. 경북 포항은 한 시간에 110.5mm에 이르는 기록적인 양의 비가 내려 침수와 정전 피해가 속출했다. 동해로 빠져나간 힌남노는 태풍 강도 '강'을 유지하며 울릉도 북동쪽 부근으로 지나갔고 이후 온대저기압으로 약화됐다.

자연법칙 거스른 최초의 태풍

힌남노는 강한 위력만큼 특이한 생성 배경으로 기후학자들에게 앞으로도 이러한 태풍이 출몰할 수 있다는 우려를 남겼다. 지금까지 중심기압

➕ 태풍 이름은 어떻게 정할까?

태풍 이름은 ▲한국 ▲캄보디아 ▲중국 ▲북한 ▲홍콩 ▲일본 ▲마카오 ▲말레이시아 ▲미크로네시아 ▲필리핀 ▲태국 ▲미국 ▲베트남 ▲라오스 등 14개국으로 구성된 태풍위원회에서 정한다. 국가별로 10개씩 제출한 140개 이름이 28개씩 5개 조로 구성되고 1조부터 5조까지 순차적으로 태풍 이름을 사용한다. 140개를 모두 사용하면 1번부터 다시 사용한다. 우리나라가 제출한 이름은 나리, 장미, 개나리, 노루, 너구리 등이 있고 북한은 기러기, 도라지, 메아리 등의 이름을 제출했다. 태풍은 1년에 25개 정도 발생하므로 5~6년이면 전체 이름이 사용된다. 큰 피해를 끼친 태풍의 이름은 태풍위원회 회의에서 삭제될 수 있다. 2003년 한국에서 막대한 피해를 남긴 14호 태풍 매미가 이런 이유로 영구 제명됐다.

POINT 세 줄 요약

❶ 제11호 태풍 힌남노가 한반도로 북상했다.

❷ 힌남노의 위력은 역대 태풍 중 최강으로 관측됐다.

❸ 힌남노는 기후 관측 이후 처음으로 북위 25도 위에서 발생했다.

'조두순보다 더 악질'
미성년자 11명 성폭행 김근식 출소

▲ 미성년자 연쇄 성폭행범 김근식 (자료 : 인천경찰청)

2000년대 11명의 미성년자를 연쇄 성폭행해 징역 15년을 선고받고 복역 중인 김근식(54)이 10월 출소할 예정이다.

김근식은 아동 성폭행범 조두순 못지않게 끔찍한 아동 대상 성폭행을 저질러 사회적 공분을 샀다. 김근식은 2006년 5월부터 9월까지 인천과 경기 일대에서 9~17세 초·중·고 여학생 11명을 성폭행했다.

2006년 11월 1심 재판부는 김근식에게 징역 15년 형을 선고했다. 김근식은 판결이 무겁다며 불복하고 항소했으나 기각됐고 형이 확정돼 복역 중이다. 원래 김근식은 작년 출소 예정이었으나 복역 중 폭행 사건에 휘말려 형기가 1년 정도 늘었다.

2006년 당시 김근식은 성범죄자 등록대상에 포함되지 않아 논란이 일기도 했다. 김근식은 2011년 1월 1일 시행된 아동·청소년의 성 보호에 관한 법률 및 2011년 4월 16일 시행된 성폭력 범죄의 처벌 등에 관한 특례법 제정 후 도입된 신상 정보 등록 제도 및 공개·고지명령 적용 전 범행을 저질러 이 법 적용 대상이 아닌 것으로 분류됐다.

이러한 논란에 여성가족부는 법원에 김근식의 정보공개 요청 청구를 했고 이 내용이 받아들여져 출소와 함께 신상정보가 공개될 예정이다. 김근식이 출소 후 과거 주거지인 인천으로 갈지 여부는 확실치 않으나 **성범죄자 알림e**(정부가 만든 성범죄자 신상정보 공개 사이트)에 그가 거주하는 도로명 주소와 건물 번호가 공개될 예정이다.

한편, 2019년 '특정 범죄자에 대한 보호관찰 및 전자장치 부착 등에 관한 법률 일부개정안'(일명 조두순법)이 시행됐다. **조두순법은 미성년자 대상 성범죄자의 출소 이후 전자발찌 부착 기간을 연장할 수 있도록 했다.** 또한 재범 위험성이 높은 미성년자 성폭력 범죄자에 대해서는 1 대 1 보호관찰이 가능하도록 규정했다.

➕ **화학적 거세 (chemical castration)**

화학적 거세(성충동 약물치료)는 약물을 투여해 성충동을 억제하는 것이다. 화학적 거세 치료명령을 받은 자는 석방 전 2개월 안에 성호르몬을 억제하는 약물을 투여하고 석방 후에도 주기적으로 약물치료에 응해야 한다. 법원은 청구 이유가 있다고 인정되면 15년 범위에서 기간을 정해 치료명령을 선고한다. 치료명령은 검사의 지휘를 받아 보호관찰관이 집행한다. 다만 벌금형이나 집행유예를 선고하는 경우는 치료명령을 내릴 수 없다. 화학적 거세와 달리 물리적 거세는 고환을 외과적으로 제거해 남성 호르몬(테스토스테론) 분비를 영구적으로 억제하는 방법이다. 독일, 스웨덴, 덴마크, 미국 텍사스주 등에서는 범죄자의 동의하에 물리적 거세를 시행하고 있다. 특히 덴마크는 1929년부터 물리적 거세를 합법화해 시행하고 있다.

기출TIP 2019년 MBC에서 조두순법이 출제됐다.

형제복지원 사건,
35년 만에 "국가의 인권침해" 인정

2기 ■진실·화해를위한과거사정리위원회(진실화해위)가 형제복지원 사건을 국가의 부당한 공권력 행사에 의한 중대한 인권침해 사건이라고 결론내렸다.

형제복지원 사건이 세상에 알려진 지 35년 만에 국가 기관이 처음으로 '국가 폭력에 따른 인권침해 사건'으로 인정한 것이다. 진실화해위는 8월 24일 기자회견을 열고 전날 진실규명 결정한 형제복지원 인권침해 사건의 조사 결과를 발표했다.

위원회는 "이 사건은 경찰 등 공권력이 적극적으로 개입하거나 이들의 허가와 지원, 묵인하에 부랑인으로 지목한 불특정 민간인을 적법절차 없이 단속해 형제복지원에 장기간 자의적으로 구금한 상태에서 강제노동, 가혹행위, 성폭력, 사망, 실종 등 총체적인 인권침해가 발생한 사건"이라고 밝혔다.

형제복지원 사건은 1960년 7월 20일 형제육아원 설립부터 1992년 8월 20일 정신요양원이 폐쇄되기까지 경찰 등 공권력이 부랑인으로 지목된 사람들을 민간 사회복지법인이 운영하는 형제복지원에 강제수용해 강제노역과 폭행, 가혹행위, 사망, 실종 등 중대한 인권침해 행위가 벌어진 사건이다.

위원회는 조사 결과를 토대로 국가가 형제복지원 강제수용 피해자와 유가족에게 공식적으로 사과하고, 피해 회복 및 트라우마 치유 지원방안을 마련하라고 권고했다.

또 국가가 각종 시설의 수용 및 운영 과정에서 피수용자의 인권이 침해되지 않도록 관리·감독을 철저히 하고, 국회는 유엔 강제 실종 방지협약을 조속히 비준 동의하라고 했다.

정근식 진실화해위원장은 "오랜 시간 기다려온 형제복지원 사건의 인권침해 진실이 드러난 것은 피해자와 유가족, 사회단체 등이 기울인 노력의 결과"라고 밝혔다.

■ **진실·화해를위한과거사정리위원회**
진실·화해를위한과거사정리위원회(진실화해위원회)는 2005년 5월 3일 국회에서 통과된 진실·화해를 위한 과거사정리 기본법(약칭 과거사정리법)에 의해 2005년 12월 1일 출범한 위원회로 항일독립운동, 일제강점기 이후 우리나라 주권을 지키고 국력을 신장시키는 등의 해외동포사, 광복 이후 반민주적 또는 반인권적 인권유린과 폭력 학살 의문사 사건 등을 조사하여 은폐된 진실을 밝혀 과거와의 화해를 통해 국민통합에 기여하기 위해 만들어진 대한민국의 국가 기관이다.
진실화해위원회는 한시조직이기는 하지만 국가인권위원회처럼 독립적인 국가 기관으로서 입법, 사법, 행정 3부 어디에도 속하지 않고 독자적으로 업무를 수행하는 위원회로 독립위원회의 성격을 지닌 위원회다. 진실화해위는 국가로부터 피해 사실이 확인될 경우 국가의 공식사과와 피해자의 명예회복을 위한 적절한 조치를 취해줄 것을 국가에 권고하기도 했다. 진실화해위는 2010년 6월 30일 4년 2개월 만에 활동을 완료함 해산했다가 2020년 2기 진실화해위가 출범했다.

수원 다세대주택서
세 모녀 숨진 채 발견

암·희귀병 투병과 생활고에도 불구하고 복지서비스의 도움을 받지 못한 채 세상을 떠난 세 모녀의 시신이 발견됐다. A 씨 가족은 8월 21일 수원시 권선구의 한 다세대주택에서 부패가 상당히 진행된 시신으로 발견됐다.

A 씨는 암 진단을 받아 치료 중이었고 두 딸 역시 각각 희귀 난치병을 앓았다. 경찰에 따르면 둘째 딸이 남긴 유서에는 "아픈 어머니와 언니 대신 모든 걸 책임져야 하는데 오빠, 아버지가 죽고 빚 독촉으로 힘들다"는 내용이 담겨 있었다.

A 씨 가족은 화성시에서 2020년 2월 수원시의 현 주거지로 이사할 때 전입신고를 하지 않아 화성시와 수원시 모두 이들의 행방을 알지 못했고, 이에 따라 이들에 대한 **긴급생계지원비나 의료비 지원 혜택, 기초생활수급 등 복지서비스는 전혀 이뤄지지 않았다.**

A 씨 가족의 죽음이 알려진 뒤 윤석열 대통령은 8월 23일 "복지 정보시스템이 제대로 작동되지 않는, 주거지를 이전해서 사는 분들을 위해 특단

의 조치가 필요하다"고 말했다. 한덕수 국무총리는 이날 긴급 관계부처장관회의를 열고 "▪복지 사각지대 발굴·지원 체계를 전면적으로 점검하고 보완해 나가야 한다"고 강조했다.

경기도 지자체들은 사회안전망 재점검에 나섰다. 8월 24일 경기도에 따르면 김동연 경기지사는 위기 상황에 놓인 도민이 도지사에게 직접 연락할 수 있는 '핫라인'을 구축하는 등 이번 사건과 같은 사례가 재발하지 않도록 하겠다고 밝혔다.

수원 세 모녀의 주민등록상 주소지였던 화성시에서는 정명근 시장 특별 지시로 '고위험가구 집중 발굴 ▪태스크포스(TF)'가 꾸려졌다.

TF는 올해 들어 4차례 이뤄진 행복e음 복지 사각지대 발굴에서 세 모녀처럼 주거가 불명확하다는 이유 등으로 복지서비스 '비대상'으로 등록된 1165가구에 대해 전수 조사에 나섰다. 또 건강보험료나 전기료를 장기 체납한 8952가구에 대해서도 면밀하게 조사할 방침이다.

▪ 복지 사각지대 (福祉死角地帶)
복지 사각지대란 국민의 행복을 위한 정책인 '복지'와 눈에 잘 보이지 않는 각도를 뜻하는 '사각지대'의 합성어로 법적 제도의 미비함으로 인해 복지서비스를 받지 못하는 상황, 혹은 이에 처한 사람들을 말한다.

▪ 태스크포스 (TF, Task Force)
태스크포스(TF)는 기한 안에 어떤 과제를 성취하기 들어진 임시조직(프로젝트팀)이다. 원래 '기동부대'란 뜻의 군사용어로 사용되다가 일반 조직에까지 널리 쓰이게 되었다. 각 부서에 흩어져있던 전문가들이 한곳에 모여 프로젝트를 추진하고 성과가 달성되면 해산된다. TF는 조직에 유연성을 부가해 환경 변화에 잘 적응할 수 있게 하며 새로운 과제에 도전함으로써 구성원의 직무 만족도를 높일 수 있다는 장점이 있다.

'금호 계열사 부당지원' 박삼구 징역 10년 선고

금호아시아나

수천억원대 횡령·배임 혐의와 계열사 부당지원 의혹을 받은 박삼구 전 금호아시아나그룹 회장이 1심에서 징역 10년을 선고받았다.

서울중앙지법 형사24부(재판장 조용래)는 8월 17일 공정거래법 위반, 특정경제범죄가중처벌법상 횡령·배임 혐의로 기소된 박 전 회장에게 이같이 선고했다. 2021년 11월 보석으로 풀려나 불구속 상태로 재판받아온 박 전 회장은 이날 법정에서 재구속됐다.

재판부는 함께 기소된 윤 모 전 금호그룹 전략경영실 상무에게는 징역 5년, 박 모 전 전략경영실장과 김 모 전략경영실 상무에게는 각 징역 3년을 선고했다. 금호건설에는 벌금 2억원이 선고됐다. 이는 모두 검찰 구형과 같은 형량이다.

재판부는 "대규모 기업집단은 법질서를 준수하고 사회적 책임을 다해야 하는 것이 국민들의 시대적 요구"라며 **"계열사를 이용하는 행위는 소액주주와 다수 자본시장 참여자들의 이익을 해할 뿐 아니라 국민경제 전반에 악영향을 끼쳐 엄단할 필요성이 매우 크다"**고 지적했다.

박 전 회장은 2015년 말 금호터미널 등 계열사 4곳의 자금 3300억원을 인출해 금호산업 주식

인수대금에 쓴 혐의를 받았다. 또 2016년 4월 아시아나항공이 보유한 금호터미널 주식 100%를 **"특수목적법인** 금호기업에 저가 매각하고, 2017년 4월까지 계열사 9곳을 동원해 금호기업에 1306억원을 무담보 저금리로 부당 지원한 혐의도 있다.

박 전 회장은 스위스 게이트 그룹에 아시아나항공의 기내식 독점 사업권을 1333억원에 저가 매각한 혐의도 받는다. 검찰은 게이트 그룹이 금호기업의 **"신주인수권부사채(BW)** 1600억원어치를 무이자 인수해 준 대가로 이런 거래가 이뤄졌다고 보고 있다.

■ 특수목적법인 (SPC, Special Purpose Company)

특수목적법인(SPC)은 금융기관에서 발생한 부실채권을 매각하기 위해 일시적으로 설립되는 법인이다. 채권 매각과 원리금 상환이 끝나면 자동으로 없어지는 페이퍼 컴퍼니(서류상 회사)이며, 자산을 유동화하기 위한 매개체 또는 수단으로 이용되기 때문에 유동화목적회사라고도 불린다.

■ 신주인수권부사채 (BW, Bond with Warrant)

신주인수권부사채(BW)는 일정한 기간이 경과하면 사채를 발행한 회사의 주식을 약정된 가격으로 매입할 수 있는 권리가 부여된 사채를 말한다. 발행하는 회사 측에는 자금 조달 촉진의 한 방법이 될 수 있고, 투자자 측에는 사채의 이자 소득과 주식의 배당 소득, 주가 상승에 따른 이익을 동시에 꾀할 수 있게 해준다는 장점이 있다.

하이트진로 노사 합의... 본사 점거농성 해소

하이트진로 노조가 9월 9일 사측과 합의하면서 6개월에 걸친 장기 파업과 본사 점거농성을 마무리했다. 민주노총 공공운수노조 화물연대 하이트

진로지부 소속 화물연대 조합원들은 이날 새벽 사측과 잠정 합의안을 도출했다.

화물연대는 ▲운송료 인상 ▲계약 해지된 조합원들의 복직 ▲손해배상 청구 소송 철회 ▲업무방해 가처분 신청 철회 등에 합의하고 논의를 지속하기로 했다고 밝혔다.

하이트진로는 지난 6월 화물연대 파업에 따른 제품 출고 지연 등으로 피해를 봤다며 조합원 11명에 대해 총 27억7000만원 상당의 손해배상 소송을 제기한 바 있는데, 이를 취하했다고 밝혔다. 아울러 화물연대 조합원 132명 중 파업 책임자 일부에 대해선 계약을 해지하지만, 나머지와는 재계약하기로 했다.

노측은 이날 오후 합의안에 대한 조합원 찬반 투표를 통해 찬성 84.2%로 이를 가결했다. 이로써 지난 3월 파업으로 촉발된 하이트진로 노사 대치가 약 6개월 만에 해소됐다. 노조는 120일간의 파업을 종료하기로 했으며 하이트진로 본사에서의 점거 농성도 24일 만에 해제하기로 했다.

이번 사태는 지난 3월 하이트진로의 100% 자회사인 수양물류 소속 화물 차주들이 화물연대에 가입한 후 '<u>노동조합 및 노동관계조정법</u> 개정' 등을 요구하며 파업에 돌입하면서 시작됐다. 양경수 민주노총 위원장은 "노동자라면 누구나 노조할 권리를 보장하자"며 "특수고용, 플랫폼 노동자들이 노동조합을 만들기 위해 모두가 노동자임을 법률이 보장해야 한다"고 농성을 벌여왔었다.

■ 노동조합 및 노동관계조정법

노동조합 및 노동관계조정법(노조법)은 노동자가 단결하여 단체교섭이나 기타 단체행동을 할 수 있는 권리를 인정하고 구체적으로 보장하는 방법 등을 규정한 법을 말한다. 이 법은 근로자의 자주적인 단결권·단체교섭권과 단체행동권을 보장하며, 근로자의 근로조건을 유지·개선하고 근로자의 복지를 증진시키려는 목적을 가지고 있다. 또한 근로자의 단체행동의 자유를 보장하는 동시에 노동쟁의를 공정하게 조정하여 노사 간의 평화가 유지되도록 함을 목적으로 하고 있다. 노동쟁의 시 폭력과 제3자의 개입은 금지된다.

다대포서 뇌질환 유발 '독극물' 검출

최근 낙동강 전역을 뒤덮은 녹조로 부산 시민의 식수원 안전 우려가 커지는 가운데 부산 다대포해수욕장에서 알츠하이머병, 루게릭병 등의 뇌 질환을 유발하는 독성물질이 국내 최초로 발견됐다.

더불어민주당 이수진 국회의원, 낙동강네트워크, 대한하천학회, 환경운동연합은 8월 25일 서울 종로구 환경운동연합 사무실에서 '낙동강 국민체감 녹조 조사단'(이하 조사단)의 조사 결과를 발표했다.

이 조사 결과에 따르면 부산 사하구 다대포해수

욕장에서 국내 처음으로 **■남세균** 신경독성물질인 BMAA(베타 메틸아미노 알라닌)가 검출됐다. BMAA는 유해 남조류가 만들어내는 독성물질 가운데 하나로 알츠하이머병, 노인성 치매, 루게릭병 등의 뇌 질환을 일으키는 물질로 알려져 있다.

샘플 채취 시점인 8월 12일 부산 사하구청은 다대포해수욕장 일대에서 유해 남조류 세포가 다량 발견되자 사흘간 해수욕장 입욕을 금지했다. 녹조 영향으로 다대포해수욕장 입수 금지 조치가 내려지기는 2017년 이후 5년 만이다.

환경단체는 유해 남조류가 질소, 토양미생물 등과 반응해 형성되는 BMAA의 특성상 다대포해수욕장뿐만 아니라 낙동강 다른 지점에서도 얼마든지 나타날 수 있다고 경고했다. 외국에서는 BMAA로 인한 질병 의심 사례가 많이 확인되고 있지만 국내에서는 아직 조사가 거의 이뤄지지 않고 있다는 것이 이들 단체의 주장이다.

이들은 녹조 독소의 경우 음용, 피부 접촉뿐만 아니라 에어로졸, 오염된 농작물 섭취 등을 통해서도 인체에 악영향을 줄 수 있어 위험성이 매우 심각한 만큼 즉각적인 실태 조사가 필요하다고 촉구했다.

이들 단체는 녹조로 인한 독성물질이 해수욕장까지 번진 것은 낙동강 녹조 사태가 하류권 전역을 덮친 것이라면서 기존에 알려진 마이크로시스틴 말고도 다른 독성물질들이 새롭게 검출되는 만큼 체계적인 조사가 필요하다고 강조했다.

■ 남세균 (藍細菌)

남세균은 광합성을 통해 산소를 만드는 세균을 일컬으며, 라

틴어 계열의 언어로는 시아노박테리아(Cyanobacteria)라고 한다. 원핵 식물로 조류에 속하는 이들은 거의가 단세포, 군체 및 실 모양인 다세포체를 이룬다. 편모는 없고 분열법·포자법 등으로 무성 생식을 한다. 때로는 물속에서 폭발적인 증식을 하여 물의 색깔을 변하게 하기도 한다.

새마을금고 '성차별 갑질' 논란, 노동부 특별 감독

고용노동부가 직장 내 괴롭힘, 성차별로 사회적 물의를 일으킨 동남원새마을금고를 대상으로 특별 근로감독을 실시한다. 고용노동부는 8월 26일 광주지방고용노동청 전주지청장 책임 아래 근로감독관 8명으로 구성된 '특별근로감독팀'을 편성해 동남원새마을금고 감독에 착수했다.

고용노동부는 직장 내 우월한 지위를 이용해 노동자들에게 부당한 대우를 하는 등 물의를 일으킨 사업장에 대해 예외 없이 특별감독을 실시한다는 원칙에 따라 특별감독을 진행하기로 했다.

특별감독에서는 **■근로기준법**을 비롯한 노동관계법 전반을 심층적으로 점검하며 직장 내 괴롭힘과 성차별(성희롱) 사실에 대한 구체적인 조사와 조직문화 전반에 대한 진단도 병행한다. 노동관계법 위반사항에 대해서는 사법처리를 하는 등 엄정하게 조치할 계획이다.

더불어 직장 내 괴롭힘 및 성차별 조사 내용과 조직문화 진단 결과를 모든 노동자가 볼 수 있도록 공개하고, 노동자에 대한 부당한 대우 및 불합리한 조직문화가 개선될 수 있도록 후속 조치를 취할 예정이다.

동남원새마을금고에서는 지속적으로 여자 직원에게만 밥을 짓게 하고 수건 세탁을 강요하는 등 성차별적인 갑질을 했다는 지적이 제기됐다. 이에 대한 문제를 제기했지만 간부들에게 폭언까지 들은 정황도 포착됐다. 갑질을 당한 여자 직원은 반찬 주문과 더불어 식사 후 뒷정리, 밥맛에 대한 평가 등도 받았다. 여성 직원에게 강요되던 관행을 바꾸자고 요구해봤지만 거절당했다.

■ **근로기준법 (勤勞基準法)**

근로기준법은 1953년 5월 10일에 대한민국의 법률 제286호로 제정된 법이다. 근로조건의 최저기준을 정함으로써 근로자의 근로의욕을 향상시키고 근로자의 기본적 생활을 보장·향상시키며 균형 있는 국민경제의 발전을 위하여 제정한 법이다. 이 법은 근로자의 기본적 생활을 보장하기 위하여 근로조건의 최저기준을 규정하고 있는 노동보호법으로 근로보호법이라고도 한다. 임금, 노동 시간, 유급 휴가, 안전 위생 및 재해 보상 등에 관한 최저의 노동 조건을 규정하고 있다. 따라서 근로계약서에 명시된 내용일지라도 근로기준법에서 정한 근로기준에 미달한다면, 그 내용에 한하여 효력이 없다.

전세계약 직후
집주인 대출·매매 금지

전세사기 피해를 막기 위해 앞으로 전세계약 체결 직후 집주인의 해당 주택 매매나 ■**근저당권** 설정 등이 금지된다. 국토교통부는 9월 1일 이 같

은 내용을 골자로 한 '전세사기 피해 방지방안'을 발표했다. 이번 대책은 지난 7월 20일 제3차 비상경제민생회의에서 보고된 '주거분야 민생안정 방안'의 후속 조치다.

우선 전세사기 피해를 막기 위해 임차인의 대항력을 강화한다. 주택임대차 표준계약서에 '임차인의 대항력 효력이 발생할 때까지 임대인은 매매나 근저당권 설정 등을 하지 않는다'는 특약을 명시하도록 제도를 개선한다.

현행 주택임대차보호법에 따르면 **임차인이 전입신고를 하고 확정일자를 받아도 그 효력은 당일이 아닌 그다음 날 0시부터 발생**한다. 이 때문에 전세계약 직후 집주인이 주택을 매도하거나 은행에서 담보대출을 받고 저당권을 설정하면 임차인의 보증금이 후순위로 밀려 보증금을 제대로 보호받지 못하는 경우가 생긴다.

금융권에도 주택담보대출 시 임대차 확정일자 부여 현황을 확인하도록 하고, 주택담보대출 신청이 들어오면 전세보증금을 감안하도록 시중 주요 은행과 협의하기로 했다. 임대인에게는 전세계약 전에 임차인에게 세금 체납 사실이나 대출금 등 전세보증금보다 우선 변제해야 하는 부분이 있는지 공개할 의무가 부여된다.

금융지원도 추진된다. 전세 보증금을 돌려받지 못한 피해자에게는 주택도시기금에서 1억 6000만원까지 연 1%대 저리로 긴급 자금 대출을 지원한다. 자금이나 거주지 확보에 어려움을 겪는 피해자에게는 주택도시보증공사(HUG)가 관리하는 임대주택 등을 최장 6개월까지 시세의 30% 이하로 거주할 수 있도록 임시거처로 지원한다.

원희룡 국토교통부 장관은 "청년층이나 서민에게 전세자금은 전 재산이나 다름없다"며 "더는 전세사기 범죄로 가정이 망가지는 비극이 일어나지 않도록 정부가 가진 모든 역량을 동원하겠다"고 말했다.

■ 근저당권 (根抵當權)

근저당권은 채권자와 채무자 사이에 일정한 계속적 거래 계약으로부터 발생하는 불특정 채권을 장래의 결산기에 있어서 일정한 한도액(채권 최고액)까지 담보하기 위한 저당권을 말한다. 저당권은 채권자가 채무자 소유의 부동산을 담보로 하여 돈을 빌려주고 저당권 등기를 한 후에 채무자가 돈을 갚지 않을 경우 채권자가 별도의 소송 없이 경매를 신청하여 그 매각 대금에서 자신의 권리 순위에 따라 우선 변제(배당) 받을 수 있는 권리다. 저당권이 정해진 액수만큼 담보하는 것이라면 근저당권은 피담보채권이 이자 등으로 증감 변동할 수 있다.

변기에 몸 묶고 학대...
장애인시설의 '두얼굴'

국가인권위원회가 이용자들을 학대하고 헌금을 강요하는 등 인권 침해가 발생한 강원도의 한 장애인 거주시설 실상을 확인하고 검찰에 관련자들을 고발했다.

인권위 조사에 따르면 이 시설은 이용자들이 대소변을 가리지 못한다는 이유로 화장실 변기에 몸을 묶어놓고 방치하는 등 여러 차례 학대했다. 화장실·식품창고 청소, 식사 준비 등의 노동은 물론 주기적인 예배 및 헌금을 강요하기도 했다. 시설장은 시설 옆 교회의 목사인 것으로 밝혀졌다.

시설 측은 이용자를 묶어둔 데 대해 운영 인력 부족에 따라 화장실 청결을 유지하기 위한 불가피한 조치였다고 주장했지만 인권위는 "강압적으로 화장실에 들여보낸 뒤 **장시간 변기에 앉혀두고 방치하는 행위를 수년간 반복**했다는 점에서 책임이 가볍지 않다"며 이용자들의 인격권 및 신체의 자유를 침해했다고 판단했다.

시설 측은 노동 강요에 대해서는 자립 훈련을 위한 것이며 예배도 이용자들이 자율적으로 참여했다고 해명했다. 구두로 동의를 받은 뒤 개별 장애연금에서 5000원씩을 인출해 용돈 형태로 나눠주고 헌금하게 했을 뿐 강요는 없었다는 것이다.

하지만 인권위는 "이용인 대다수가 인지능력이 취약하고 시설에 의탁해 생존하는 약자임에도 시설은 인건비 절감 및 운영상 편의를 위해 자립 훈련이라는 명목으로 **시설이 제공해야 할 서비스를 강요된 노동의 형태로 부과했다**"고 지적했다.

또 시설 운영 일지에 매일 오전 일과가 묵상과 예배로 기록돼있고 용돈 명목으로 지급되는 돈이 헌금봉투와 함께 배부된 점으로 미뤄 예배 및 헌

금이 자발적으로 이뤄졌다고 보기 어렵다고 반박
했다.

인권위는 "해당 시설을 검찰에 고발하고 관할 지
자체장에게 탈시설 계획을 수립하라고 권고했다"
며 "유사 사례가 재발하지 않도록 담당 공무원을
대상으로 한 인권교육 실시도 제안했다"고 밝혔다.

> ### ➕ 장애인 권리선언 (Declaration on the Rights of Disabled Persons)
>
> 1975년 12월 9일 유엔총회(United Nations General Assembly)에서 만장일치로 채택된 장애인의 인권선언
> 이다. 국제연합헌장과 세계인권선언의 정신에 입각하
> 여 모든 장애인이 다른 사람들과 동일한 권리를 가지
> 고 있음을 명시하고 있다. 장애인 권리선언은 전문과
> 13개의 조항으로 구성돼 있다. 여기에는 장애인의 개
> 념을 정의하고, 모든 장애인에게는 ▲인간으로서 존엄
> 성을 존중받을 권리 ▲시민적 권리와 정치적 권리 ▲
> 자립을 가능하게 하는 조치에 대한 권리 ▲치료받을
> 권리 등을 명시하고 있다.

서울 택시 기본요금
4800원으로 인상 추진

**서울 중형택시 기본요금이 현재 3800원에서 내
년 4800원으로 1000원 오를 전망**이다. 기본거
리도 현행 2km에서 1.6km로 단축될 것으로 보
인다. 서울시는 '심야 승차난 해소를 위한 택시요
금 조정계획(안) 의견청취안'을 서울시의회에 제
출했다고 밝혔다.

안에 따르면 서울의 전체 택시 7만1764대 중

거의 대부분(7만881대)인 중형택시 기본요금을
4800원으로 인상한다. 기본거리는 현행 2km
에서 1.6km로 400m 줄이고 거리요금 기준은
132m당 100원에서 131m당 100원으로, 시간요
금은 31초당 100원에서 30초당 100원으로 각각
조정한다.

심야 택시대란을 해소하기 위해 심야할증 요금
확대에도 나선다. 현재 밤 12시부터 다음 날 오
전 4시까지인 심야할증 시간을 밤 10시로 앞당
겨 2시간 늘리기로 했다. 기존 20%로 고정돼있
던 심야할증요율은 20~40%로 확대된다. 이렇게
되면 해당 시간대 기본요금은 현행 4600원에서
5300원까지 올라간다.

서울 모범·대형(승용)택시는 기본요금이 현행
3km당 6500원에서 7000원으로 500원 오른다.
기존에 없었던 심야 할증과 시계외 할증도 신규
도입된다. 심야 할증은 밤 10시에서 다음 날 오
전 4시까지 20~40%, 시계외 할증은 20% 적용
하는 방안을 추진한다.

시는 내년 2월 중 기본요금 인상을 단계적으로
적용할 방침이다. 다만 심야 승차난 해소의 시급
성을 고려해 심야 탄력요금제는 12월 초 시행하
도록 준비한다. 이번 안에 따른 택시요금 조정률

은 19.3%로, 1일 1건당 평균 운임이 1만698원에서 1만2766원으로 증가할 것으로 예상된다.

6일부터 해외여행객 술 2병 반입된다...면세한도도 800달러로

9월 6일부터 해외여행자가 반입하는 면세물품의 면세한도가 늘어났다. 술도 2병으로 늘어났다. 기획재정부는 "여행자 편의를 높이고 관광산업을 활성화하기 위해 관세법 시행규칙을 개정해 6일 0시부터 해외 여행자가 반입하는 휴대품의 면세한도를 인상한다"고 9월 5일 밝혔다.

이에 따라 **기본면세한도는 현재 미화 600달러에서 800달러로 인상**된다. 물론 해외 여행자가 이보다 더 많이 물품을 살 수는 있지만, 면세가 되는 한도는 800달러가 된다는 의미다. 이와 함께 별도 면세한도 중 술에 대한 한도는 현행 1병, 1L 이하에서 2병, 2L 이하로 확대된다. 담배는 200개비(10갑), 향수는 60mL 그대로다. 술 면세한도가 2병으로 올라가는 것은 1993년 이후 약 30년 만이다.

술 구매를 1병에서 2병으로 늘린 이유는 주류 면세한도가 현실과 동떨어져 있다는 판단 때문이다. 여행자들은 주로 200달러 안팎의 술을 많이 사는데, 면세로 구매할 수 있는 술이 1병으로 제한돼 한도 400달러를 다 채우지 못하고 있다.

제주 면세점은 법 개정 필요

제주도 지정 **■ 면세점**은 내년 4월 1일 이후 구매하는 분부터 면세한도가 800달러로, 술 2병까지 면세 구매가 가능해질 것으로 보인다. 지정면세점은 제주도가 아닌 국내 다른 지역으로 나가는 내국인과 외국인이 모두 이용할 수 있는 면세점이다.

이처럼 면세한도 확대의 적용 시기가 다른 이유는 제주도 지정면세점의 경우, 법 개정사항으로 정기 국회를 통과해야 하기 때문이다. 해외여행의 면세품에 대한 면세한도는 관세법 시행규칙으로 규정하고 있어 정부가 규칙을 개정하면 그 이후 반입분부터 바로 면세한도 확대를 적용할 수 있다.

그러나 **제주도 지정면세점의 경우는 관세법 시행규칙이 아닌 세법 개정 사안**이다. 법률을 손봐야 해서 9월 이후 정기국회 논의를 지켜봐야 한다. 세법상 제주도 여행객 면세점의 면세한도를 600달러로 규정한 '조세특례제한법 121조 13'을 개정해야 한다.

■ 면세점 (免稅點)

면세점이란 세금을 면제해주는 매장을 말하며, 일정한 금액이나 가격 또는 수량 이하의 과세물건에 대해서는 과세를 하지 않는다. 동일한 상품을 일반 매장에 비해 5~20% 가량 저렴하게 구입할 수 있다는 장점을 지니고 있다. 크게 공항이나 항만에 있는 출국장면세점과 도시 번화가에 있는 시내면세점, 지정면세점으로 구분되며, 국내의 지정면세점은 제주특별자치도 여행객에 대한 면세점 특례 규정에 근거하여 제주특별자치도 내에만 설치되어 있다.

9월 3일부터 입국 전 코로나 검사 폐지

입국 전 코로나19 검사 의무가 9월 3일 폐지됐다. 이날 오전 0시부터 인천공항을 통해 입국하는 내·외국인은 공항 검역소에 음성확인서를 제출하지 않아도 된다. 이 조치는 백신 접종 이력이나 출발지와 관계없이 모든 입국자에게 적용된다.

앞서 정부는 코로나19 유행이 지속되면서 해외

국가의 검사 관리가 부실해진 점과 국민 불편 등을 고려해 전문가 의견 수렴과 관계부처 논의를 거쳐 해외 입국 정책을 개편했다. 이전까지 국내에 입국하는 **모든 사람은 입국 전 48시간 이내 유전자증폭(PCR) 검사나 24시간 이내의 전문가용 신속항원검사(RAT) 음성확인서를 제출해야 했다.**

입국 후 검사는 계속 유지한다. 모든 입국자는 입국 1일 이내 PCR 검사를 반드시 받아야 한다. 입국 후 검사로 전문가용 신속항원검사는 인정하지 않는다. 정부는 입국 후 검사 유지는 확진자 조기 발견과 해외 유행 변이 감시를 위한 최소한의 조치라고 설명했다. 입국 후 검사 결과는 **■검역정보 사전입력시스템(Q-code)**에 등록하면 된다.

이동량이 많은 추석 연휴를 앞두고 입국 전 검사 의무가 없어져 코로나19 유행 확산에 영향을 줄 수 있다는 우려가 제기됐지만, 이 기간 인천공항 여객 수요 예측치는 평소와 크게 다르지 않은 것으로 집계됐다. 인천국제공항공사에 따르면 연휴 시작 전날인 9월 8일부터 12일까지 닷새간 인천공항 출발·도착 여객 수는 총 29만4192명, 일평균 여객 수는 5만2453명으로 예측됐다.

공사 관계자는 "최근 일평균 여객 수와 크게 다르지 않은 수준"이라며 "입국 전 코로나 검사 의무 폐지가 해외여행에 대한 심리적 부담감을 덜어줬지만, 실제 수요 회복으로 이어지기까지는 시간이 필요할 것으로 보인다"고 말했다.

■ 검역정보 사전입력시스템 (Q-code, Quarantine-cov-id19 defence)

검역정보 사전입력시스템(Q-code)은 대한민국 입국 시 소요되는 검역조사 시간을 단축하고 해외입국자의 편의를 도모하기 위해 질병관리청이 구축한 시스템이다. 검역정보 사전

입력시스템을 통해 정상적으로 검역정보를 입력한 사람은 대한민국 도착 후 신속하고 편리한 검역조사를 받을 수 있다. Q-code의 검역정보 입력은 항공권 구매 등 여행 준비 시점부터 입력 및 임시저장이 가능하며, QR코드 발급은 항공기 탑승 전까지 완료해야 한다. 다만 검역정보 입력이 대한민국의 검역 및 입국을 보장하는 것은 아니다. 도착 후 대한민국 검역관리 및 출입국관리 공무원의 심사에 따라 입국 및 격리 여부 등이 최종 결정된다.

대법원, "박정희 정권 긴급조치 9호는 불법행위"

박정희 전 대통령이 1975년 발령한 '■긴급조치 9호'가 위헌일 뿐만 아니라 민사적 불법행위에 해당하므로 국가는 당시 체포·처벌·구금된 피해자들에게 배상해야 한다는 대법원의 판단이 나왔다. 대법원 전원합의체(주심 김재형 대법관)는 8월 30일 A 씨 등 71명이 대한민국을 상대로 낸 손해배상소송 상고심에서 원고 패소로 판결한 원심을 파기하고 사건을 서울고법으로 돌려보냈다.

앞서 양승태 전 대법원장 시절인 지난 2015년 3월 "유신헌법에 근거한 대통령의 긴급조치권 행사는 고도의 정치성을 띤 국가행위이므로 대통령의 이러한 권력행사가 국민 개개인에 대한 관계에서 민사상 불법행위를 구성한다고는 볼 수 없다"고 한 종전 대법원 판례가 7년 만에 변경된 셈이다.

1975년 5월 제정된 긴급조치 9호는 유신헌법을 부정·반대·왜곡·비방하거나 개정이나 폐지를 주장·청원·선동·선전한 경우 1년 이상의 징역에

처하게 했다. 이번 사건의 원고는 '긴급조치 9호'로 희생된 피해자들로, 원고 측은 2013년 국가배상소송을 제기했다.

1심은 1년 넘게 심리한 끝에 2015년 5월 원고 패소 판결을 내렸고, 2심 역시 패소 판단을 하자 원고 측은 2018년 대법원의 문을 두드렸다.

대법원은 2015년 판례를 변경할지 문제를 논의하기 위해 사건을 대법관 모두가 참여하는 전원합의체에 회부해 심리해왔다. 이날 대법원은 "긴급조치 9호는 위헌·무효임이 명백하고 긴급조치 9호 발령으로 인한 국민의 기본권 침해는 그에 따른 강제 수사와 공소 제기(기소), 유죄 판결의 선고를 통해 현실화했다"고 밝혔다.

이어 "이런 경우 긴급조치 9호의 발령부터 적용·집행에 이르는 일련의 국가작용은 '전체적'으로 보아 공무원이 직무를 집행하면서 객관적 주의의무를 소홀히 해 그 직무 행위가 객관적 정당성을 상실한 것으로서 위법하다"면서 **"긴급조치 9호의 적용·집행으로 강제수사를 받거나 유죄 판결을 선고받고 복역함으로써 개별 국민이 입은 손해에 국가배상책임이 인정될 수 있다"**고 판시했다.

■ 긴급조치 (緊急措置)
긴급조치는 대통령의 권한으로 취할 수 있었던 특별조치로 1972년 개헌된 대한민국의 유신헌법에 규정돼 있었다. 이 조치를 통해 박정희 대통령은 '헌법상의 국민의 자유와 권리를 잠정적으로 정지' 할 수 있는 권한을 갖게 되었다. 이는 역대 대한민국 헌법 중에서 대통령에게 가장 강력한 권한을 위임했던 긴급권이다. 1980년 10월 27일 신군부의 주도로 헌법이 개정되면서 폐지되기까지 긴급조치는 총 9차례 공포됐다.

분야별
최신상식

국제
외교

영국 새 총리에 트러스 외무장관

■ **대처리즘 (Thatcherism)**
대처리즘은 1979년부터 1990
년까지 집권한 대처 보수당 영
국 총리가 꾀한 보수적 사회·
경제 정책 이념을 통틀어 일
컫는 말이다. 대처리즘은 노동
당 정부가 고수해 왔던 각종 국
유화와 복지정책 등을 포기하
고 민간의 자율적인 경제활동
을 중시하는 통화주의에 입각
해 강력한 경제개혁을 추진했
다. 또한 영국식 신자유주의, 보
수주의, 반공주의, 반노동조합
주의를 옹호했다.

역대 세 번째 英 여성 총리 탄생
여러 구설수로 불명예 퇴진하게 된 보리스 존슨 총리를 대신해 영국을 이끌
어갈 차기 총리로 리즈 트러스 현 외무장관(사진)이 당선됐다. 47세인 **트러
스 차기 총리는 영국에서 마거릿 대처, 테리사 메이에 이은 세 번째 여성 총
리**이자 데이비드 캐머런 전 총리 이후 두 번째 40대 총리가 되는 기록을 세
웠다.

영국 집권 보수당은 9월 5일(이하 현지시간) 신임 당 대표 결선에서 트러스
장관이 8만1326표(57.4%)를 득표해 6만399표(42.6%)를 받은 리시 수낵 전
재무부장관을 꺾고 당선됐다고 발표했다.

수낵 전 장관은 여론조사에서 줄곧 선두를 달렸지만 존슨 총리 스캔들이 터
져 나오자 가장 먼저 내각에서 사퇴하며 배신자로 찍혔다. 또한 수낵 전 장
관은 최초의 인도계 영국 총리에 도전하며 '영국판 오바마' 이미지를 내세
운 것과 달리 부부의 총 자산이 1조원이 넘는 것으로 알려져 지나치게 부유
하다는 지적이 일었다.

트러스 총리 내정자는 브렉시트[Brexit : 영국의 유럽연합(EU) 탈퇴] 당시 영국이 EU와 맺은 북아일랜드 협약을 수정하겠다고 EU와 대립각을 세웠고 우크라이나를 침공한 러시아에 대한 제재를 주도하며 정치적 체급을 올렸다.

제2의 '철의 여인' 탄생

트러스 내정자는 어려서부터 대처 전 총리를 존경했다고 공개적으로 밝혀왔으며 그의 복장과 말투를 따라 한다는 평가도 받고 있다. 이에 영국 언론에서는 제2의 '철의 여인'(대처 전 총리의 별명)이 탄생했다며 트러스 내정자가 '■대처리즘의 수호자'라고 평가했다.

전 방위적 감세·규제 완화 정책을 시행하고 ■포클랜드 전쟁을 밀어붙였던 대처 전 총리처럼 트러스 내정자도 전쟁을 일으킨 러시아 및 인권 문제가 있는 중국에 대해 강경 외교를 천명했으며 대폭적인 감세·규제 완화를 강조했다.

트러스 총리 내정자는 연설을 통해 "세금을 낮추

고 경제를 성장시키기 위한 담대한 구상을 내놓을 것"이라며 "가계 에너지 요금뿐만 아니라 에너지 공급에 관한 장기적인 문제들도 다루겠다"고 말했다.

그는 퇴임을 앞둔 존슨 총리에게 "퇴임하는 지도자이자 내 친구인 보리스 존슨에게 감사하고 싶다"며 "그는 브렉시트를 마무리했고, 제레미 코빈(전 노동당 대표)을 눌렀고, 백신을 출시했고 푸틴에게 맞섰다"고 말했다.

트러스 총리에게는 우크라이나 전쟁 대처와 러시아발 에너지 공급난, 고물가까지 안팎으로 난제가 쌓여있다. 한편, 고(故) 엘리자베스 2세 여왕은 서거 이틀 전인 9월 6일 트러스 장관을 총리로 정식 임명하고 새 내각 구성을 요청했다.

■ 포클랜드 전쟁 (Falklands War)
포클랜드 전쟁은 1982년 4월 아르헨티나가 영국령 포클랜드 제도를 침공하며 발발한 전쟁이다. 남아메리카 대륙 동남쪽 남대서양에 위치한 포클랜드는 아르헨티나 앞바다에 있지만 영국이 실효 지배하고 있었다. 1976년 쿠데타로 집권한 아르헨티나 군사 정권은 악화된 경제 상황으로 분출하는 불만을 외부로 돌리고자 포클랜드를 침공해 잠시나마 점령했다. 국제사회와 영국에서는 아르헨티나의 앞마당과 마찬가지인 포클랜드를 아르헨티나에 양보하고 협상하자는 여론도 있었지만 보수 강경파인 대처 총리의 주도로 영국은 역습에 나섰고 결국 석 달 만인 1982년 6월 전쟁은 영국의 승리로 끝났다. 그 결과 포클랜드 제도는 오늘날까지 영국이 실효지배하고 있다. 하지만 영유권 분쟁은 계속되고 있다.

POINT **세 줄 요약**

❶ 영국 새 총리로 리즈 트러스 외무장관이 당선됐다.
❷ 트러스 총리 내정자는 세 번째 여성 영국 총리가 된다.
❸ 트러스 총리는 강경 외교와 감세 정책을 예고했다.

'냉전 해체 주역'
고르바초프 전 소련 대통령 서거

▲ 고(故) 고르바초프 전 소련 대통령

옛 소비에트 연방(소련)의 마지막 지도자로서 냉전을 끝내고 개혁·개방의 문을 연 '정치 거인' 미하엘 고르바초프 전 소련 대통령이 8월 30일(현지 시간) 서거했다고 타스, 스푸트니크 통신 등 러시아 매체가 보도했다. 향년 91세. 고르바초프 전 대통령은 오랜 시간 투병 생활을 한 것으로 알려졌다.

고르바초프는 54세의 젊은 나이에 1985년 구소련의 최고 지도자인 공산당 서기장으로 집권했다. 그는 공산당 지도층의 부패와 경제 성장 정체로 서서히 침몰하고 있던 소련을 구출하기 위해서 현대사를 다시 쓴 거대한 개혁에 나섰다.

고르바초프는 ■글라스노스트·페레스트로이카로 불리는 개방·개혁 정책을 추진했다. 체르노빌 원전 사고 사실을 감추려 했을 정도로 폐쇄적이어서 '철의 장막'이라고 불렸던 소련에 정보 개방과 자유화의 물결이 넘쳤다.

개방·개혁은 외교 분야로 이어졌다. 고르바초프는 1987년 로널드 레이건 미국 대통령과 중거리

핵전력(INF, Intermediate-Range Nuclear Forces) 폐기 조약을 체결했고 1989년 12월 몰타에서는 조지 부시 미 대통령과 동서 냉전 종결을 선언했다. 1990년 고르바초프는 노벨 평화상을 수상했다.

개혁·개방 후유증으로 실각

그러나 급격한 개혁·개방과 시장 경제의 도입은 이미 부실했던 소련 경제에 큰 혼란을 가져왔다. 기록적인 물가 상승 속에 사람들은 생필품을 사기 위해 몇 시간 동안 줄을 서야 했다. 각지에서는 폭동과 민란이 일어났다. 공산권의 맹주 격인 소련이 공산주의 정치·경제 체제를 걷어내면서 동구권(東歐圈 : 과거 동유럽과 중앙유럽 일대의 공산주의 국가를 일컫는 말)은 급속도로 무너졌다.

소련이 구심력을 잃으며 소비에트 연방이 해체되고 1991년 러시아가 분리됐다. 자유민주주의가 공산주의에 최종 승리를 거두는 이른바 '이데올로기의 종언'이었다. 냉전 시대 미국과 세계 양대 강국으로 불렸던 소련의 국력은 개발도상국 수준으로 쇠퇴했다.

결국 소련 내 개혁 반대파는 보리스 옐친이 1997년 7월 러시아 공화국 초대 대통령으로 취임하고 한 달 뒤인 1991년 8월 쿠데타를 일으키고 고르바초프를 감금했다. 옐친은 쿠데타 진압에 성공했고 고르바초프의 권력을 완전히 대체했다. 고르바초프는 1996년 러시아 대선에 다시 출마했지만 소련 붕괴와 이후 경제·사회 혼란을 초래한 인물로 평가받으며 0.5% 득표율을 기록하고 잊혔다.

■ 글라스노스트·페레스트로이카
글라스노스트(glasnost)·페레스트로이카(perestroika)는 구

소련 마지막 서기장 미하일 고르바초프의 주도하에 펼쳐진 일련의 개방·개혁 정책을 말한다. 글라스노스트(개방)는 정보의 자유와 공개를 의미하며 당시 소련의 언론 검열과 사상 탄압, 언론 검열 등 경찰 국가주의에 대한 변혁을 추구했다. 페레스트로이카(개혁)는 정치·경제 개혁으로서 부패한 권위주의적 관료제를 타파하고 공산주의 체제의 한계점을 개선하면서 점진적으로 시장 자유화를 추구하는 정책을 포함했다.

한중 외교장관, 한중 수교 30주년 기념식 참석

▲ 박진 외교부 장관(왼쪽에서 두 번째)과 싱하이밍 주한 중국대사 (왼쪽에서 세 번째) (자료 : 외교부)

한국과 중국은 8월 24일 수교 30주년을 맞아 서울과 베이징에서 동시 기념행사를 개최했다. 윤석열 대통령은 이날 오후 서울 포시즌스 호텔과 베이징 조어대 17호각에서 동시에 진행된 한중 수교 30주년 기념행사에서 박진 외교부 장관이 대독한 축하 서한을 통해 "앞으로 한중 양국이 상호 존중의 정신에 기반해 새로운 협력 방향을 모색하면서 보다 성숙하고 건강한 관계로 나아가기를 희망한다"라고 말했다.

윤 대통령은 동북아 정세 등 안보 문제와 북핵 문제 해결을 위한 '긴밀한 협력'도 강조하며 중국의 '건설적 역할 발휘'를 기대하기도 했다. 특히 윤 대통령은 "미래 30년 한중관계 발전을 위해 시 주석을 직접 뵙고 협의할 수 있기를 기대한다"라고 말해 한중 양자 정상회담을 '선(先) 제의'하기도 했다.

시진핑 중국 국가주석은 싱하이밍 주한 중국대사가 대독한 축하 서한을 통해 역시 '상호 존중'을 언급했다. 시 주석은 "한중은 상호 존중, 상호 신뢰를 견지하고 서로의 핵심적 이익과 중대 관심사안에 대해 배려하고 지지하며 한중관계가 발전해 왔다"라고 평가했다.

양국은 수교 30주년을 기념하는 이번 행사에서 갈등 현안에 대해 언급을 피하면서 '미래지향적' 메시지를 교환하는 데 방점을 뒀다. 박진 외교부 장관은 축사에서 "현안에 대한 솔직하고 건설적인 대화를 통해 서로 불필요한 오해가 생기지 않도록 함께 노력하자"라며 '건설적 메시지'를 내는 데 주력했다.

다만 양국 간 '뼈 있는' 메시지도 일부 교환됐다. 박 장관은 "양 국민 간 문화협력과 인적교류를 조속히 회복해야 한다"며 "문화교류가 한중관계의 소중한 자산이 되도록 음악, 드라마, 영화, 게임 등 경쟁력 있는 문화콘텐츠 교류를 통해 젊은 미래세대 간 마음의 거리를 좁혀야 한다"라고 강조했다. 이는 중국이 사드(THAAD·고고도미사일방어체계) 배치에 대한 대응으로 암묵적 조치인 ■**한한령**을 유지하고 있는 것을 지적한 발언으로 해석된다.

왕이 중국 외교담당 국무위원 겸 외교부장은 베

이징에서 "디커플링(탈동조화)에 함께 반대하고 FTA(자유무역협정) 체계를 함께 지켜 산업·공급망의 완전성과 안전성, 개방성과 포용성을 함께 수호해야 한다"라고 말했다. 이 역시 **미국 중심의 반도체 동맹 '칩4'**(한국·미국·일본·대만)**의 대중국 반도체 공급망 압박을 비판**한 것으로 풀이된다.

■ 한한령 (限韓令)
한한령이란 한국의 사드 배치에 반발해 중국 정부가 내린 한류 금지령을 말한다. 한한령은 한국 연예인의 중국 방송 출연이나 드라마 방영을 금지시키는 등 한국의 문화 산업과 관련한 조치로 시작해 이후 화장품 등 한국산 상품의 통관 불허, 공연 취소, 중국인의 한국 단체 관광 제한 등 경제 전반적인 조치로 번졌다. 안보 관련 이슈인 사드 배치에 중국이 경제 규제 조치로 대응한 셈이다.

일본, 한국 '백색국가' 복귀 요청 거부

▲ 박진 외교부 장관(왼쪽)과 하야시 요시마사 외무상 (자료 : 외교부)

한국 정부가 8월 초 한일 외교장관 회담에서 일본 강제노역 피해자 배상 문제 해결과 함께 한국을 수출관리 우대 대상인 ▪**화이트리스트**(백색국가 명단)로 복귀시켜 달라고 요청했으나 일본이 거절했다는 보도가 나왔다.

일본 산케이 신문은 8월 21일 복수의 일본 정부 관계자를 인용해 "지난 8월 4일 캄보디아에서 열린 한일외교장관회담에서 박진 한국 외무부 장관이 화이트리스트 복귀와 함께 일본이 반도체 재료 3개 품목의 수출관리를 엄격히 한 것에 대한 해제를 요구했다"고 전했다.

산케이에 따르면, 하야시 요시마사 일본 외무상은 이와 관련해 "징용 문제와 별개 문제"라며 거부했다. 그러면서 "(피해자 배상이) 현금화에 이르면 심각한 상황이 되므로 피해야 한다"고 거듭 말했다.

외교부 "사실 아냐"
일본 산케이신문이 일본 정부가 한국의 백색국가로의 복귀 요청을 거부했다고 보도한 가운데, 외교부는 "사실이 아니다"라고 밝혔다. 외교부는 이날 "우리 정부는 일 측의 부당한 수출규제 조치를 조속히 철회할 것을 지속적으로 촉구해왔다"라며 "신정부 출범 이후 외교부는 한일관계 개선과 현안의 합리적 해결을 위해 일 측의 성의 있는 호응을 계속 촉구해오고 있다"고 덧붙였다.

앞서 일본은 한국 대법원이 강제징용 배상 판결을 내리자 **2019년 7월 반도체·디스플레이 핵심 소재인 ▲플루오린 폴리이미드 ▲포토레지스트**(감광액) ▲**에칭가스**(고순도 불화수소) **등 3개 품목의 한국 수출을 규제**했다. 같은해 8월에는 한국을 화이트리스트에서 제외했다.

■ 화이트리스트 (white list)
화이트리스트는 기업 등이 자국의 안전보장에 위협이 되는 첨단기술이나 전자부품 등을 정부의 허락 없이 수출할 수 있는 국가의 명단을 가리킨다. 한국은 2004년에 일본의 화이트리스트 명단에 들어갔지만 2019년 8월 2일 일본 정부 각의를 통해 화이트리스트 명단에서 제외됐다. 한국은 화이트리스트 명단에 빠지게 되면서 전략 물자 중 857개의 '비(非)민감품목'에 대해 간소화 혜택을 받지 못하게 됐다. 공작기계나 집적회로, 통신 장비 등이 여기에 해당한다.

中 61년 만에 최악의 가뭄·폭염, 전력난까지 덮쳐

중국이 폭염과 가뭄에 따른 전력난으로 휘청이고 있다. 6월부터 섭씨 40도가 넘는 고온이 계속되면서 남서부 내륙 쓰촨성과 충칭시, 남동부 상하이와 창장삼각주 일대에선 물과 전력 부족으로 생산활동이 멈춰섰다. 중국은 8월 18일 올해 첫 가뭄 황색 경보를 발령했다.

특히 중국 남부 일부 폭염과 가뭄은 심각한 상황이다. 충칭시의 베이베이구에선 8월 18일 기온이 45도까지 올라 연일 역대 최고 온도를 경신했다. 올해 충칭시 강수량은 예년 대비 60% 이상 감소했고, 강물 대부분이 말라붙었다. 창장강 일대인 중부 장시성 포양호 저수 규모는 4분의 1로 줄었다. 충칭시뿐 아니라 쓰촨, 후베이성 등 중부와 남부 19개 성과 시에는 이미 한 달 넘게 고온 경보가 이어지고 있다.

가정용 전력 공급도 제한됐다. 인구 540만 명인 쓰촨성 다저우시는 8월 17일부터 시내 중심지 가정과 오피스, 쇼핑몰에 하루 3시간씩 전기를 공급하지 않고 있다. 다른 도시들도 전력 배급제를 시행 중이다.

쓰촨성은 전력의 약 80%를 수력 발전으로 얻는데 61년 만의 최악 폭염으로 강과 저수지 바닥이 드러나는 상황이 되자 수력 발전이 어려워졌다. 또 쓰촨성 수력 발전소는 발전량의 약 3분의 1을 장쑤성·저장성·상하이 등 다른 7개 성급 지역으로 보내기 때문에 이번 가뭄은 전국적으로 피해를 낳고 있다. 현재 쓰촨성은 되레 간쑤성에서 전기를 꿔오고 있는 실정이지만 이마저 역부족이다.

중국 정부는 7월 한 달 고온·폭염으로 인한 직접적 경제 손실만 23억3000만위안(4500억원)에 달한다고 발표했다. 550만 명이 이상 기후에 직접적 피해를 본 것으로 추산했다. 지난 3월부터 두 달간 코로나로 인한 상하이 봉쇄로 글로벌 공급망이 한 차례 타격을 입은 데 이어 이번엔 중국의 이상기후로 또 다시 세계 산업계가 휘청거릴 수 있다는 우려가 커진다.

➕ **쌍탄 (雙炭)**
쌍탄이란 시진핑 주석이 2020년 9월 유엔총회 연설에서 '자국 탄소 배출량이 2030년 정점을 찍고 2060년에는 탄소 중립을 실현하도록 하겠다'고 발표한 목표를 말한다. 쌍탄은 공동부유와 더불어 중국 공산당의 경제 기조의 양대 축이다. 그러나 코로나19와 우크라이나-러시아 전쟁 등으로 경제 성장세가 꺾이고, 전력 부족으로 주요 산업지역의 단전과 공장 가동 중단 사태가 벌어지자 다시 화력 발전으로 눈을 돌려 석탄 채굴 확대에 나서며 쌍탄 목표에 차질을 빚고 있다.

빌 게이츠,
감염병대응 한국 역할 당부

▲ 빌 게이츠 MS 창업자

윤석열 대통령이 9월 16일 방한한 마이크로소프트(MS) 창업자 빌 게이츠 '■빌앤드멀린다 게이츠 재단' 공동 이사장을 만나 글로벌 보건 협력 방안을 논의했다. 게이츠 이사장은 윤 대통령과의 면담에 앞서 이날 오전 국회에서 같은 주제로 연설했다.

윤 대통령은 이날 용산 대통령실에서 게이츠 이사장을 만나 "게이츠 이사장은 개발도상국, 또 어려운 나라의 국민들이 백신과 치료제에 접근할 수 있는 그런 기회가 제대로 돼 있지 않아서 굉장히 고통을 받는 것을 보고 개발도상국에 백신과 치료제의 개발·공급에 진력을 다해 왔다"며 "특히 우리나라의 백신 개발에 많은 도움을 준 게이츠 이사장에게 감사드린다"고 말했다.

윤 대통령은 면담에서 "게이츠 재단과의 협력을 통해 모든 사람에게 백신 및 필수의약품에 대한 공평한 접근과 기회를 확대하고, 기후변화에 적극 대응하는 등 인류의 보편적 가치를 높이고, 전 세계 모든 시민이 감염병과 질병에서 자유로울

수 있도록 인류 공영 가치를 높이는 일에 노력해 나가겠다"고 했다.

대통령실은 서면브리핑에서 윤 대통령과 게이츠 이사장이 이날 면담에서 첨단과학기술을 통해 기후변화와 팬데믹 위기를 극복할 수 있다는 데 공감했고, **게이츠 이사장은 자신이 설립한 소형모듈원자로 설계 기업인 '테라파워'와 한국기업 간의 협력 사례도 소개**했다고 전했다.

앞서 두 사람은 지난 6월 24일 전화통화로 글로벌 보건 협력 방안 등에 대해 논의한 바 있다. 이날 면담에 앞서 **외교부, 보건복지부와 게이츠 재단 간 글로벌 보건의료 분야에 대한 협력을 더욱 강화하는 양해각서(MOU)가 체결**됐다.

게이츠 이사장은 '코로나19 및 미래 감염병 대응·대비를 위한 국제공조의 중요성과 대한민국의 리더십'을 주제로 한 국회 연설에서도 글로벌 전염병 대응에 대한 한국의 주도적 역할을 당부했다. 그는 지난 8월에도 한국이 국제 감염병 대응 분야에서 10대 공여국이 될 수 있다고 강조한 바 있다.

■ **빌앤드멀린다 게이츠 재단 (BillandMelinda Gates Foundation)**

빌앤드멀리다 게이츠 재단(B&MGF)은 재정이 투명하게 운영되는 민간 재단 중 세계에서 가장 규모가 큰 기부 단체다. 빌 게이츠와 부인 멀린다 게이츠(이혼)에 의해 2000년에 설립되었다. 재단의 주 운영 목적은 국제적 보건의료 확대와 빈곤 퇴치. 그리고 미국 내에서는 교육 기회 확대와 정보 기술에 대한 접근성 확대이다.

시애틀에 본부를 둔 이 재단의 운영에 대한 주요 결정은 빌 게이츠와 멀린다 게이츠, 워런 버핏 세 명의 이사에 의해 내려진다. 재단의 막대한 재정 규모와 적절한 기부처를 찾는 앞선 경영 기법 덕분에 게이츠 재단은 전 세계 자선재단 중에서도 가장 선도적인 단체로 인정받는다.

OECD 개발원조위원회 (DAC, Development Assistance Committee)

OECD(경제협력개발기구) 개발원조위원회는 개발도상국에 대한 공적 개발 원조에 대하여 논의하는 기구로, 경제협력개발기구(OECD)의 산하 기구 중 하나이다. 미국, 영국, 독일 등이 소속된 DAC는 국제사회 원조의 90% 이상을 담당하는 주요공여국 모임이자 OECD 3대 위원회 중의 하나로, OECD 국가라 하더라도 일정한 조건을 갖추어야 가입할 수 있다. 한국은 일본에 이어 아시아 두 번째로 DAC 회원국으로 참여하게 되었으며, 2010년 1월 1일부터 정식 회원국으로 활동하고 있다.

파키스탄, 홍수로 사망자 1000명 넘어

파키스탄에서 홍수로 1000명 넘게 사망한 것으로 나타났다. 파키스탄 정부는 '기후재앙'이라고 규정하며 "나라의 3분의 1이 잠길 것"이라고 우려했다. 8월 28일(현지시간) 파키스탄 국가재난관리국은 올해 우기가 시작된 6월 중순 이후 홍수 사망자가 1061명에 달한다고 발표했다. 이는 아동이 350명 이상 포함된 수치다.

셰리 레흐만 파키스탄 기후변화부 장관은 트위터에 올린 영상에서 이번 홍수에 대해 "10년 만에 가장 심각한 기후재앙"이라고 말했다. 그는 "우리는 현재 폭염과 산불, 홍수 등 끊임없이 이어지는 극단적 기상 사건의 최전선에 있다"며 "지금은 10년 만의 '괴물 ■몬순(계절풍)'이 전국에 쉴 새 없이 큰 피해를 주고 있다"고 말했다.

파키스탄을 포함한 **남아시아는 매년 6월부터 남동부 지역에서 몬순 우기가 시작돼 9월까지 이어진다.** 올해는 특히 파키스탄 남동부 신드주와 남서부 발루치스탄주의 피해가 컸다. 8월 신드주의 강수량은 예년보다 9배가량, 발루치스탄주는 5배 이상으로 기록됐다.

파키스탄 4개 주 전역이 홍수 피해를 입어, 가옥이 거의 30만 채 파괴됐다. 3000km 넘는 도로가 통행 불능 상태고, 파손된 다리도 130개에 이른다. 정전으로 어려움을 겪는 사람도 수백만 명에 달하는 상황이다. 아산 이크발 파키스탄 기획개발부 장관은 "(이번 폭우로) 3300만 명 이상이 영향을 받았다"며 "국가 인구의 약 15%에 해당하는 수치"라고 설명했다.

파키스탄 정부는 국가 비상사태를 선포했다. 전국의 구조·구호 활동을 돕기 위해 군 병력을 동원했다. 셰바즈 샤리프 파키스탄 총리는 홍수 피해자를 직접 방문하고, 집을 잃은 사람들에 대한 주택 제공을 약속했다. 파키스탄은 국제사회의 도움을 요청하고 있다. 유엔 등 국제기구는 긴급 자금을 동원해 지원에 나선 상태다.

레흐만 장관은 한 튀르키예 매체와의 인터뷰에서 "비가 잦아들 때쯤이면 파키스탄의 4분의 1 혹은 3분의 1이 물에 잠겨 있을 것"이라고 전망했다.

그는 "이건 세계적인 위기"라며 "우리는 앞으로 더 나은 계획과 지속 가능한 개발이 필요하다. 건물만큼이나, 기후재앙을 잘 견뎌낼 수 있는 농작물이 필요할 것"이라고 강조했다.

■ 몬순 (monsoon)

몬순은 계절풍 중에서도 동남아시아 지역의 계절풍, 혹은 우기를 의미한다. 계절풍은 1년 동안 계절에 따라 바뀌는 바람을 말한다. 주로 동아시아, 동남아시아, 남아시아 지역에서 뚜렷하게 나타난다. 여름에는 바다에서 육지 쪽으로, 겨울에는 육지에서 바다 쪽으로 부는 바람으로, 열대 몬순은 동남아시아 지역에 많은 양의 비를 가져온다. 계절풍이 발생하는 원인은 대륙과 해양의 비열 차이다. 대륙은 해양보다 비열이 작아 대륙이 해양보다 빨리 데워지고, 냉각되는 특징이 나타난다.

美 중간선거 앞두고 '역대급' 돈풀기

▲ 조 바이든 미 대통령

조 바이든 미국 대통령이 전례를 찾기 어려운 부채 탕감 조치를 내놓았다. 1명당 최대 2만달러(약 2700만원)의 학자금 빚을 대통령 행정명령을 통해 면제해주기로 했다. 연방정부의 비용 부담만 500조원 가까이 드는 '역대급' 돈 풀기다. 이를 두고 미국 사회 내 갑론을박이 격렬해질 조짐이다.

8월 24일(현지시간) CNN 등에 따르면 바이든 대통령은 이날 백악관 연설을 통해 연 12만5000달러 미만의 소득을 올리는 미국인들을 대상으로 학자금 대출 부채 중 1만달러를 탕감해줄 것이라고 밝혔다. 기혼 부부일 경우 합산 연소득 25만 달러 미만이 기준이다. 한국 돈으로 1인당 1억 7000만원, 부부 합산 3억6000만원의 소득에 미치지 못하면 학자금 빚을 면제해주겠다는 것이다.

그는 또 연방정부 장학금인 '펠 그랜트'(Pell Grant)를 받은 이들이 융자 받은 대출금에 대해서는 2만달러까지 채무를 면제하기로 했다. 대출 상환액 징수 비율도 낮췄다. 미국 정부는 현재 가처분 소득에서 기본생활비를 뺀 재량소득의 10%까지 학자금 대출 상환액으로 징수할 수 있는데, 이 한도를 5%까지 내렸다.

아울러 팬데믹 직후인 2020년 3월 시작한 학자금 대출 상환 유예 조치를 올해 연말까지 연장했다. 애초 종료일은 8월 말이었다. 바이든 대통령은 이 같은 조치를 의회 입법이 아닌 대통령 행정명령을 통해 확정했다. 사실상 의회를 '패싱'한 강행이라는 평가다.

일각에서는 바이든 대통령이 오는 **11월 ■중간선거를 앞두고 젊은 유권자들의 표심을 사려한다는 정치적인 해석**이 나온다. 바이든 대통령의 지지율은 최근 인플레이션 감축법 등에 힘입어 40%를 돌파했는데, 빚 탕감을 마지막 승부수로 던져 승리 굳히기에 나섰다는 분석이다.

다만 워낙 큰돈이 드는 정책인 만큼 여론은 양분됐다. 학자금 상환 부담을 덜어 원활한 경제 활동을 도와야 한다는 쪽과 성실하게 대출을 다 갚은 이들의 반발을 부를 것이라는 쪽으로 갈라졌다.

▪ 중간선거 (off-year election)

중간선거는 미국에서 대통령의 임기 중에 실시되는 상·하 양원의원 및 공직자 선거를 말한다. 4년 임기의 미국 대통령의 집권 2년 차에 실시되기 때문에 대통령의 국정 운영 전반에 대한 중간 평가라는 성격을 보이며, 차기 대통령선거를 예측하는 자료로 활용되기도 한다. 중간선거에서는 여당의 의석수가 줄어드는 것이 일반적이다. 역사적으로 미국의 중간선거를 보면 민주당·공화당 양당의 구분 없이 대통령 소속의 정당이 승리한 사례는 매우 드물었다.

독일서 세계 최초 수소열차 정규 운행

▲ 독일 첫 수소 열차 '코라디아 아이린트'

독일에서 세계 첫 수소 열차가 정식 운행에 돌입했다. 8월 24일(현지시간) 미국 CNN 방송, AP통신 등 외신에 따르면 '코라디아 아이린트' 수소 여객열차 5대가 이날 독일 니더작센주 브레머뵈르데시 노선에 투입됐다.

현재 철도 당국은 5대를 시작으로 연말까지 총 14대를 해당 노선에 순차 투입해 기존 디젤 열차

15대를 완전히 대체할 계획이다. 이를 통해 **연간 8톤의 이산화탄소(CO_2) 배출량 감축을 목표**로 한다.

프랑스의 알스톰이 제작한 수소 열차는 수소연료탱크와 ▪**연료전지**가 탑재돼 있다. 연료전지는 수소와 공기 중의 산소를 직접 반응시켜 전기를 생산해 디젤 열차와 달리 배기가스가 전혀 발생하지 않고, 대신 증기와 응축수 형태의 물만 배출한다.

수소연료 1kg은 디젤 연료 4.5kg과 맞먹는 동력을 발생시킬 수 있는 고효율 연료다. 연료탱크 한 번 주입으로 최대 1000km를 달릴 수 있다고 전해진다. 최대 시속은 140km, 평균 시속은 80~120km로 소음도 상대적으로 적다.

니더작센주의 이번 수소 열차 프로젝트는 디젤연료 대체를 위해 2012년부터 9300만유로(약 1243억원)가 투입돼 추진됐다. 2018년부터 상용화를 위한 시범운행이 실시됐는데, 이번엔 노선의 모든 열차가 수소열차로 대체된다.

▪ 연료전지 (燃料電池)

연료전지는 연소에너지를 전기에너지로 바꾸는 전지다. 연료의 연소와 유사한 화학 전지로, 외부에서 수소와 산소를 계속 공급해서 전기에너지를 낸다. 연료전지에 수소 기체와 산소를 공급하면 수용액에서 전자를 교환하는 산화·환원 반응이 진행되며, 그 과정에서 수소와 산소가 물로 바뀌고 이때의 에너지가 전기에너지로 전환되는 것이다. 중간 발전기와 같은 장치를 사용하지 않고, 수소와 산소의 반응에 의해 전기를 직접 생산하기 때문에 발전 효율이 높다. 또한 소규모로 여러 곳에 설치해서 송전 비용도 줄일 수 있으며, 전기 생산 후 물이 발생하므로 공해도 전혀 일으키지 않기 때문에 앞으로의 활용이 계속 확대될 것으로 전망된다.

핏빛 우크라 독립기념일...
러 미사일 폭격

▲ 러시아 폭격으로 파괴된 기차와 차량 (우크라이나 국방부 트위터 캡처)

러시아군이 우크라이나 독립기념일인 8월 24일 (현지시간) 우크라이나 동부 소도시의 주택가와 기차역에 로켓 폭격을 가해 민간인 수십여 명이 사상한 것으로 밝혀져 국제사회의 비판이 쏟아졌다.

AP통신과 로이터통신 등에 따르면 볼로디미르 젤렌스키 우크라이나 대통령은 이날 ▪유엔 안전보장이사회(안보리)에 보낸 화상연설에서 러시아군이 로켓으로 우크라이나 중부 소도시 차플리네를 공격했다고 밝혔다. 차플리네는 러시아군이 점령하고 있는 도네츠크주에서 서쪽으로 145km 떨어져 있는 마을로 주민 3500명이 거주하고 있다.

젤렌스키 대통령은 이날 화상연설을 통해 "우크라이나 중부의 차플리네역에서 대기 중이던 열차가 러시아군의 로켓탄을 맞아 15명이 숨지고 50명이 부상했다"며 맹비난했다. 또 대국민 화상연설에서 "차플리네는 우리의 고통이다. 우리는

반드시 침략자를 우리 땅에서 쫓아낼 것이다"라며 러시아가 저지른 모든 것에 대해서 책임을 묻겠다고 밝혔다.

러시아측은 민간인 공격이 없었다고 극구부인하며 젤렌스키 대통령의 화상연설에도 이의를 제기했다. 바실리 네벤자 주 유엔 러시아 대사는 안보리 규정상 반드시 대면으로 참석해야 한다며 젤렌스키 대통령의 화상연설에 반대했다. 그러나 안보리 15개 이사국 중 러시아만 반대표를 던졌고, 중국이 기권표를 던지면서 젤렌스키 대통령의 화상연설은 허용됐다.

젤렌스키 대통령은 이날 러시아가 공격 중인 자포리자 원전 문제도 함께 거론했다. 그는 "**핵공갈을 조건 없이 멈추고 자포리자 원전에서 러시아군이 즉각 철수해야 한다**"고 주장했다. 안보리 회의에 참석한 안토니우 구테흐스 유엔 사무총장도 "우크라이나 전쟁 6개월째인 이날은 슬프고 비극적인 이정표"라고 러시아를 비난했다.

▪ 유엔 안전보장이사회 (United Nations Security Council)

유엔 안전보장이사회(안보리)는 세계 평화와 안전을 지키고 국제 분쟁을 해결하기 위해 둔 국제연합(UN·유엔)의 주요 기관으로 ▲미국 ▲영국 ▲러시아 ▲프랑스 ▲중국 5개의 상임 이사국과 10개의 비상임 이사국으로 구성된다. 2차 세계대전 이후 평화 유지를 위해 국제연합이 만들어지면서 2차 세계대전 전승국들이 영구 상임 이사국을 맡게 됐다. 상임 이사국은 국제연합의 의사 결정에서 막강한 힘을 가진다. 안보리의 주요 결정은 상임 이사국 5개국을 포함한 9개국 이상의 찬성으로 이루어지는데, 상임 이사국은 거부권을 행사할 수 있어 5개국 중 어느 한 국가라도 반대하면 어떤 결정도 성립될 수 없다. 이에 독일, 일본 등이 상임 이사국 지위를 얻고자 하지만 상임 이사국 수를 늘리려면 국제연합 헌장을 개정해야 하고 상임 이사국들이 반대하면 이 헌장도 개정될 수 없다.

아르헨티나 부통령 암살 시도... 이마 조준 권총 불발

▲ 크리스티나 페르난데스 아르헨티나 부통령

크리스티나 페르난데스 아르헨티나 부통령이 괴한에 암살당할 뻔한 일이 발생했다. 9월 1일(이하 현지시간) 현지 언론 등 외신에 따르면 페르난데스 부통령이 이날 부에노스아이레스의 자택 앞에서 지지자들에게 인사하던 중 한 남성이 이마 바로 앞에서 권총을 겨누고 방아쇠를 당겼다. 다행히 총알은 발사되지 않았고 이후 남성은 현장에서 경호원들에게 잡혀 즉시 연행됐다.

용의자가 이날 사용한 권총은 38구경으로 실탄 5발이 장전돼 있었다. 그는 아르헨티나에 사는 35세의 브라질 남성으로 2021년에도 차량 불심검문에서 칼이 발견돼 조사받은 적이 있는 것으로 밝혀졌다.

국제사회는 페르난데스 부통령 암살 미수 사건을 성토하며 피의자에 대한 단죄를 촉구했다. 안드레스 마누엘 로페스 오브라도르 멕시코 대통령은 9월 2일 정례 기자회견에서 "페르난데스 부통령이 피해를 보지 않은 것은 기적"이라며 "총격 시도 행위는 어떤 상황에서도 강하게 비난받아야

한다"고 말했다.

토니 블링컨 미국 국무장관도 이날 트위터에 글을 올려 "미국은 크리스티나 페르난데스 아르헨티나 부통령에 대한 암살 시도를 강력히 규탄한다"며 "우린 폭력과 증오를 거부하는 아르헨티나 정부 및 국민과 함께할 것"이라고 연대감을 표명했다.

한편, 페르난데스 부통령은 남편인 네스토르 키르치네르 전 대통령의 뒤를 이어 2007~2015년 아르헨티나 대통령을 지내 세계적으로도 유례를 찾기 힘든 '부부 대통령' 타이틀을 얻은 바 있다.

이후 알베르토 페르난데스 현 대통령의 ▪러닝메이트로 부통령에 당선됐다. 그러나 그는 대통령 재임 시절의 공금 횡령 등 부패 혐의로 기소돼 8월 22일 징역 12년이 구형된 상태다.

▪ 러닝메이트 (running mate)
러닝메이트는 두 관직을 동시에 뽑는 선거제도에서 하위 관직 선거에 출마한 입후보자를 일컫는 용어. 미국 대통령 선거에서 대통령 후보와 함께 입후보하는 부통령 후보를 가리키는 말로 자주 쓰인다. 보조로 함께 일하는 동료, 경마에 출전하는 말의 연습 상대가 되는 말 등의 사전적 의미가 있다.

분야별
최신상식

북한
안보

K방산, 폴란드에 국산 무기
7조6000억원 수출 본계약 체결

K무기 유럽 진출 이정표

폴란드가 K방산(한국 방위산업) 유럽 진출의 교두보로 떠올랐다. 8월 28일 방위 사업처에 따르면 국내 방산업체인 현대로템과 한화디펜스는 **한국의 '명품 무기'로 꼽히는 K2 흑표 전차 및 K9 자주포** 수출을 위한 57억6000만 달러(약 7조6780억원) 규모의 1차 이행 계약을 체결했다. 이번 폴란드 무기 수출 계약은 지난 7월 27일 현대로템·한화디펜스·한국항공우주산업 등 국내 방산 기업들이 폴란드 군비청과 체결한 포괄적 합의 성격의 총괄 계약을 실제 이행하기 위한 첫 번째 후속 계약이다.

폴란드 국방부는 트위터를 통해 "현대로템이 K2 탱크 180대를 2022~2025년 공급하고, 한화디펜스가 K9 자주포 212문을 2022~2026년 공급하는 계약"이라고 밝혔다. 이번 계약은 중동 및 아시아 지역에 비해 상대적으로 부진했던 국산 무기의 유럽 진출에 이정표가 될 전망이다.

CNN "K방산, 이미 메이저리그 진입"

미국 CNN 방송은 지난 8월 17일 한국을 '세계 4대 방산 수출국'에 진입시키겠다는 윤석열 대통령의 기자회견 내용을 집중 조명하면서 K방산이 이

미 야심 찬 목표 달성을 향한 단계를 밟아 나간다고 분석했다.

CNN은 호주 시드니대학교 미국연구센터의 피터 리, 톰 코번 연구원이 최근 군사매체 워온더락에 기고한 글을 통해 **"한국의 군사장비는 미국산보다 저렴하면서도 위력이 매우 강력한 대안"**이라는 평가를 전했다. 각국이 가성비 좋은 한국산 무기를 도입하면 국방 예산을 효율적으로 활용할 수 있다는 것이다. 한국 무기는 기술 발전에 따라 국제적 신뢰도를 높였고 미국이나 유럽 경쟁사보다 사후지원이 빠르다는 것이 장점으로 꼽힌다.

'세계 4대 방산 강국' 꿈 아니다.

윤석열 대통령은 취임 100일 기자회견에서 방위산업을 전략산업화하고 방산 강국으로 도약시키겠다고 선언했다. 그 목표는 세계 4대 방산 수출국 진입이다. 세계 무기 시장의 추이를 분석해온 스톡홀름국제평화연구소(SIPRI)에 따르면 지난해까지 5년간 세계 방산 시장에서 한국 점유율은 2.8%로 세계 8위다.

지난 7월 한국이 폴란드와 맺은 기본계약은 총 사업 규모 26조원에 지원차량과 탄약을 포함하면 약 40조원에 이르는 초대형 계약이다. K방산은 **상반기에 아랍에미리트(UAE)와 4조원대 천궁-II 방공 미사일, 이집트와 2조원대의 K9 자주포 수출 계약**을 각각 따냈고 호주와 노르웨이에서도 장갑차 및 전차 수출을 두고 독일과 치열한 경쟁을 벌이고 있다.

세계 방산 시장의 부동의 1위는 미국으로 세계 시장의 39%를 차지하며 2위는 러시아(19%), 3위는 프랑스(11%)다. 한국은 4위 중국(4.6%)이나 5위 독일(4.5%)의 점유율에도 도전할 만하다.

➕ 한국의 록히드마틴 꿈꾸는 한화그룹

한화그룹은 지난 7월 말 방산 계열사 통합을 발표했다. 한화 방산부문, 한화디펜스, 한화에어로스페이스로 3개 회사에 분산됐던 방산사업을 한화에어로스페이스로 통합하기로 했다. 이를 두고 한화그룹은 한국형 록히드마틴으로 거듭나기 위한 전략이라고 설명했다. 세계 1위 방산 기업인 록히드마틴은 2019년 기준 매출이 560억달러(65조원)로 기존 한화 방산부문 매출인 39억달러(4조3100억원)의 10배 이상이다. 국내 방산업체 규모를 모두 통틀어도 여전히 록히드마틴 기업에 못 미친다.

POINT 세 줄 요약

❶ 한국 무기의 폴란드 수출을 위한 7조원대 이행 계약이 체결됐다.

❷ 한국 무기는 미국산보다 저렴하고 위력이 강력한 대안으로 꼽힌다.

❸ 한국이 세계 4대 방산 수출국으로 진입하겠다는 목표가 현실로 다가오고 있다.

사드 기지 정상화 본격 진행... 군 장비 반입

▲ 경북 성주 주한미군 사드 시설

경북 성주 주한미군 **사드**(THAAD, Terminal High Altitude Area Defense·고고도미사일방어체계) 기지를 정상화하기 위한 당국의 본격적인 조치가 9월 4일 시작됐다. 군에 따르면 이날 오전 1시 30분 성주 기지에 공사 장비와 유류차 등 10여 대의 차량이 진입했다. 심야에 차량이 들어간 것은 사드에 반대하는 시민단체의 반발을 피하기 위한 것으로 보인다.

군 당국은 매주 2~3차례 공사 자재와 인력, 생활물품 등을 차량으로 반입하다가 지난 6월부터는 반입 횟수를 주 5회로 늘렸다. 국방부는 여기에 더해 '사드 기지 정상화' 의지를 밝히며 지상 접근은 주 7일로 확대하겠다고 시사한 바 있다.

사드 기지 정상화가 진행되면서 수년 동안 반대 시위를 벌였던 단체들은 잠잠했던 반대 활동을 재개하고 있다. 전날 9월 3일 6개 단체는 사드 기지 입구에서 주민과 단체 회원 1000여 명이 참가하는 사드 기지 정상화 반대 집회를 열었다.

한편, 앞서 국방부는 사드 기지 일반환경영향평가를 위한 협의회 구성을 마치고 협의회 첫 회의가 지난 8월 19일 열렸다고 8월 29일 밝힌 바 있다. 이에 대해 사드 철회 성주대책위원회 측은 성주 군민의 눈을 피해 밀실에서 추진한 영향평가 협의회는 무효라며 정부가 진행하는 환경영향평가를 모든 수단을 동원해 반대할 것이라고 했다.

➕ 3불(不) 정책

3불 정책은 사드(THAAD)의 한반도 배치를 둘러싼 중국과의 갈등을 해결하기 위해 2017년 10월 한국이 제시한 3가지 원칙이다. 중국을 안심시키고 사드 갈등을 봉합하기 위해 한국 측은 중국 측에 ▲사드 추가배치를 검토하지 않고 ▲한·미·일 안보협력이 군사동맹으로 발전하지 않을 것이며 ▲미국의 미사일방어(MD) 체제에 참여하지 않겠다는 3가지 원칙을 제시했다.

3불 정책이 중국의 사드 관련 경제 보복에 굴복한 굴욕적 약속이란 비판이 있는 가운데 중국은 2022년 8월 기존 3불에 ▲'주한미군에 배치된 사드의 운용 제한'이라는 1한(限)까지 거론하며 한국을 거세게 압박했다. 이에 대해 윤석열 정부는 문재인 정부 당시 발표된 사드 3불 정책은 정부 간 공식 협의나 약속이 아니고 우리의 안보 주권과 결부된 사안인 만큼 중국 측의 요구를 수용하기 어렵다는 입장을 밝혔다.

2023 국방비 예산 57조원... 3축 체계 예산 확대

군 당국이 고도화된 북한 핵·미사일 위협 대응을 위해 내년 한국형 3축 체계 투자 예산을 늘리기로 했다. 문재인 정부에서 주변국 해상 팽창에 대비해 역점을 둬 추진했던 ■**경항공모함**(3만 톤급)

건조와 관련한 내년 예산은 한 푼도 반영하지 않아 경항모 사업은 기로에 놓였다.

정부는 2023년 국방 예산안으로 57조1268억원을 편성했다. 올해 본예산 54조6112억원보다 2조5156억원(4.6%) 증가한 규모다. 이번 예산안 중 군사력 건설을 위한 방위력개선비는 올해보다 2.0% 증가한 17조179억원으로 편성됐다. 북한 핵·미사일 위협 대응을 위한 한국형 3축 체계 예산은 올해 대비 9.4% 늘어난 5조2549억원으로 편성됐다.

이를 통해 중고도 정찰용 무인항공기(1249억원) 등 ▲킬체인, 패트리엇 성능개량 2차(1292억원) 및 장사정포 요격체계(769억원) 등 ▲한국형 미사일방어(KAMD), 230mm급 다연장로켓(417억원) 등 ▲대량응징보복(KMPR)으로 구성되는 3축 체계 역량을 강화한다.

방위력개선비는 2.0% 증가하지만, 세부 분야별로는 함정 1117억원, 항공기 1114억원, 지휘정찰 744억원, 기동화력 668억원 등 올해보다 줄어들게끔 짜였다.

관련 예산을 주관하는 방위사업청 관계자는 한국형 전투기 KF-21 연구개발과 차세대 이지스 구축함 등 대형 사업들이 마무리돼 관련 액수가 줄었고, 추후 차세대전투기(FX) 2차 사업 등이 착수되면 다시 늘어날 것이라고 설명했다.

문재인 정부에서 추진한 경항모 사업은 내년 예산안엔 반영되지 않아 올해 기본설계 입찰 공고를 낼지도 불투명한 상황이다. 방사청은 현재 진행 중인 함재기 국내 개발 가능성 등을 검토하는 연구용역을 마친 뒤 그 결과에 따라 경항모 기본설계 공고를 진행할지, 아니면 추가 검토에 들어갈지를 따져볼 계획이다.

■ **경항공모함 (light aircraft carrier)**

경항공모함(경항모)은 표준적인 항공모함보다 크기가 작은 항공모함을 말한다. 경항공모함은 제2차 세계대전 당시 '호위 항공모함(escort aircraft carrier)' 개념에 바탕을 두고 만들어진 제해함에 뿌리를 둔 무기체계다. 제해함이란 단거리 함대 방공을 담당할 수직이착륙 전투기와 대잠작전용 헬기 10~20여 대를 싣고 적 잠수함, 수상함을 전문적으로 상대하는 전술적 용도의 해상 전투함이다.

한미 '을지프리덤실드' 부활, 연합연습 진행

8월 22일부터 9월 1일까지 '을지 자유의 방패'(UFS·을지프리덤실드) 연합훈련이 진행됐다. 정부와 군은 이번 UFS를 통해 범정부 차원의 위기관리 및 연합작전 지원 절차를 숙달해 북한의 국지도발 및 전면전에 대비한 국가총력전 수행 능력을 배양했다고 평가했다.

이번 UFS는 전시 체제로 전환해 **북한 공격 격퇴 및 수도권 방어를 연습하는 1부와 수도권 안전**

을 확보하기 위한 역공격과 반격작전을 숙달하는 2부로 이어졌다. 특히 2019년 이후 연중 분산해서 시행하던 각종 연합야외기동훈련을 이번 연합연습 작전 계획에 기반을 둔 훈련 시나리오를 상정해 시행했다.

구체적으로 과학화 전투, 공격헬기 사격, 대량살상무기 제거, 상용교량 구축, 폭발물 처리, 전방무장 및 연료 재보급, 합동화력 운용, 특수전 교환, 해상초계작전, 기동건설 등의 연합야외기동훈련이 이뤄졌다.

특히 UFS 기간에 '조건에 기초한 전시작전 통제권 전환계획'에 따라 미래연합사령부의 완전운용능력(FOC) 평가도 병행했다. **FOC 평가는 한국군 4성 장군이 지휘하는 미래연합사의 전구**(戰區 : 전쟁에서 중요한 군사적 사건이 일어나거나 진행되고 있는 지역이나 장소) **작전 수행 능력을 평가하**는 기본운용능력(IOC), FOC, 완전임무수행능력(FMC) 등 전작권 평가의 중간 단계에 해당한다.

북한은 사전연습 이틀째였던 8월 17일 서해상으로 순항미사일 2발을 발사했으며 연습 기간 내내 선전매체를 총동원해 비난 공세를 퍼부었다. 북한 선전매체들은 이번 UFS를 "9·19남북군사합의 위반", "북침전쟁연습", "위험천만한 군사적 도발 행위" 등으로 비방했다.

군 당국은 북한이 신형 **▪대륙간탄도미사일(ICBM)**과 단거리 탄도미사일(SRBM) 등의 발사 준비를 지속하고 있다고 평가하면서 UFS 종료 이후 미사일 발사 등 무력 도발에 대비해 북한군 동향을 정밀 감시 중인 것으로 알려졌다.

▪ 대륙간탄도미사일 (ICBM, Inter-Continental Ballistic Missile)

대륙간탄도미사일(ICBM)이란 핵탄두를 장착하고 한 대륙에서 다른 대륙까지 대기권 밖을 비행하여 발사되는 사정거리 6400km 이상, 로켓엔진으로 추진하는 탄도미사일을 말한다. ICBM은 핵탄두를 장착하고 있고 대부분 관성유도방식에 의해 한 대륙에서 다른 대륙까지 대기권 밖을 비행하여 적의 전략목표를 공격한다. 액체·고체 연료를 사용한 다단식(多段式) 로켓으로 1500~3500km의 고공에 쏘아 올리며 400~500km의 거리에서 레이더에 의한 제어가 가해지면 엔진의 가동이 중단되고 그 이후는 속도벡터에 의해 역학적으로 결정되는 탄도를 비행하여 목표에 도달한다. 최초의 ICBM은 1957년 소련에서 개발한 'R-7'으로, 세계 최초의 인공위성인 '스푸트니크 1호'가 이 미사일에 실려 발사된 바 있다.

북한, 최고인민회의 전원회의 개최

북한이 9월 7일 남측의 정기국회에 해당하는 **▪최고인민회의**를 개최한 가운데 이번 회의에서 도출될 결과물에 관심이 쏠린다. 이번 회의에서는 코로나19 여파에 따른 경제와 민생 문제 대책이 주로 논의될 것으로 예상된다.

9월 6일 통일부 등에 따르면 북한은 8월 개최된 최고인민회의 상임위원회 제14기 제21차 전원회

의를 통해 9월 7일 '최고인민회의 제14기 제7차 회의'를 열고 ▲사회주의 농촌발전법 ▲원림녹화법 채택 관련 문제 ▲조직문제를 토의한다고 예고한 바 있다.

올해 최고인민회의는 지난 2월 이후 두 번째다. 올해 초 최고인민회의에선 코로나19 예산을 포함한 국방비, 경제 분야 예산 등을 정했다. **최고인민회의 정기회의는 보통 한 해에 한 번씩 개최**됐지만, 2019년과 2021년에 이어 올해도 두 번 개최된다.

이번 최고인민회의는 국가경제발전 5개년 계획의 두 번째 해인 올해가 몇 달 남지 않은 만큼 목표 달성을 위한 대책이 나올 가능성이 크다. 이 과정에서 남한의 국무회의와 비슷한 북한 국무위원회 인선이 교체될 가능성도 크다. 코로나19 이후 가중된 민생고를 극복하고 분위기 전환을 위해 내각 경제 부처의 수장들이 교체될 가능성도 제기된다.

또한 핵무력의 사명·구성·지휘통제, 핵무기 사용 결정의 집행·사용 원칙·사용 조건, 핵무력의 경상적인 동원태세, 핵무력의 질량적 강화와 갱신 등으로 구성된 핵무력정책 법령을 채택했다.

이 법령은 핵무기의 사용조건으로 '핵무기 또는 기타 대량살륙무기(대량살상무기) 공격이 감행되였거나 임박하였다고 판단되는 경우', '국가의 존립과 인민의 생명안전에 파국적인 위기를 초래하는 사태가 발생하여 핵무기로 대응할 수밖에 없는 불가피한 상황이 조성되는 경' 등 포괄적으로 규정했다.

핵무기 사용 조건에는 '국가지도부와 국가핵무력지휘기구'에 대한 공격이나 공격 임박 징후 때도 핵무기를 사용할 수 있도록 하는 내용도 포함돼 김정은 국무위원장 등 수뇌부 제거, 속칭 '참수작전' 임박 징후 상황에도 핵무기를 사용할 것이라고 위협했다.

■ 최고인민회의 (最高人民會議)

최고인민회의는 북한 헌법상 최고 주권 기구로, 헌법과 법률 개정 등 국가정책의 기본 원칙 수립, 주요 국가기구 인사, 예산안 승인 등의 기능을 수행한다. 1994년과 1998년 개정된 헌법을 통해 최고인민회의 상임위원회가 갖는 권한이 크게 강화되었으나, 이는 실질적으로 조선노동당에서 결정한 사항들을 추인하는 명목상의 권한만 갖는 형식적 기관에 불과하다.

탄약 모자란 러시아, 북한에서 포탄─로켓 수백만 발 구입

우크라이나에서 반년 넘게 소모전을 벌이고 있는 러시아가 탄약이 모자라 북한에서 포탄과 로켓을 수백만 발씩 사들인다는 기밀 정보가 새어나왔다. 미국 뉴욕타임스(NYT)는 9월 5일(현지시간) 보도에서 최근 기밀에서 해제된 미 정보당국의 기밀문서를 인용해 이같이 전했다.

문서에 따르면 **러시아는 북한에서 수백만 발의 포탄과 단거리 로켓을 구입**했다. 미 정보당국은 정확한 무기 종류와 수송 시기, 거래 규모에 대해서는 서술하지 않았다. NYT는 독립적으로 해당 거래를 입증할 방법은 없다고 밝혔다. 익명의 미 정부 관계자는 러시아가 해당 탄약 외에도 다른 북한 장비를 추가 구입할 수 있다고 설명했다.

지난 2월 우크라이나를 침공했던 러시아는 예상과 달리 빠른 종전에 이르지 못하고 우크라 남부와 동부에서 우크라군과 대치하고 있다.

러시아는 우크라 침공을 전쟁이 아닌 '특별 군사작전'으로 부르면서 가지고 있는 인력과 자원으로 해결하려 하고 있지만 두 가지 모두 매우 부족한 상황이다. 러시아 내부에서도 본격적으로 전쟁을 선포하고 전시체제로 들어갈 경우 러시아 경제가 파탄날 수 있다며 이를 피하는 분위기다.

NYT는 러시아가 서방 국가들의 경제제재를 극복하고 석유 등 에너지 자원 수출로 경제를 지탱하고 있지만 적어도 군수 문제는 해결하지 못했다고 분석했다.

신문은 중국 같은 경우 서방의 제재를 무시하며 러시아 석유를 수입하고 있지만 적어도 러시아에

군사 물품을 제공하는 행위는 자제하고 있다고 설명했다.

➕ 아조우 연대 (Azov regiment)

아조우 연대란 우크라이나 동부 돈바스 지역에서 활동하는 파견대다. '신(新)나치주의'에 기반해 만들어진 아조우 연대는 창설 초기에 반이슬람 및 반유대주의 성향이 짙은 극우 성향의 지원병으로 구성됐다. 아조우란 이름은 흑해 북부, 우크라이나와 러시아 사이에 있는 아조우해(海)에서 따왔다. 2014년 돈바스 전쟁 당시 아조우 부대원들은 나치 독일 친위대의 상징인 '하켄크로이츠'를 연상시키는 '늑대 갈고리(Wolfsangel)' 휘장을 달고 활약했다. 민병대원 300여 명으로 출범한 초기에는 아조우 대대로 불렸지만 이후 부대원이 늘어나면서 아조우 연대가 됐다. 2014년 11월 우크라이나 내무부 산하 국가경비대에 편입돼 정규군이 됐지만 나치주의 논란은 여전히 존재한다. 공식 명칭은 '아조우 특수작전 파견대'다.

2022 서울안보대화 개막...
54개국 안보전문가 참여

▲ 국방부가 서울안보대화(SSD)를 개최했다. (자료 : 국방부)

국방부는 올해 10주년을 맞은 서울안보대화 (SDD, Seoul Defense Dialogue)를 9월 6일부터 8일

까지 사흘간 롯데호텔 서울에서 개최했다. 이번 서울안보대화는 '복합적 안보 위협에 대한 국제사회의 연대를 통한 대응'을 대주제로 전쟁의 위협과 함께 초국가적·다영역적 도전이 혼재된 오늘날 안보 환경에 대한 공동 대응 방안을 모색했다.

서울안보대화는 한반도 평화와 아시아·태평양 지역의 안보협력 증진에 기여하고자 2012년 출범한 국방 분야 고위급 다자안보 대화체다. 코로나19 사태 이래 3년 만에 대면 개최되는 이번 회의에는 54개국과 유엔· **■유럽연합**(EU)·북대서양조약기구(NATO) 등 3개 국제기구의 국방 관료와 국내외 민간 안보전문가가 참석해 세계 안보 현안을 논의했다.

신범철 국방부 차관을 비롯해 일본, 싱가포르, NATO, 에스토니아, 캐나다, 가나, 우간다의 차관급 인사를 포함한 총 16명의 각국 국방 관료가 세션별 토론자로 직접 참여했다.

특히 신 차관은 9월 7일 아시아태평양 파트너 4개국(AP4 : 한국·일본·호주·뉴질랜드) 대표들과 소다자 회의를 개최해 지난 6월 NATO 정상회의 계기 4국 정상 회동으로 형성된 가치·규범 수호 연대 강화의 동력을 이어가기 위한 공조 방안을 논의했다.

한일 국방차관 양자 회의도 열려
신 차관은 9월 6일부터 사흘간 열린 이번 행사 중 오카 마사미 일본 방위심의관(차관급)과 비공개로 회담했다. **한일 국방차관의 양자 대면 회의는 2016년 9월 이래 6년 만**이었다.

한일 국방차관은 이번 회담에서 국방협력 정상화뿐 아니라 북한의 핵·미사일 위협을 억제 대응하는 데 한미일 안보협력이 중요하다는 데 공감하고 관련 협력을 지속하기로 했다. 아울러 한일 현안인 이른바 '초계기 레이더 조사' 논란에 대해서도 실무선에서 추가로 논의하기로 했다.

■ 유럽연합 (European Union)
유럽연합(EU)은 유럽 국가 27개국 간 정치·경제 통합을 실현하기 위해 구성된 공동체다. EU의 시초는 2차 세계대전 이후 1952년 8월 석탄·철강 부문 공동정책으로 전후 경제 복구와 독일의 국제사회 복귀를 통한 전쟁 재발 방지를 위해 ▲프랑스 ▲독일 ▲이탈리아 ▲벨기에 ▲네덜란드 ▲룩셈부르크가 모여 만든 유럽석탄·철강공동체(ECSC)다.
이어서 유럽 각국은 1957년 체결된 로마 조약에 따라 석탄·철강 산업만을 대상으로 한 공동체를 모든 산업으로 확대하는 유럽경제공동체(EEC)와 원자력의 공동 이용을 위한 유럽원자력공동체(EURATOM)를 결성했다.
1967년 ECSC, EEC, EURATOM 등 기존 3개 공동체가 각각의 기구들을 통합해 유럽공동체(EC)로 일원화하고 1968년 EC의 관세동맹을 완성했다. 이후 1979년 최초로 유럽의회를 직접선거에 의해 선출했고, 1993년 마스트리히트 조약에 따라 통화 및 정치동맹을 추진하기로 했다. 1994년 1월에는 EC의 명칭을 유럽연합(EU)으로 변경했다.

분야별
최신상식

문화
미디어

세계적 아트페어 '프리즈 서울', 코엑스서 개막

■ **추상표현주의 (抽象表現主義)**
추상표현주의는 제2차 세계대
전 이후, 1950년대의 미국 화
단을 지배하던 회화 양식을 말
한다. 추상표현주의라는 용어는
형식적으로는 추상적이나 내용
적으로는 표현주의적이라는 의
미에서 나왔다. 추상표현주의는
서구 근대 미술의 복합적인 요
소를 모두 포함하는 의미로서
추상적인 만큼 자유롭고 자발
적이며 개인의 감정 표현 등을
강조하고, 이를 위해 매우 자유
로운 기법과 제작 방법을 이용
한다.

세계 정상급 갤러리...피카소 등 뮤지엄급 작품 선보여

단군 이래 최대 미술장터가 9월 2일 개막해 서울이 들썩였다. 세계적 아트
페어(미술장터) 주관사인 프리즈가 아시아 최초로 개최한 '프리즈 서울'과
국내 최대 아트페어인 '키아프 서울'이 함께 개막했다.

'프리즈 서울'에는 21개국 갤러리 110곳이 참여해 미술사의 주요 작가와 동
시대 최고 작가들의 작품들로 부스를 차렸다. 정상급 갤러리 18곳이 참여
하는 '프리즈 마스터스' 섹션에서는 근현대 미술사의 거장들이 포함돼 미술
관 수준의 작품을 선보였다.

세계 최고의 화랑으로 꼽히는 가고시안과 하우저앤워스는 처음으로 국내
미술시장에 진출했다. 가고시안은 미국의 2세대 ■**추상표현주의** 여성화가
헬렌 프랑켄탈러의 1978년 작품 '에트루리안 산책'을 부스 외벽에 걸었다.
하우저앤워스는 최근 미술시장에서 정상급으로 꼽히는 화가 조지 콘도의
신작을 대표작으로 내세웠다. 애콰벨라 갤러리즈는 **이번 행사의 최고가**(약
600억원) **작품인 파블로 피카소 '방울이 달린 빨간 베레모 여인'**을 내놨다.

첫날부터 판매 순항

첫날부터 수십억짜리 작품들이 속속 팔려나갔다. 하우저앤워스는 부스 전면에 걸어 둔 조지 콘도의 38억원 상당의 그림 '붉은 초상화의 구성'을 포함해 15점을 판매했다고 밝혔다. 미국 추상화가 마크 브래드포드의 25억원 상당의 작품은 개인 수집가가 구매했으며 라시드 존슨의 7억 5000만원 상당의 작품은 일본의 사립미술관이 구매했다.

완판 갤러리도 등장했다. LGDR, 블럼앤포, 자비에 위프켄 등의 갤러리들은 전시한 작품들을 모두 팔았다. 저명한 화상(畵商) 4명이 창립한 LGDR은 미국 화가 조엘 메슬러 신작 회화 12점을 전시했으며 모두 판매했다.

'키아프 서울' 공동 개최

한국화랑협회가 주최하는 한국국제아트페어(KIAF·키아프)는 21회째인 올해 처음으로 프리즈와 공동 개최했다. '키아프 서울'에는 17개 국가의 갤러리 164곳이 참여했다. 갤러리현대는 전위예술가 이건용을, 가나아트는 한국 실험미술의 선구자 김구림을 각각 대표 작가로 내세워 세계적 수집가들에게 선보였다.

외국 갤러리들도 다수 참여했다. 에스더쉬퍼 갤러리는 슬로바키아 개념예술가 로만 온닥의 작품을 선보였다. 안네 모세리-말리오 갤러리는 저명한 일본 예술가 미노루 오노다를, 탕 컨템포러리 아트는 중국 현대미술 거장 아이웨이웨이를 소개했다.

▌세계 3대 아트페어

구분	세부내용
바젤아트페어 (Art Basel)	스위스 바젤에서 매년 6월중 5일간 열리는 세계 최대의 미술품 아트페어다. 회화에서부터 드로잉·조각·퍼포먼스·비디오아트 등 모든 장르의 작품 중에서 가장 고가, 고급 작품을 소개해 '미술 명품 백화점'이라는 평을 받는다.
피악아트페어 (FIAC)	프랑스 파리에서 매년 10월 4~5일간 개최하는 국제 아트페어로 주요 프로그램은 전망이 높은 10개 갤러리를 선정해 지원하는 라파예트 프로그램(Lafayette)이 있다.
시카고아트페어 (Art Chicago)	미국 시카고에서 매년 4월에 열리는 아트페어로 미국의 현역 작가들 작품이 주로 거래된다. 유럽의 아트페어에 비하면 예술성보다는 시장성에 치중한다는 평가를 받기도 한다.

POINT 세 줄 요약

❶ 세계적 아트페어(미술장터) 주관사인 프리즈가 아시아 최초로 '프리즈 서울'을 개최했다.

❷ 첫날부터 수십억짜리 작품들이 속속 팔려나갔으며 완판 갤러리도 등장했다.

❸ 한국화랑협회가 주최하는 한국국제아트페어(KIAF·키아프)도 공동 개최했다.

'청와대 화보 뭇매'...
경복궁 구찌 패션쇼는 취소 번복

▲ 보그가 청와대에서 촬영한 화보를 공개했다. (자료 : 보그코리아)

패션 매체 보그코리아가 8월 22일 공식 홈페이지에 '청와대 그리고 패션!'이라는 제목으로 화보를 공개했다가 후폭풍이 일었다. 이 화보는 '문화유산 방문 캠페인' 목적으로 문화재청과 보그코리아가 협업으로 진행하고 모델 한혜진, 김원경, 김성희 등이 참여했다.

그러나 최근 청와대에서 촬영한 한복 패션 화보를 둘러싸고 논란이 이어졌다. 보그코리아 인스타그램에서는 "기생 콘셉트도 아니고 이런 화보를 청와대에 찍고 있느냐"며 비난하는 댓글 행렬이 이어졌다.

문화재청은 한복 홍보의 일환이라고 해명했지만 해당 화보 중에서는 일본 ▪**아방가르드** 대표 디자이너인 류노스케 오카자키의 의상 등을 비롯해 한복으로 보기 힘든 옷들이 많아 한복 패션 화보도 아니라는 지적이 나왔다. 더불어민주당은 청와대 정체성이 훼손됐다며 문화재청의 관리 소홀을 지적하기도 했다.

보그 화보 여파로 세계적 명품 브랜드 구찌와 문

화재청은 경복궁에서 열기로 한 패션쇼를 취소했다가 번복했다. 8월 29일 문화재청과 패션업계 등에 따르면 문화재청과 구찌 코리아 측은 오는 11월 1일 경복궁 근정전 일대에서 '구찌 코스모고니 패션소 인(in) 서울 경복궁' 행사를 취소했다가 다시 열기로 했다.

구찌 측은 문화재 훼손을 막기 위해 근정전 앞마당을 중심으로 행사를 하되 **행각**(行閣 : 궁궐 등의 정당 앞이나 좌우에 지은 줄행랑)을 모델이 걷는 무대로 활용하겠다고 했다. 구찌 측은 외교 및 재계 인사, 연예인 등을 초청해 약 500명 규모로 행사를 열 계획이다.

일각에서는 최근 논란을 기회로 문화재 활용 방안을 재검토해야 한다는 지적도 나온다. 문화유산을 대중에 소개하고 활용하는 것도 좋지만, 청와대를 둘러싼 논란 사례에서 볼 수 있듯이 구체적인 방법은 면밀한 검토가 필요하다는 것이다.

▪ **아방가르드 (Avant-garde)**
아방가르드란 예술, 문화, 사회에 대한 실험적이거나 급진적이거나 비전통적인 작업과 작가 모두를 이르는 말이다. 종종 미적인 혁신과 생경한 거부감으로 규정되기도 한다. 아방가르드는 특히 문화적인 영역에서의 규범이나 현상의 경계를 허물고자 하는 운동이다. 아방가르드는 급진적인 사회 개혁을 촉진하기도 한다.

휴대용 해시계 '일영원구' 최초 공개

지금까지 학계에 알려진 바 없는 소형 해시계가 국내에 공개됐다. 지난 3월 미국에서 경매로 매

▲ 일영원구 (자료 : 문화재청)

입한 '일영원구(日影圓球)'다. 고종 27년(1890년) 제작된 유물로 국내에서 최초로 확인된 구형의 휴대용 해시계다. 동과 철로 만들어졌고 높이는 23.8㎝, 구체 지름은 11.2㎝로 소형 지구본 크기 정도다.

8월 18일 서울 종로구 국립고궁박물관에서 열린 언론공개회에서 최응천 문화재청장은 "일영원구는 희소가치가 높은 유물로, 독창적인 작동원리로 시각을 측정한다"며 "유물 정보가 기재된 명문과 낙관을 통해 제작자와 제작 시기를 확인할 수 있다는 점에서 높은 문화재적 가치를 지니고 있다"고 설명했다.

일영원구의 한쪽 반구에는 '대조선 개국 499년 경인년 7월 상순에 새로 제작하였다'는 명문과 함께 '상직현인(尙稙鉉印)'이라는 낙관이 새겨져 있다. 이를 통해 1890년 7월 상직현이 제작했음을 알 수 있다. '고종실록'과 '승정원일기'에 따르면 상직현은 1881년에 수신사 일본 근대 문물을 접한 무관으로, 국왕의 호위와 궁궐·도성의 방어를 담당했던 것으로 확인된다.

조선 말기 과학기술의 발전 수준을 보여준다는 점에서도 중요하다. 조선 시대의 일반적인 해시계 '앙부일구(仰釜日晷)'는 반구 형태로, 태양의 그림자를 만들기 위한 뾰족한 막대인 영침이 고정돼 있어 한 지역에서만 시간을 측정할 수 있었

다. 하지만 일영원구는 맞물린 두 개의 반구가 각종 장치를 조정하면서 어느 지역에서나 시간을 측정할 수 있도록 제작됐다. 외국과의 교류가 급증한 구한말 상황에 맞게 다른 나라에서도 쓸 수 있도록 고안한 유물이라는 것이다.

한쪽 반구에는 12지의 명문과 96칸의 세로선으로 시각을 표시했는데, 이는 **하루를 12시 96각(15분)으로 표기한 조선 후기 시각 법**을 따른 것이다. 학계는 일영원구가 국보인 자격루와 혼천시계에서도 보이는 12지 시간 알림 장치를 둔 점에서 조선의 전통 과학기술을 계승했다고 평가했다.

일영원구는 오는 9월 25일까지 국립고궁박물관에서 열리는 '나라 밖 문화재의 여정' 특별 전시에서 만나볼 수 있다.

➕ 해시계 유물의 종류

한국에서 가장 오래된 해시계의 유물은 1930년 경주의 성곽에서 출토된 신라시대 해시계로, 반지름 33.4cm 정도인 화강암 재질의 원반형이다. 여기에는 자시부터 묘시까지의 부분이 남아 있고 6~7C경 제작된 것으로 추정된다.

해시계에 대한 공식기록은 세종실록(世宗實錄) 세종 19년(1437) 4월 갑술조에 처음으로 보인다. 이때 제작된 해시계로는 앙부일구·현주일구·천평일구·정남일구와 규표가 있다. 그중 앙부일구는 반구형으로 네 발이 달리고 솥처럼 생겨 '앙부'라는 이름이 붙었다.

우리나라에서 처음 만들어져 조선 말까지 이어진 대표적인 해시계로는 공중용으로 설치해놓은 것과, 작게 만들어 휴대할 수 있는 것이 있다. 현주일구는 시표가 시판(時盤)에 수직이 되도록 기둥에 추를 매달아 십자의 중심에 걸리도록 한 것으로, 방향을 알 수 있도록 지남침을 설치하고 당시 시제에 의한 백각의 원판을 사용했다.

천평일구는 현주일구에서 현주장치를 빼고 수평을 만

들기 위한 원지를 둔 것으로 현주일구와 천평일구 모두 휴대용이다. 정남일구는 아주 정밀한 해시계로 현주일구와 천평일구에 간의의 특징까지 합친 것이다. 정남일구는 규형으로 해그림자를 재어 정남방향을 알 수 있도록 했다.

국내 '화성 뿔공룡' 화석 천연기념물 지정

▲ 코리아케라톱스 (자료 : 문화재청)

지난 2008년 경기 화성시에서 발견된 '화성 뿔공룡' 화석이 천연기념물로 지정될 예정이다. 8월 22일 문화재청은 국내 첫 신종 ▪**각룡류**(뿔 달린 공룡) 뼈 화석인 '**화성 뿔공룡**(코리아케라톱스 화성엔시스·Koreaceratops hwaseongensis) **골격 화석**'을 국가 지정문화재 천연기념물로 지정할 예정이라고 밝혔다.

화성 뿔공룡 화석은 지난 2008년 경기 화성시 전곡항 방조제 인근에서 거의 완전한 형태로 발견됐다. 이후 이 공룡은 우리나라에서 처음 발견된 각룡류인 것으로 밝혀졌고, 국제적으로도 '코리아케라톱스 화성엔시스'라는 학명을 인정받았다.

문화재청에 따르면 해당 화석을 통해 한반도에 중생대 전기 백악기에도 각룡류 공룡이 살았다는 점을 알 수 있다. 이 공룡은 이족보행을 했던 것으로 추정된다. 문화재청은 "골격학 조직 연구 등을 통해 이 공룡이 대략 8살에 죽었다는 사실을 알아내는 등 한반도 각룡류 진화 과정 등을 이해할 수 있는 귀중한 자료로도 활용 중"이라고 밝혔다.

이번 화석이 천연기념물이 되면 **공룡 골격 화석으로는 처음으로 천연기념물이 되는 것**이다. 문화재청은 예고 기간 30일 동안 각계 의견을 모아 문화재위원회 심의를 거쳐 천연기념물 지정 여부를 결정할 계획이다.

▪ **각룡류 (角龍類)**

각룡류는 초식성이며 부리를 가지고 있는 공룡들로, 백악기에 북아메리카, 유럽, 그리고 아시아에서 번성했다. 그 조상은 쥐라기에 갈라져 나왔으며, 프시타코사우루스 같은 초기 각룡류들은 이족보행동물이었다. 이후에 트리케라톱스를 비롯한 케라톱스과의 각룡들은 몸집이 커져서 사족보행을 했으며 코뿔소처럼 얼굴에는 뿔이 있었고, 목 위로는 두개골이 연장되어 프릴을 가지고 있었다. 취약점인 목을 포식자로부터 보호하는 역할을 프릴이 했을 수도 있고, 과시나 체온조절에 이용되거나, 넓은 면적에 턱을 움직이기 위한 근육이 부착되었을 수도 있다. 각룡류의 몸길이는 1m에서 9m, 몸무게는 23kg에서 5400kg 정도였다.

'한국 네 번째' 유흥식 추기경 공식 서임

한국에서 네 번째로 탄생한 추기경인 유흥식 추기경의 서임식이 8월 27일(현지시간) 바티칸 성베

▲ 프란치스코 교황이 바티칸 교황청에서 유흥식 추기경에게 추기경의 상징인 비레타를 씌우고 있다. (로마교황청 유튜브 캡처)

드로 대성전에서 거행됐다. 유 추기경은 이날 앞서 5월 추기경에 임명된 19명의 성직자와 함께 프란치스코 교황의 주례 속에 서임식을 마쳤다.

선종(善終 : 가톨릭 임종 때 성사를 받아 큰 죄가 없는 상태에서 죽는 것)한 김수환·정진석 추기경과 2014년 서임된 염수정 추기경에 이어 한국 가톨릭교회의 네 번째 추기경이다. 유 추기경은 서임식 뒤 "죽을 각오로 임하겠다"는 소감을 밝혔다. **추기경은 교황 다음의 권위와 명예를 가진 영예로운 자리이며, 추기경단은 교회법상 교황의 최고 자문기관**이다.

1951년 충남 논산에서 태어난 유 추기경은 대전 가톨릭대 총장과 천주교대전교구장을 지냈으며, 프란치스코 교황과 직접 소통할 수 있는 한국인 성직자 가운데 한 명으로 꼽힌다. 2014년 교황의 방한을 이끌어냈고 2021년 6월 대주교 승품과 동시에 교황청 성직자부 장관으로 임명됐다.

이날 서임식은 유 추기경을 포함해 새로 임명된 추기경 20명이 참석했다. 성가대의 입당송(入堂頌), 복음 봉독과 교황의 훈화, 추기경 서임 선포, 새 추기경들의 신앙 선서와 충성 서약, **비레타**(사

제 각모)와 추기경 반지, 명의 본당 지정 칙서 수여 등의 순서로 진행됐다. 교황은 신임 추기경들에게 로마의 성당 하나씩을 명의 본당으로 지정하는 칙서를 전달했다.

새로운 추기경 20명이 탄생하며 세계 추기경은 226명으로 늘어났다. 교황 선출권을 지닌 80세 미만 추기경은 염수정·유흥식 추기경을 포함해 132명이 됐다.

유럽이 53명으로 가장 많고, 아시아(21명)와 아프리카(17명), 북아메리카(16명), 남아메리카(15명), 중앙아메리카(7명), 오세아니아(3명) 순이다. 2013년 즉위한 교황이 **유럽·북미 위주의 관행에서 벗어나 아시아와 아프리카 등을 중시**한 결과다.

올해도 인도와 싱가포르, 동티모르, 몽골 등 가톨릭세가 약한 아시아 지역 성직자들이 교황청 고위직에 대거 포함됐다. 교황은 2019년 필리핀 출신의 루이스 안토니오 타글레 추기경을 복음화부 장관, 지난해 대전교구장으로 있던 유 추기경을 성직자부 장관으로 임명하기도 했다. 교황청 핵심인 부서에 아시아계를 임명한 파격 인사였다.

➕ **우리나라 출신 추기경**
한국천주교회 역사상 한국인 추기경은 역대 네 명이 서임되었다. 1969년에 47세의 젊은 나이에 추기경에 서임된 김수환 스테파노 추기경, 이후에 2006년에 만 74세의 나이로 서임된 정진석 니콜라오 추기경, 그리고 2014년에 만 70세로 서임된 염수정 안드레아 추기경, 2022년 5월에 만 70세로 서임된 유흥식 라자로 추기경이 있다.

판교 '마차 시위'...
카카오게임즈 대표 사과

▲ 카카오게임즈의 '우마무스메 프리티 더비' 운영 방침에 반발하는 이용자들의 항의 현수막을 붙인 마차가 경기도 판교 일대에 등장했다.

조계현 카카오게임즈 대표가 모바일 게임 '우마무스메 : 프리티 더비'(우마무스메) 운영 논란에 공식 사과했다. 9월 5일 게임업계에 따르면 조 대표는 지난 9월 3일 우마무스메 공식 카페에 "국내 서비스의 미흡한 운영으로 많은 불편함과 큰 실망감을 안겨드렸다"며 "깊이 반성하고 머리 숙여 사죄드린다"고 밝혔다.

우마무스메는 일본 사이게임즈가 지난해 개발한 모바일게임이다. 카카오게임즈가 사이게임즈로부터 국내 운영권을 따내 지난 6월부터 서비스하고 있다. 최근 **일본 서버와 한국 서버의 재화 지급 차이나 주요 이벤트인 '챔피언스 미팅'의 불확실한 일정 및 공지가 문제**가 됐다.

이에 화가 난 이용자들은 9월 1일 카카오게임즈의 우마무스메 운영 행태를 비판하기 위해 서울 여의도 국회의사당 주변을 8자로 왕복운행하는 트럭시위를 벌였다. 8월 31일에는 경기도 성남시 분당구 카카오게임즈 본사 앞에서 ■**트럭 시위**를,

29일 판교역 주변에서는 '마차 시위'를 벌였다.

논란에 대해 카카오게임즈는 8월 21일과 24일 두 차례에 걸쳐 공식카페와 게임 내 공지사항을 통해 사과와 입장을 밝혔다. 그러나 이용자들은 형식적인 답변일 뿐 구체적인 개선방안이 없다고 꼬집었다.

이들은 운영 총책임자의 공식 사과, 국내 이용자 대표와 간담회 개최·지속적인 소통 창구 신설 등을 요구했다. 불매서약을 낸 이용자만 450명을 넘었다.

조 대표의 사과로 화해 분위기가 형성됐으나 이용자들이 요구했던 간담회는 별도로 언급하지 않아 갈등의 불씨가 남아있는 상태다.

이용자들은 "조 대표의 사과는 큰 의미"라면서도 "사과문만으로는 잃어버린 신뢰와 깊어진 실망감을 회복하기에 부족하다. 간담회에서 소비자 의견을 직접 전할 것"이라고 밝혔다. 대규모 환불 소송 여부도 관심사다. 앞서 이용자들은 게임 내 결제금액을 인증하며 집단 환불소송을 예고했다. 지난 4일 기준 7000여명이 86억원을 인증했다.

■ 트럭 시위

트럭 시위란 큰 LED 전광판을 탑재한 트럭을 특정한 회사 사옥 앞에 세우거나 근처 도로를 운행하면서, 메시지를 띄우는 형태로 이루어지는 시위 방식이다. 2021년 1월 '페이트/그랜드 오더'의 한국 서버에서 진행되던 스타트 대시 캠페인이 중단된 사건을 계기로 유저들이 게임사에 항의표시를 하기 위해 시작됐다. 트럭 시위는 큰 LED 전광판을 탑재한 트럭이 시위를 벌일 회사 사옥 주위 도로를 돌며, 전광판에 일정 시간 여러 메시지를 노출시키는 방식으로 이루어지며, 이를 통해 관계자를 향한 직접적인 메시지 전달, 언론 보도 및 인터넷 커뮤니티를 통한 확산을 목적으로 이용된다.

청와대 첫 전시, 장애예술인 특별전 개막

▲ 어울림 속으로 (자료 : 문화체육관광부)

청와대를 복합문화예술공간으로 조성하는 프로젝트가 장애예술인 특별전을 시작으로 첫걸음을 뗐다. 문화체육관광부는 8월 31일 한국장애인문화예술단체 총연합회와 함께 춘추관 2층에서 청와대 첫 전시로 '국민 속으로 어울림 속으로'를 열었다.

이번 전시에는 발달·지체·청각 장애에도 활발히 작품 활동을 한 예술인 50명의 작품 60점을 공개했다. 대표작은 지난 5월 한미 정상회담 당시 조바이든 미국 대통령의 시선을 끈 김현우 작가의 '퍼시잭슨, 수학드로잉'이다. 드라마 '우리들의 블루스'에 출연한 정은혜 작가의 작품 '영옥과 영희'도 이번 전시에 포함됐다.

눈에 띄는 점은 장애인 관람객을 위한 다양한 지원책이 마련됐다는 것이다. 시각장애 관람객을 위해 점자 도록과 점자 안내서, 소리 전문 안내기를 제공하고 청각장애 관람객을 위해 수어 통역을 제공한다. 지체 장애인을 위해 휠체어 접근로를 마련하고, 발달장애 관람객을 위한 '릴랙스 퍼포먼스' 방식으로 전시회를 운영한다. '릴랙스 퍼포먼스'란 **장애로 인한 소리나 움직임 등을 다**른 관람객이 양해하도록 하는 포용적 관람문화를 말한다.

배은주 춘추관 특별전시 총감독은 "50명 작가를 주인공으로 만들고, 장애인을 비롯한 국민이 불편함 없이 관람하도록 하는 데 중점을 뒀다"며 "■**배리어프리** 전시라는 게 가장 두드러진 특징"이라고 설명했다. 또 "예술에는 장애의 경계도 한계도 없다는 것을 알릴 기회"라고 덧붙였다.

■ 배리어프리 (barrier free)

배리어프리란 고령자나 장애인들도 살기 좋은 사회를 만들기 위해 물리적·제도적 장벽을 허물자는 운동이다. 1974년 국제연합 장애인생활환경전문가회의에서 '장벽 없는 건축 설계(barrier free design)'에 관한 보고서가 나오면서 건축학 분야에서 사용되기 시작했다. 이후 휠체어를 탄 고령자나 장애인들도 편하게 살 수 있게 하자는 뜻에서 주택이나 공공시설을 지을 때 문턱을 없애는 운동이 선진국을 중심으로 전개되면서 세계 곳곳으로 확산됐다. 2000년 이후에는 물리적 배리어프리뿐 아니라 자격·시험 등을 제한하는 제도적 장벽을 비롯해 각종 차별과 편견, 의식상의 장벽. 장애인에서 더 나아가 노인에 대한 마음의 벽을 허물자는 운동으로 의미가 확대되고 있다.

신라시대 해인사 목조불상 국보로 승격

국내에서 가장 오래된 목조불상인 해인사 목조비로자나불좌상이 국보로 승격된다. 문화재청은 '합천 해인사 법보전 목조비로자나불좌상 및 복장유물'을 국가지정문화재인 국보로 지정 예고한다고 9월 1일 밝혔다.

불상 제작 시기는 조각양식과 지정조사 과정에서

▲ 해인사 법보전 목조비로자나불
좌상 (자료 : 문화재청)

확인한 과학적 조사를 토대로 통일신라 9C 후반으로 추정하고 있다.

문화재청은 목조비로자나불좌상이 현존하는 가장 오래된 목조불상으로서 역사적·학술적 가치가 매우 크다는 점을 강조했다.

복장유물 또한 한국 불교사에서 가치 높은 자료다. **복장유물은 불상을 제작할 때 몸체 안에 넣는 유물로 부처를 상징하는 후령통, 각종 보석류, 직물, 불경 등을 통틀어 말한다.** 비로자나불의 복장유물은 고려에서 조선 초기까지 유물로 구성됐으며 각종 전적류와 직물이 포함됐다. 특히 복장을 넣는 후령통은 완벽히 보존된 상태였다.

복장유물을 통해 불상의 중수(重修 : 건축물에서 낡고 헌 것을 손질해 고침) 내력과 불교사적인 특성, 해인사와 조선왕실의 관련성, 복장유물을 넣는 절차 등이 확인된다는 점에서 학술 가치가 높은 것으로 평가받는다. 문화재청은 "뛰어난 조형성과 역사성은 물론 종교적으로 이상적인 아름다움을 갖춘 우수한 불상이며, 불교사적 의의가 큰 복장유물과 함께 국보로 승격할 가치가 충분하다"고 밝혔다.

█ 국가지정문화재의 종류

구분	세부내용
국보	보물에 해당하는 문화재 중 인류문화의 관점에서 그 가치가 크고 유례가 드문 것
보물	건축문화재·미술문화재·기록문화재·과학문화재 등 유형문화재 중 가치가 큰 것
사적	기념물 중 역사적·학술적·예술적 가치가 큰 것
명승	기념물 중 경승지로서 중요한 것
천연기념물	기념물 중 동물(서식지·번식지·도래지 포함), 식물(자생지 포함), 지질·광물로서 중요한 것
국가 무형문화재	연극·무용·음악·공예기술 등 무형의 문화적 소산으로서 예술적·학술적 가치가 큰 무형문화재 중 중요한 것
중요 민속문화재	의식주·생업·신앙·연중행사 등 국민생활을 이해하는 데 가치와 의미가 인정되는 것

기출TIP 2019년 CBS 기자직 필기시험에서 국보 1호·무형문화재 1호를 묻는 문제가 출제됐다.

국회 간 천만감독들
"정당한 저작권 대가 받고싶어"

한국영화계를 대표하는 천만 영화감독들이 저작권법 개정을 위해 국회에 나섰다. 한국영화감독조합(DKG)과 더불어민주당 유정주 의원실은 8월 31일 저작권법 개정안 토론회 '천만 영화감독들 마침내 국회로 : 정당한 보상을 논하다'를 공동 개최했다. 배우 겸 감독 유지태가 사회를 맡았으며 유제균·김한민·김용화·강제규·강윤성 감독이 토론자로 참여했다.

토론회는 저작권법을 개정해 **영화감독과 시나리오 작가 등 창작자도 저작물에서 발생한 수익을 분배받을 수 있도록** 하는 공정보상권 법제화를 중점으로 다뤘다. 현재는 저작권법 100조 1항에 따라 영상제작자가 저작권을 취득한 경우 특약이 없는 한 영상물 이용에 필요한 권리는 제작자가 양도받은 것으로 추정한다고 규정한다. 영화의 경우 영화관 상영 이후 다른 플랫폼에서 저작물을 방영해 얻은 수익은 모두 제작자에게 돌아간다.

▌영화 속편의 종류

구분	세부내용
리부트 (reboot)	기존 영화 시리즈물에서 연속성을 버리고 새롭게 처음부터 만드는 방식이다. 원작의 전체적인 콘셉트만 가져와 완전히 다른 이야기로 재창조한다.
스핀오프 (spinoff)	기존 영화의 등장인물이나 상황에 기초하여 새로운 이야기를 만들어 내는 방식이다. 원작과 세계관을 공유하고 있지만 주인공이나 줄거리는 다르다.
시퀄 (sequel)	영화의 일반적인 속편으로 원작이 크게 흥행했을 경우 주로 제작된다. 원작의 캐릭터와 스토리를 재사용·확장하여 이야기를 전개한다. 대체로 원작의 제목을 그대로 쓰고 속편임을 표시한다. 이미 검증된 캐릭터와 스토리를 활용하기 때문에 실패할 위험이 적다.
프리퀄 (prequel)	원작에 선행하는 사건을 담는다. 주인공의 과거 이야기나 원작 에피소드에 선행하는 사건을 담아 원작의 당위성과 개연성을 제공한다.

기출TIP 2021년 부산광역시 공공기관 통합채용에서 리부트를 묻는 문제가 출제됐다.

서울시향 음악감독에 세계적 지휘자 판즈베던 뉴욕필 감독

서울시립교향악단이 2022년 임기가 끝나는 오스모 벤스케(69) 음악감독(상임 지휘자)의 후임으로 현재 뉴욕 필하모닉과 홍콩 필하모닉 오케스트라의 음악감독인 네덜란드 출신 야프 판즈베던(62)을 선임했다. 판즈베던의 임기는 2024년 1월부터 2028년 12월까지 5년간이다.

서울시향은 연초부터 세계 최정상급 지휘자들을

▲ 야프 판즈베던 뉴욕 필하모닉 음악감독 (자료 : 서울시립교향악단)

접촉한 끝에 판즈베던을 설득하는 데 성공했다. 판즈베던은 서울시향의 외국인 음악감독으로는 마르크 에름레르(2000~2002), 벤스케(2020~2022)에 이어 세 번째다. 1960년 암스테르담에서 태어난 판즈베던은 5세 때 바이올린을 시작했고 미국 뉴욕 줄리아드 음악원에서 수학한 뒤 **19세 때 네덜란드 명문 오케스트라인 로열 콘세르트헤바우 관현악단(RCO)의 최연소 악장으로 취임**해 17년간 악장을 지냈다.

1996년 지휘자 활동을 시작한 그는 네덜란드 방송 교향악단 수석 지휘자, 댈러스 심포니 오케스트라 음악감독을 거쳤다. 판즈베던은 타고난 리더십으로 단기간에 연주자들의 역량을 최고 수준으로 높이는 덕에 '오케스트라 트레이너'라는 명성을 얻었다. 클래식 전문지 그래머폰은 2019년 그의 리더십을 인정해 홍콩 필하모닉을 '올해의 오케스트라'로 선정했다.

➕ 마티네 (matinee)

마티네는 '아침'을 뜻하는 '마탱(matin)'에서 나온 말로 낮 동안 상연되는 공연이나 음악회 등을 말한다. 마티네는 대개 1주일에 1~2회 주말에 행해지지만 평일에 열리는 경우도 있다. 마티네는 저녁시간을 내기 힘든 관객들의 라이프 사이클과 특성을 고려해 예술시장의 틈새시장을 공략하는 예술경영의 일환으로 주목받았다.

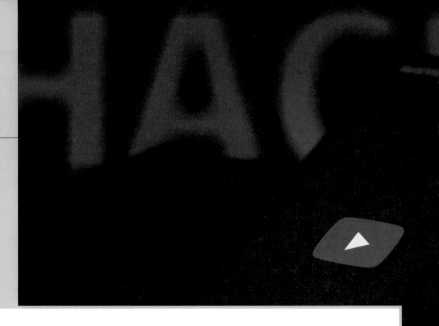

대한민국 정부 공식 유튜브 채널 해킹 피해

난데없이 가상화폐 홍보 영상 떠

정부가 운영하는 대한민국 공식 유튜브 채널이 잇달아 해킹을 당했다. 문화체육관광부에 따르면 9월 3일 오전 3시 20분쯤 정부의 정책 등을 홍보하는 대한민국 정부 유튜브 채널이 해킹을 당하고 계정 권한을 빼앗기는 사건이 발생했다.

'대한민국 정부'라는 채널명은 '스페이스엑스 인베스트(SpaceX Invest)'로 변경됐고, 게시물에서는 일론 머스크 스페이스엑스 및 테슬라 최고경영자(CEO)의 인터뷰가 등장하는 가상화폐 관련 영상이 재생됐다.

문체부 산하 기관인 한국관광공사와 국립현대미술관의 공식 유튜브 채널도 잇달아 해킹을 당했다. **한국관광공사의 해외 홍보 유튜브 채널로서 ▪이날치의 '범 내려온다' 뮤직비디오 등으로 유명해져 구독자 수 50만여 명을 보유한 '이매진 유어 코리아'는** 해킹 피해로 9월 3일 오후 9시까지 폐쇄됐다. 국립현대미술관 유튜브 공식 채널도 지난 8월 29일 가상화폐 관련 영상이 재생되는 해킹을 당했다가 2시간 만에 복구됐다.

▪ **이날치**
이날치는 2019년 결성된 7인조 음악 그룹으로서 판소리를 대중음악으로 재해석한 곡을 선보였다. 이들과 현대무용 단체 엠비규어스컴퍼니가 협업한 한국관광공사의 '필 더 리듬 오브 코리아(Feel the Rhythm of Korea)'의 홍보 영상은 큰 인기를 끌었다.

기출TIP 2021년 연합뉴스에서 이날치 밴드 및 앰비규어스 댄스 컴퍼니의 곡 '범 내려온다'의 영문 제목(Feel the Rhythm of Korea)을 쓰는 문제가 출제됐다.

문체부 측은 "유튜브 채널의 관리자 계정 아이디와 비밀번호가 도용된 것으로 추정된다. 경찰청 사이버수사국 사이버범죄수사과에 수사를 의뢰했다"고 밝혔다.

사이버 보안 전문가 "후속 공격 경고"

사이버 보안 전문가들은 정부 공식 유튜브 채널이 해킹된 것은 채널 관리자 계정이 탈취된 탓으로 추정된다고 분석했다. 유튜브를 운영하는 구글 자체에 보안 문제가 있었다기보다 계정 관리자 권한대행 업체 측이 해킹을 당했을 것이란 분석이 나온다.

문종현 이스트시큐리티 시큐리티대응센터(ESRC) 센터장은 언론과의 인터뷰에서 "방송국이나 정부기관이 보유한 유튜브 채널만을 대상으로 해킹이 일정 간격을 두고 자행됐다. 이는 공격에 대한 대응이 어떻게 이뤄지는지 살펴보기 위한 목적일 수 있다"고 분석했다

문 센터장은 해킹 배후에 대해 "정부나 방송사 유

튜브 계정을 해킹해 사회적으로 이목을 끌려는 이들은 정치적 목적을 가진 조직일 가능성이 높다"면서 **"북한 연계 해킹 조직일 가능성도 있다"**고 말했다. 보안 업계 전문가들은 현재 발생한 해킹 공격은 추가적 피해가 없었지만 연속적인 해킹이 사회적 혼란이나 경제적 손해를 야기하는 대형 공격의 전조 현상일 수 있다고 경고했다.

삼성전자도 사이버 공격 당해

한편, 삼성전자는 9월 2일(현지시간) 미국법인 홈페이지를 통해 일부 고객 정보에 영향을 미치는 보안사고를 발견했다고 밝혔다. 삼성전자는 지난 7월에 사이버 공격을 당해 일부 고객들의 개인정보가 유출된 것으로 확인된 바 있다. 이는 지난 3월 외국 해커조직 ■**랩서스**에 정보유출 피해를 당한 이후 이어 두 번째 피해 사례였다.

■ **랩서스 (LAPSUS$)**
랩서스는 최근 삼성전자, LG전자, 마이크로소프트, 엔비디아 등 글로벌 기술기업의 소스코드를 연이어 해킹한 해킹그룹이다. 10대 해커들이 주축을 이룬 것으로 알려진 이 해킹그룹은 인증 관리 대행 분야의 세계 1위 기업인 옥타와 마이크로소프트를 뚫어냈다고 공개하기도 했다. 랩서스는 2021년 12월 텔레그램 계정을 만들어 브라질 보건부를 해킹했다고 밝히며 이름을 알렸다. 한편, 데이터 인텔리전스 기업인 S2W의 분석에 따르면 랩서스는 외부에 공개된 취약한 서버에서 빼낸 계정정보(크리덴셜)를 무작위 대입해 접속 정보가 들어맞을 경우 해당 서버에서 정보를 탈취하는 이른바 '크리덴셜 스터핑(credential sttuffing)' 기법을 해킹 공격에 활용한 것으로 추정됐다.

POINT	세 줄 요약

❶ 정부가 운영하는 공식 유튜브 채널이 잇달아 해킹을 당했다.

❷ 해킹당한 채널에서는 채널명이 달라지고 가상화폐 홍보 영상이 올라왔다.

❸ 삼성전자도 사이버 공격을 당해 개인정보가 유출됐다.

정부, 5년간 '100만 디지털 인재' 양성 추진

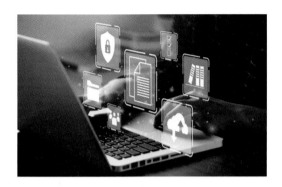

정부가 올해부터 2026년까지 5년간 100만 명의 디지털 인재를 양성한다. 산업계에서 활약할 전문 인력뿐 아니라 자신의 전공 분야에 디지털 기술을 융합할 수 있는 인력, 일상에서 디지털 기술을 친숙하게 구사하는 인재 등 수준별 인재양성 정책을 추진한다.

정부는 한국직업능력연구원이 조사한 디지털 인재 수요 전망을 토대로 산업계 인재 양성 규모를 설정했다. **디지털 인재는 인공지능(AI), 일반 소프트웨어(SW), 빅데이터, 메타버스, "클라우드, 사물인터넷 등 여러 분야 디지털 신산업에 대한 역량을 갖춘 사람**을 뜻한다.

연구원에 따르면 향후 5년간 필요한 디지털 인재는 약 73만8000명이다. 이에 따라 정부는 고졸·전문학사 등 초급인력 16만 명, 학사 출신 중급인력 71만 명, 고급인력인 석·박사 13만 명 등 총 100만 명 이상을 2026년까지 육성하는 것을 목표로 잡았다.

정부는 전문 인재를 키워내기 위해 대학이 교원

확보율만 충족하면 디지털 분야 학부 정원을 늘릴 수 있도록 했으며 학-석-박사 5.5년 통합과정으로 조기 박사학위 취득도 지원한다. 4단계 두뇌한국21(BK21) 사업을 통해 연구인력을 육성하고 디지털 분야 대학원을 늘린다.

초·중학교에서는 정보선택과목 도입, 코딩교육 필수화를 통해 정보교육 수업시수를 늘린다. 2025년부터 적용되는 2022 교육과정 개정을 통해 초등학교는 정보수업을 34시간 이상(현행 17시간), 중학교는 68시간 이상(현행 34시간) 편성하게 된다. 고등학교에서도 SW·AI 선택과목이 확대되고 공동교육과정을 지원해 학생들의 디지털 교육기회를 늘린다.

정부는 이를 통해 현재 경제협력개발기구(OECD) 회원국 평균을 밑도는 청소년의 정보식별능력과 디지털 교육 기회를 2배 이상 높이고 평균 이상으로 끌어올릴 수 있을 것으로 기대하고 있다.

다만 교육계 일각에서는 우려의 목소리도 나왔다. 정의당 정책위원회는 "부족 인원이 73만 8000명인데 공급은 100만 명으로 23만2000명이 과잉 공급"이라고 지적했다. 또 "초·중·고 정보교육 확대에 대한 사교육 증가 등 부작용도 짚어 봐야 한다"며 "현 정부가 교육 공무원 정원을 줄이고 있는 상황에서 정보교육 확대를 위한 교원 확보가 제대로 될 수 있을지 미지수"라고 지적했다.

■ **클라우드 (cloud)**

클라우드란 기업 내에 서버와 저장장치를 두지 않고 외부 중앙컴퓨터에 아웃소싱해 쓰는 서비스다. 클라우드 서비스는 데이터를 보관하는 장소에 따라 퍼블릭(개방형) 클라우드와 프라이빗(폐쇄형) 클라우드로 나뉜다. 퍼블릭 클라우드는 모든 인프라를 클라우드 업체를 통해서 제공받는다. 빅데이터 분석에 필요한 인프라를 자유롭게 확장할 수 있는 게 장점이다. 프라이빗 클라우드는 기업이 직접 클라우드 환경을 구축하기 때문에 기업이 원하는 클라우드 환경을 자유롭게 구축할 수 있다. 따라서 데이터가 외부로 유출될 가능성이 크지 않다. 하지만 인프라를 자유롭게 확장하지 못해 빅데이터 분석력이 떨어진다.

기출TIP 2022년 한국전력공사 필기 정보능력 파트에서 클라우드 컴퓨팅에 관한 문제가 출제됐다.

UNIST, 고성능 2차원 유기 반도체 소재 합성 성공

▲ UNIST 백종범 교수팀 (자료 : 울산과학기술원)

울산과학기술원(UNIST)은 '무기 반도체'에 못 미치던 성능을 보완한 새로운 '2차원 **유기 반도체 소재**' 합성에 성공했다고 밝혔다. UNIST 에너지화학공학과 백종범 교수 연구팀은 '방향족 고리화 반응'을 통해 '에이치피-펜(HP-FAN) 2차원 유기 고분자 구조체'를 합성했다.

이 물질은 반도체로 활용하기 적절한 밴드갭(하나의 전자가 결합 상태에서 벗어나는 데 필요한 최소량의 에너지)과 높은 **점멸비**(반도체 소자에 흐르는 전류량의 비율로서 점멸비가 클수록 반도체에 흐르는 전류의 양을 효과적으로 제어 가능), 전하이동도를 가지고 있어 실제 반도체 소자로 활용할 수 있다.

현재 사용 중인 실리콘 반도체(무기 반도체)는 딱딱하고 무거워 돌돌 말리는 디스플레이나 입는 전자기기에 적용하는 데 한계가 있다. 이를 대체할 반도체 물질로 가볍고 유연하며 전기가 잘 통하는 ■**그래핀**이 주목받았으나 밴드갭이 너무 작아 점멸비가 낮고, 반도체 내에서 전류흐름을 통제하기 어렵다는 문제가 있었다. 이에 그래핀의 대안으로 '유기 반도체' 연구가 활발히 진행 중이다.

유기 반도체는 그래핀처럼 유연하고 가벼울 뿐 아니라 공정 비용이 낮고 물성 조절이 쉽다. 그러나 소재 내부에서 전자나 정공이 느리게 움직여 반도체 소자로 적용하기는 어려웠다. 전하이동도가 낮은 소재로 반도체 소재를 만들면 전기적 신호 전달이 더뎌지고, 디스플레이 등에서 색상 변환 지연 등의 문제가 나타났기 때문이다.

백 교수 연구팀은 유기 반도체의 전하이동도를 높일 새로운 구조체를 고안한 끝에 두 종류의 화학물질(헥사아미노벤젠과 다이하이드록시벤조퀴논)을 반응시켜 HP-FAN 구조체를 개발해 2차원 고분자를 유기 반도체 재료로 사용했을 때의 고질적 문제인 낮은 전하이동도와 낮은 점멸비 문제를 모두 극복했다.

■ **유기 반도체 (organic semiconductor)**

유기 반도체란 탄소물질로 만들어진 반도체이다. 유기화합물은 대부분 전기 전달이 어려운 절연체이나, 일반적으로 유기 반도체는 전리해 전자를 내기 쉬운 물질과 전자를 받아들이기 쉬운 물질을 화합하여 분자 화합물을 만들 때 얻어지는 유기물질 결정 구조인 외인성 반도체이다. 유기 반도체는 기존의 무기 반도체(실리콘, 갈륨과 같은 비탄소 물질로 만들어진 반도체)를 대체하는 차세대 반도체 재료로 플렉시블 디스플레이, 무선인식(RFID) 등의 이용이 가능하다. 유기물은 가볍고 휘어질 수 있으며, 저온 공정 및 저가격 등의 특징이 있어 차세대 디스플레이 소재로 각광받고 있다.

■ 그래핀 (graphene)

그래핀은 탄소가 0.2nm(나노미터 : 10억분의 1m) 두께 벌집 모양의 단층 평면구조로 결합한 나노물질이다. 흑연(graphite·그래파이트)을 원료로 하여 만들기 때문에 그래핀이라 부른다. 그래핀은 전도성이 구리보다 약 100배 뛰어나고 기계적 강도는 강철보다 200배 이상 강하다. 신축성이 좋아 늘리거나 접어도 전기전도성을 잃지 않아 초고속 반도체, 디스플레이, 태양전지, 이차전지 등에 널리 활용될 전망이다.

실생활 그대로 옮긴 '컴투버스'...2024년 상용화

COM2US 컴투스가 실생활을 오픈월드의 가상세계로 옮겨온 최초의 메타버스 서비스 '컴투버스'를 선보인다. 기존의 플랫폼 형태 서비스를 넘어 메타버스 내에서 참여자들에게 토지를 분양해 공간을 구축하고, 시민권도 부여할 예정이다.

송재준 컴투스 대표는 메타버스를 '넥스트 인터넷'으로 정의하며 "메타버스의 핵심은 많은 사람이 함께할 수 있는 오픈월드 가상공간을 만들 수 있는 기술력, 실생활과 같은 삶을 살 수 있도록 하는 콘텐츠 서비스, 생태계 참여자가 함께 공간을 만들어갈 수 있는 탈중앙화의 가치"라고 컴투버스의 가치를 설명했다.

컴투버스는 이러한 가치를 기반으로 단순한 플랫폼을 넘어 열린 생태계 형태의 ■**웹 3.0** 가치 기반의 오픈 메타버스 인프라스트럭처(infrastructure : 사회적 생산기반) 형태로 선보인다는 계획이다.

메타버스는 **4차원의 시공간을 통해 정보 및 콘텐츠, 서비스가 배열되며 이용자들은 아바타를 통해 이를 획득**할 수 있다. 컴투버스는 이를 '메타 브라우징'이라고 지칭하며 컴투버스를 인터넷 다음 시대의 모습을 현실로 가져오는 선구자로 만들겠다는 계획이다.

컴투버스에는 '아일랜드'라고 하는 공간 개념이 적용되며 총 9개의 아일랜드가 모여 월드가 완성된다. 인프라스트럭처 제공자로서 퍼블릭 메타버스와 프라이빗 메타버스 영역도 각각 구축할 계획이다.

컴투버스는 내년 1분기까지 오피스 및 컨벤션센터를 구축하고, 2024년 1분기 일반 사용자 대상의 상용화 서비스를 오픈할 예정이다.

■ 웹 3.0 (web 3.0)

웹 3.0이란 컴퓨터가 시멘틱 웹(semantic web : 컴퓨터가 정보 자원의 뜻을 이해하고 논리적 추론까지 할 수 있는 차세대 지능형 웹) 기술을 이용해 웹페이지에 담긴 내용을 이해하고 개인 맞춤형 정보를 제공할 수 있는 지능형 웹 기술을 말한다. 웹 3.0은 탈중앙화, 현실과 가상의 결합 등을 특징으로 한다. 웹 1.0 시대에는 정보를 읽을 수만 있었다면 웹 2.0 시대는 정보를 읽고 쓸 수 있다. 웹 3.0에서는 읽기와 쓰기에 더해 콘텐츠의 개인 소유가 가능해진다. 웹 3.0은 공간 웹(spatial web)으로 정의되기도 한다. 증강현실(AR)과 가상현실(VR), 5G, 6G 이동통신의 발전으로 실제와 가상의 구분이 모호해지기 때문이다.

서울시, 실시간 인구데이터 개발...
혼잡도·교통·날씨까지

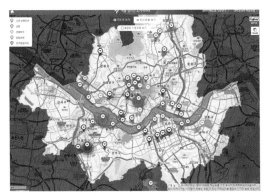

▲ '서울 실시간 도시데이터' 접속화면 (서울 실시간 도시데이터 홈
페이지 캡처)

서울시가 관광지와 공원, 주요 상권 등 주요 장소
50곳의 실시간 교통정보를 한눈에 볼 수 있는 '서
울 실시간 도시데이터'를 개발해 서울 열린데이
터광장을 통해 공개했다.

'서울 실시간 도시데이터'를 통해 각 장소의 인구
혼잡도를 비롯해 버스·지하철 도착 정보 등 대중
교통 현황, 주차장 잔여 대수, 도로 소통 상황까
지 다양한 분야의 실시간 정보를 확인할 수 있다.
인구 혼잡도의 경우 최근 12시간의 혼잡도와 인
공지능(AI) 기반 예측을 통해 향후 12시간의 혼잡
정도까지 확인할 수 있다.

시는 교통·환경 분야 공공데이터와 KT의 실시간
인구 데이터를 융합해 데이터를 만들었다고 설
명했다. KT의 **실시간 인구 데이터는 휴대폰 기지
국 신호 빅데이터를 활용해 ▪관심지점(POI)의 인
구 수를 확인**할 수 있다. 각 지자체는 이 데이터
를 활용해 주요 장소별 인구 혼잡도를 실시간으
로 확인하고, 신속한 정책수립과 대응체계 마련

이 가능해진다.

예컨대 코로나19 재확산에 대비해 혼잡도가 높
은 지역의 실시간 모니터링 및 선제 방역 조치로
집단감염 발생 가능성을 낮추거나, 폭우나 폭설
발생 시 실시간 기상정보와 지점별 인구 혼잡도
정보를 종합해 시설물 점검 및 인력·설비를 재배
치할 수 있다.

시는 시민들과 관광객들이 이용하는 동시에 민간
기업·개발자 등 원하면 누구나 활용해 새로운 서
비스를 창출할 수 있도록 데이터를 개방하고 관
광 안내 등 행정 분야에도 활용할 예정이라고 설
명했다.

■ **관심지점 (POI, Point Of Interest)**
관심지점(POI)이란 주요 시설물, 역, 공항, 터미널 등을 좌표
로 전자 수치 지도에 표시하는 데이터다. 목적지 검색에 사용
되는 검색 데이터와 바탕화면에 표시만 되는 바탕 데이터로
구분한다. 목표지 검색에서 사용자가 주소, 전화번호와 같은
목적지에 대한 정보 또는 정확한 명칭을 알고 있는 경우에는
그 데이터를 직접 입력해 목적지를 검색할 수 있다. 목적지에
대한 정확한 정보를 갖고 있지 않은 경우는 단계적으로 최종
목적지를 검색한다.

나사(NASA),
아르테미스 1호 발사 연기

1972년 미국의 유인 달 탐사 프로그램인 '아폴로
계획' 종료 이후 반세기 만에 인류를 다시 달로
보내기 위한 ▪**아르테미스 계획**의 하나로 추진된
아르테미스 1호 발사가 연기되었다.

▲ 아르테미스 1호

미국항공우주국(NASA)은 9월 4일 오전 3시 17분을 목표로 미국 플로리다주 케네디 우주센터에서 아르테미스 1호 발사를 시도했다. 하지만 '우주발사시스템(SLS)' 로켓 엔진 연료를 채우는 과정에서 액체 수소가 누출되는 것을 감지해 이날 발사를 취소했다. 8월 29일 발사 시도 과정에서 연료 누출, 로켓 엔진 센서 결함 등에 따라 발사를 연기한 데 이어 두 번째다.

이번에 문제가 된 부분은 엔진 연료 탱크 부분이다. 발사팀이 연료 탱크에 액체 수소를 채우는 과정에서 연료가 새는 문제가 발생했다. 엔지니어들이 연료를 엔진에 공급하기 위한 연결을 곧바로 해제했지만, 문제는 해결하지 못했다.

이번 발사 연기는 우주기술의 복잡성을 방증했다. 1972년 예산 문제 등을 이유로 아폴로 계획 종료되면서 인류 우주탐사 주역들이 은퇴했고, 수소엔진 기술의 복잡성 등이 더해졌기 때문에 다시 배워나가는 과정에서 겪는 시행착오인 것이다.

특히 수소엔진 기술은 복잡하다. 수소는 공기 분자보다도 작아서 유출을 탐지하기 어렵다. 극저온 환경에서 구현한다는 점에서 특정 부분의 냉각이 이뤄지지 않는다면 밸브나 배관에서 연료가 새거나 하는 문제로 이어질 수 있다.

아르테미스 1호는 오는 **2025년 여성 우주인과 유색인종 우주인을 달에 보내기 위한 '아르테미스 계획'**의 첫 임무다. 미국은 달에 인류를 보내고, 달에 기지를 지어 화성까지 갈 교두보를 마련할 계획이다. 아르테미스 1호는 크게 NASA의 '우주발사시스템(SLS)' 로켓, 우주선 '오리온'으로 구성됐다. 이번 발사에서는 사람 대신 3개의 마네킹을 실어 로켓과 우주선의 내구성을 확인하고, 우주비행사를 보내는 데 필요한 환경 영향을 검증한다.

NASA는 안전성을 최우선적으로 고려하고, 엔지니어들이 수집한 자료를 분석해 발사 일정을 다시 확정할 계획이다. 2차 발사 시도가 중단된 후 빌 넬슨 NASA 국장은 3차 발사가 10월로 연기될 수 있다고 밝혔으나, 로켓 발사 가능 날짜를 9월 23일과 27일로 검토 중이라며 일정을 다소 앞당겼다.

■ 아르테미스 계획 (Artemis program)

아르테미스 계획이란 2017년부터 시작된 미국 항공우주국(NASA)의 유인 우주 탐사 계획이다. NASA는 2024년까지 달에 최초로 여성 우주인을 보내고, 2028년까지 달에 유인 기지를 건설하려는 계획을 갖고 있다. 1961년부터 1972년까지 실행한 NASA의 유인 우주 비행 탐사 계획인 아폴로 계획에 맞춰 그리스 신화 속 태양의 신 아폴로의 쌍둥이 동생인 달의 여신 아르테미스에서 이름을 따왔다.

아르테미스 계획은 '달 경제(lunar economy)'를 본격적으로 구축하려는 미국의 미래 구상의 시발점으로, 미국을 포함한 우주개발국들은 달을 전략적 자산으로 보고 있다. 달 표면에 있는 물질이 인류 에너지난을 해결할 대안이라는 기대 때문이다. 한편, 2020년 아르테미스 1호가 발사될 예정이었으나 코로나19로 NASA 기능이 사실상 마비되면서 계획 진행에 차질이 생기고 계획이 연기됐다. 도널드 트럼프 행정부와 달리 달 탐사보다 기초과학 분야 투자나 환경 감시에 중점을 둘 것으로 예상되는 바이든이 집권하면서 미국의 기존 우주정책 역시 큰 변화가 불가피하다는 전망도 있었다.

전기차 폐배터리 규제 완화로
자원순환 활성화

정부가 폐배터리 관련 규제를 완화해 전기차 관련 산업을 활성화하기로 했다. 폐플라스틱을 열분해해 자원화하는 방안도 추진한다. 환경부는 이 같은 내용을 담은 ▪순환경제 활성화 방안을 9월 5일 경제부총리 주재로 열린 '경제규제혁신 태스크포스(TF)' 회의에서 공개했다.

환경부는 우선 자원순환기본법을 개정해 '순환자원 선(先)인정제'를 도입한 뒤 이를 통해 전기차 폐배터리를 순환자원으로 인정할 예정이라고 밝혔다. 환경부는 연내에 자원순환기본법을 개정하고, 2023년 상반기에 관련 고시를 제정할 방침이다.

순환자원 선인정제는 특정 폐기물에 대해선 신청 없이 순환자원으로 인정하는 제도다. 순환자원이 되면 폐기물관리법상 규제를 받지 않는다. 현재는 무해성과 경제성 등 일정 기준을 충족한 폐기물을 업체가 순환자원으로 인정해달라고 신청하고, 환경부 장관이 이를 승인하면 순환자원으로 분류된다.

전기차가 늘어나면서 앞으로 전기차 폐배터리도 빠르게 늘어날 것으로 보인다. 전기차 배터리의 수명은 생산 후 5~20년 정도에 불과하다. 환경부는 새 배터리를 만들거나 폐배터리를 땅에 묻으면 심각한 환경오염이 발생한다는 점에서 폐배터리 재활용이 점점 중요해질 것으로 예상된다고 설명했다. 폐배터리 내의 희귀금속 등을 회수, 재활용하면서 해외 광물 의존도를 낮추는 것도 가능하다.

국책연구기관인 한국환경연구원에 따르면 2020년부터 2030년까지 한국에서 발생하는 폐배터리는 42만 개에 달한다. 전기차 폐배터리 재활용 시장 규모는 2025년 세계적으로 22억 8000만달러(3조1272억4800만원)에 달할 전망이다.

국내에는 현재 관련 업체 10곳이 총 5만 톤 규모의 재활용 시설을 보유하고 있다. 해외에선 유명 자동차 제조사들이 폐배터리로 모바일 전원장치나 에너지저장장치 등을 만드는 실증사업을 진행 중이다.

환경부는 또 열분해 기술로 폐플라스틱을 화학적으로 재활용하는 산업을 한국형 녹색분류체계에 포함시킬지 검토하기로 했다. **한국형 녹색분류체계란 친환경·저탄소 등 녹색 경제활동에 대한 원칙·기준**을 말한다. 폐플라스틱 열분해는 산소가 거의 없는 상황에서 폐플라스틱에 300~800도 열을 가해 가스와 오일 등으로 분해하는 기술이다. 환경부는 폐플라스틱 열분해의 녹색분류체계 포함은 열분해로 얻는 부산물을 석유화학제품 원료로 사용할 수 있도록 하기 위한 취지라고 설명했다.

■ **순환경제 (circular economy)**

순환경제란 자원 절약과 재활용을 통해 지속가능성을 추구하는 친환경 경제 모델을 말한다. 순환경제는 '자원채취(take)−대량생산(make)−폐기(dispose)'가 중심인 기존 '선형경제'의 대안으로 최근 유럽을 중심으로 세계 곳곳으로 확산되고 있다.

애플, 아이폰 14 시리즈 공개

▲ 애플 신제품 아이폰 14 (자료 : 애플)

애플이 신형 아이폰 14 시리즈와 애플워치·에어팟 등 신제품을 공개했다. 애플은 이번에 내놓은 아이폰 14 시리즈에서 고가형 모델만 'M자형 노치(화면 상단 테두리)'를 없애고 최신 칩셋을 장착했다. 그러나 애플이 **시장 환율보다 높은 임의의 환율(달러당 1421원)을 적용해 신제품의 한국 판매가를 책정**한 데 대한 불만도 나오고 있다.

팀 쿡 애플 최고경영자(CEO)는 9월 7일(현지시간) 미국 캘리포니아주 쿠퍼티노 애플파크에서 신제품 발표회인 '애플 키노트 이벤트'를 열고 신제품을 공개했다. 쿡 CEO는 "하드웨어와 소프트웨어를 동시에 개발해 강력하게 연동시키는 일은 애플만이 할 수 있다"고 말했다.

아이폰 14 시리즈는 일반(6.1인치)·플러스(6.7인치)·프로(6.1인치)·프로맥스(6.7인치) 등 4종이다. 특히 고가형 모델인 신형 아이폰 14 프로와 프로맥스 모델에 애플이 개발한 신기술이 대거 적용됐다.

프로와 프로맥스엔 '스마트폰의 두뇌'에 해당하는 AP로 'A16바이오닉칩'을 투입한 게 대표적이다. A16바이오닉칩은 애플 최초의 4나노미터 공법으로 만들어진 것이다. 기본형 모델인 아이폰 14·14플러스에는 전작에 사용된 A15바이오닉칩의 업그레이드 버전이 들어갔다.

애플은 "A16칩은 동급 경쟁사 제품보다 최대 40% 빠르고 전력 소비는 3분의 1 수준"이라며 "스마트폰 역사상 가장 빠른 칩"이라고 강조했다. 아이폰 14 프로와 프로맥스 모델에는 5년 만에 카메라 전면 상단을 가리던 노치가 사라졌다. 애플은 이를 '■**다이내믹 아일랜드**'로 이름 짓고 대대적으로 홍보했다.

달러 기준 미국 판매 가격은 전작과 같다. 하지만 국내 출시가는 고환율 영향으로 최대 33만원 인상됐다. 한국 판매 가격은 ▲아이폰 14 125만원 ▲14플러스 135만원 ▲14프로 155만원 ▲14프로맥스 174만원부터 각각 시작한다. 최고 사양인 14프로맥스 1TB는 250만원으로, 전작보다 17.4%(33만원) 올랐다.

■ **다이내믹 아일랜드 (Dynamic Island)**

다이내믹 아일랜드는 애플 아이폰 14에서 단순 카메라 홀에 그치지 않고 실시간 경고, 알림, 현황을 표시해 주는 상시 표시형 디스플레이다. 작은 공간이지만 역동적으로 각종 정보를 보여준다. 기존 노치 방식 대비 화면 몰입감을 키워준다. 또 사용자들이 간단하게 탭 하거나 길게 누르는 동작만으로 사용하던 앱을 끄지 않고 함께 활용할 수 있다.

국내연구진 '헌팅턴병' 새로운 치료법 제시

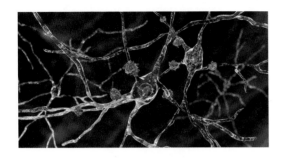

국내 연구진이 ■**헌팅턴병** 치료제 개발을 가능케 할 연구결과를 내놨다. 한국과학기술원(KAIST)은 생명과학과 송지준 교수 연구팀이 헌팅턴병을 치료할 수 있는 새로운 개념의 방법을 제시했다고 9월 2일 밝혔다.

헌팅턴병은 약 1~3만 명 중 1명의 발병률을 가지고, 10여 년의 퇴행 과정을 거쳐 죽음에 이르게 하는 병이다. **아미노산이 3000개 이상 연결돼 만들어지는 거대 단백질인 헌팅틴 단백질**은 질병을 일으키기는 하지만, 생체기능에 필수적인 단백질이기 때문에 병을 일으키는 형태의 단백질만을 치료 표적으로 골라내는 것이 매우 중요하다.

연구팀은 네델란드 프로큐알 테라퓨틱스, 프랑스 그레노블 대학, 스웨덴 왕립 공대의 연구 그룹이 참여한 국제 공동연구를 통해 헌팅턴병을 유발하는 돌연변이 헌팅틴 단백질을 고유의 기능을 유지하면서 질병을 일으키지 않는 형태로 전환해 헌팅턴병을 치료하는 새로운 방법론을 제시했다.

연구팀은 RNA의 일종인 안티센스올리고뉴클레오타이드를 이용해 생성이 유도된 헌팅틴 델타

12의 형태가, 헌팅턴병을 유발하는 주요 원인인 단백질 아미노산 말단 부위로 인해 절단되지 않으면서도 헌팅틴 단백질 고유의 기능을 유지한다는 사실을 밝혀냈다. 연구결과는 헌팅턴병 치료제 개발의 새로운 개념으로 이용될 수 있을 것으로 기대된다.

송지준 교수는 "이번 연구는 한국을 포함한 4개국의 공동연구를 통해 이뤄진 것으로, 질병을 유발하는 헌팅틴 단백질을 정상상태로 유도하는 방법이 헌팅턴병 치료제 개발에 새로운 길을 열어줄 것으로 기대한다"고 말했다.

한편, 한국연구재단 지원으로 수행된 이번 연구결과는 국제 학술지 '임상연구저널' 온라인판에 게재됐다.

■ **헌팅턴병 (HD, Huntington's Disease)**
헌팅턴병(HD)은 드물게 발병하는 우성 유전병으로서 뇌세포의 죽음을 초래하는 유전 질환이다. 어린 시절부터 노년 사이의 어느 때라도 발병할 수 있지만, 보통은 30세에서 50세 사이에 발병한다. 질병이 진행됨에 따라, 조절되지 않는 경련성 신체 움직임이 보다 명확해진다. 조정된 움직임이 어려워지고 환자가 말할 수 없을 때까지 신체적 능력은 점차 악화된다. 일반적으로 정신 능력도 감소하여 치매가 발병한다.

분야별
최신상식

스포츠
엔터

'오징어 게임' 에미상 6관왕...
비영어권 최초 감독상

■ 미국텔레비전예술과학아카데
미 (ATAS, national Acad-
emy of Television Arts
and Sciences)

미국텔레비전예술과학아카데
미는 1948년 텔레비전의 예술
과 과학의 발전을 위해 창설된
비영리단체로 에미상(Emmy
Awards)을 창설해 각 장르별
텔레비전 우수작품에 수여한
다. 이 단체의 위원회는 에미상
관련 상의 종류나 진행과정 등
의 개선을 위해 정기적인 모임
을 연다. 사회적 이슈나 업무에
관한 세미나 개최, 이벤트 등도
기획·진행한다.

'오징어 게임' 에미상 총 6개 부문 쾌거

미국 방송계 최고 권위를 자랑하는 에미상 시상식에서 넷플릭스 한국 시리
즈 '오징어 게임'이 감독상, 남우주연상 등 6개 부문에서 수상하는 쾌거를
기록했다. ■미국텔레비전예술과학아카데미(ATAS)는 9월 12일(현지시간) 로
스앤젤레스 마이크로소프트 극장에서 열린 제74회 에미상 시상식에서 '오
징어 게임'의 황동혁 감독에게 감독상을, 주연 이정재에게 남우주연상을 시
상했다.

기대를 모았던 남우조연상 부문의 오영수, 박해수와 여우조연상 부문의 정
호연은 아쉽게도 수상하지 못했다. '오징어 게임'도 후보에 올랐던 최고 영
예인 작품상은 '석세션'에 돌아갔다. '오징어 게임'은 앞서 9월 4일 열린 크리
에이티브 아츠 에미상 시상식에서 게스트상(이유미)과 시각효과상, 스턴트
퍼포먼스상, 프로덕션디자인상 부문을 수상한 바 있어 총 6관왕에 올랐다.

이정재 아시아 국적 배우 최초 에미상 남우주연상

이정재는 '오징어 게임'에 마지막 456번 참가자 '성기훈'으로 출연했다. 일
자리를 잃은 뒤 이혼하고 경마 도박에 빠져 사는 하류인생이지만 누구보다

'옐로우 재킷'의 캐린 쿠사마, '오자크' 제이슨 베이트먼 등 쟁쟁한 경쟁자를 거치고 감독상 수상에 성공했다. **감독상은 작품 단위가 아니라 에피소드를 기준으로 선정**해 '석세션' 감독 3명이 각각 다른 에피소드로 이름을 올렸다.

황 감독은 무대에 올라 적어온 메모지를 보며 "저 혼자가 아니라 우리가 함께 역사를 만들었다"며 "비영어 시리즈의 수상이 이번이 마지막이 아니기를 희망한다"고 영어로 수상 소감을 밝혔다. 이어 "이 상이 제 마지막 에미상이 아니길 바란다. 시즌2로 돌아오겠다"고 덧붙였다.

넷플릭스 오리지널 시리즈인 '오징어 게임'은 9부작 드라마로, 한국 드라마 최초 전 세계 넷플릭스 드라마 부문 1위를 기록했다. 현재는 시즌2가 제작 중이다.

따뜻한 마음을 가진 인물로, 주변 선한 사람들의 도움을 얻어 끝내 오징어 게임의 최종 승자가 되는 캐릭터였다.

이정재는 아시아 국적 배우 최초로 에미상 남우주연상을 수상했다. '석세션'의 제레미 스트롱과 브라이언 콕스, '세브란스 : 단절'의 아담 스코트, '오자크'의 제이슨 베이트먼, '베터 콜 사울'의 밥 오든커크 등 막강한 후보를 따돌리고 수상했다.

이정재는 영어로 말한 수상 소감에서 "TV 아카데미, 넷플릭스, 황동혁 감독께 감사하다"며 "황 감독은 우리가 마주하는 현실적인 문제들을 탄탄한 극본과 멋진 연출로 스크린에 창의적으로 옮겨냈다"고 말했다. 이어 한국말로 "대한민국에서 보고 계시는 국민 여러분과 친구, 가족, 소중한 팬들과 기쁨을 나누겠다"고 말했다.

황동혁 감독 비영어권 최초 감독상
황동혁 감독은 '세브란스 : 단절'의 벤 스틸러, '석세션'의 마크 미로드, 캐시 얀, 로렌 스카파리아,

■ 제74회 에미상 TV드라마 부문 수상자(작)

부문	수상자(작)
남우주연상	이정재 (오징어 게임)
여우주연상	젠데이아 콜먼 (유포리아)
남우조연상	매튜 맥퍼딘 (석세션)
여우조연상	줄리아 가너 (오자크)
감독상	황동혁 (오징어 게임)
각본상	제시 암스트롱 (석세션)

POINT 세 줄 요약

❶ 에미상 시상식에서 넷플릭스 한국 시리즈 '오징어 게임'이 감독상, 남우주연상 등 6개 부문에서 수상했다.

❷ 이정재는 아시아 국적 배우 최초로 에미상 남우주연상을 수상했다.

❸ 황동혁 감독은 비영어권 최초로 에미상 감독상을 수상했다.

몽골 출신 여자 배구 최대어 어르헝, AI페퍼스 품으로

▲ 김형실 AI페퍼스 감독(왼쪽)과 어르헝이 악수하고 있다. (자료 : KOVO)

한국 여자 프로배구 최대어로 꼽혔던 체웬랍당 어르헝(18·목포여상)이 KOVO(한국배구연맹) 여자 신인선수 드래프트에서 전체 1순위로 광주 페퍼저축은행 AI 페퍼스에 입단했다. 어르헝은 신장 194.5cm의 미들블로커로 역대 배구 여자부 국내 선수를 통틀어 최장신이다. 이전까지 최장신은 김연경(192cm)이었다.

드래프트 우선지명권을 가진 AI 페퍼스는 1라운드 1순위에서 예상대로 어르헝을 지명했다. 어르헝은 몽골 출신으로 현재 귀화를 추진 중이나 KOVO 규약에 따르면 귀화 선수로서 드래프트를 신청한 선수는 귀화 승인이 완료되지 않더라도 전 구단의 동의로 드래프트에 참가할 수 있다. 앞서 전 구단이 어르헝의 드래프트 참가에 동의하면서 어르헝은 AI 페퍼스에 입단할 수 있었다.

어르헝은 KGC 인삼공사 센터 염혜선의 동생이기도 하다. **염혜선의 부모는 한국에서 배구 선수 꿈을 이루려는 어르헝을 돕고자 입양을 결정**했다.

한편, 1라운드에서 어르헝에 이어 미들블로커 임혜림(세화여고)이 흥국생명, 아웃사이드히터 이민서(서명여고)가 AI 페퍼스, 센터 김윤우(강릉여고)가 기업은행, 아포짓 겸 미들블로커 윤결(강릉여고)이 GS 칼텍스에 입단했다.

➕ 달라진 배구 포지션 명칭

KOVO는 2022~2023 V리그 개막에 맞춰 선수 포지션 명칭을 국제 표기에 맞춰 바꾸기로 했다. 이에 따라 레프트는 ▲아웃사이드히터(OH)로, 라이트는 ▲아포짓(OP)으로, 센터는 ▲미들블로커(MB)로 바뀌었다. ▲세터와 ▲리베로 명칭은 그대로이다. 다만 기존 레프트(L) 표기가 OH로 바뀌면서 리베로를 표시하는 영어 약어는 Li에서 L로 바꾸기로 했다. KOVO는 중계방송 및 대회 팸플릿 등에 새 포지션 명칭을 우선 적용하기로 했다.

▮ V리그 구단 현황

여자부	연고지	남자부	연고지
수원 현대건설 힐스테이트	경기도 수원시	인천 대한항공 점보스	인천광역시
김천 한국도로공사 하이패스	경상북도 김천시	의정부 KB 손해보험 스타즈	경기도 의정부시
GS칼텍스 서울 KIXX	서울특별시	수원 한국전력 빅스톰	경기도 수원시
대전 KGC 인삼공사	대전광역시	서울 우리카드 우리WON	서울특별시
화성 IBK기업은행 알토스	경기도 화성시	안산 OK금융그룹 읏맨	경기도 안산시
인천 흥국생명 핑크스파이더스	인천광역시	대전 삼성화재 블루팡스	대전광역시
광주 페퍼저축은행 AI 페퍼스	광주광역시	천안 현대캐피탈 스카이워커스	충청남도 천안시

블랙핑크, VMA 2관왕...
BTS '올해의 그룹' 4년 연속 수상

▲ K팝 걸그룹 최초 MTV 어워즈서 공연한 블랙핑크 (VMA 트위터 캡처)

걸그룹 블랙핑크가 미국의 유명 대중음악 시상식인 '2022 MTV 비디오 뮤직 어워즈'(VMA)에서 한국 걸그룹 최초로 2관왕에 올랐다. 블랙핑크는 8월 28일(현지시간) '베스트 메타버스 퍼포먼스'(Best Metaverse Performance)와 '베스트 K팝'(Best K-POP SONG) 부문 트로피를 들어올렸다.

블랙핑크가 VMA에서 수상한 것은 2020년 '하우유 라이크 댓'(How You Like That)으로 '송 오브 서머'(Song of Summer) 부문에서 상을 받은 이래 두 번째다.

멤버 리사는 이날 지난해 9월 발표한 솔로 음반 '라리사'(LALISA)로 '베스트 K팝' 수상자로도 호명됐다. **K팝 솔로 가수가 VMA에서 수상한 것은 최초다.** 블랙핑크는 이날 K팝 걸그룹 최초로 VMA에서 무대도 꾸몄다. 이들은 팀을 상징하는 검은색과 분홍색의 의상을 입고 신곡 '핑크 베놈'(Pink Venom)을 불렀다.

한편, 이날 시상식에서 그룹 방탄소년단(BTS)은 푸 파이터스, 이매진 드래건스, 마네 스킨 등 쟁쟁한 후보를 제치고 '올해의 그룹'(Group Of the Year) 수상자로 지명됐다. 이들이 이 부문에서 상을 탄 것은 2019년 이래 4년 연속이다.

그룹 세븐틴도 처음으로 '푸시 퍼포먼스 오브 더 이어'(Push Performance of The Year) 부문 수상에 성공해 K팝 아티스트들의 선전이 돋보였다.

▌ 미국 3대 대중음악 시상식

구분	세부내용
그래미 어워즈 (Grammy Awards)	전미 레코드 예술 과학 아카데미가 1년간의 우수한 레코드와 앨범을 선정해 수여하는 음반업계 최고 권위의 시상식
아메리칸 뮤직 어워즈 (AMAS, American Music Awards)	매년 10월과 11월 사이에 개최되며 판매량·에어플레이·스트리밍·차트 등 모든 활동을 종합해 수여하는 권위 있는 대중음악 시상식
빌보드 뮤직 어워즈 (BBMA, Billboard Music Awards)	1894년 미국 뉴욕에서 창간된 음악잡지 '빌보드'지 주관으로, 빌보드 차트에 기반해 시상하는 미국의 대중음악 시상식

'테니스 여제' 윌리엄스,
US오픈 은퇴 무대

테니스계의 '살아있는 전설' ■**세리나 윌리엄스**(605위·미국)가 US오픈 3회전에서 탈락하면서 테니스 선수로서의 여정을 사실상 마무리했다. 윌리엄스가 '라스트댄스'를 마치고 뜨거운 눈물을 흘리자 전 세계의 찬사가 쏟아졌다.

▲ 세리나 윌리엄스

월리엄스는 9월 3일 미국 뉴욕의 빌리진 킨 내셔널 테니스센터에서 열린 대회 여자 단식 3회전에서 아일라 톰리아노비치(46위·호주)에게 세트 스코어 1 대 2로 패배했다.

1999년 US오픈에서 생애 첫 메이저 대회 단식 정상에 오른 월리엄스는 2017년 호주오픈까지 **총 23차례 메이저 대회 단식 우승을 차지**해 이 부문 2위에 해당하는 기록을 보유한 선수다. 월리엄스가 1999년 US오픈을 제패한 것은 1958년 알테아 깁슨(미국) 이후 41년 만에 흑인 여자 선수의 메이저 대회 단식 우승이었다. 특히 프로 선수들의 메이저 대회 출전이 허용된 1968년 이후로는 최초였다.

백인들의 전유물로 여겨지던 테니스에 슬럼가 출신 월리엄스 자매가 등장해 단숨에 최강자로 자리 잡은 일은 전 종목을 통틀어 스포츠 역사의 한 페이지를 장식할만한 일로 평가된다.

월리엄스는 경기 후 인터뷰에서 테니스 복귀 가능성에 대해 "그럴 것 같지 않다"면서도 "하지만 모르는 일"이라고 여운을 남겼다. 전광판에는 "Greatest Of All Time(역대 최고)"라는 문구가 적혔고, 관중들은 기립해 환호와 박수를 보냈다.

■ 세리나 윌리엄스 (Serena Williams, 1981~)

세리나 윌리엄스는 미국의 프로 테니스 선수로, 오픈(프로·아마추어 모두 출전 가능) 시대 이후 여자 선수 중 그랜드슬램 최다승의 위업을 달성한 인물이다. 같은 프로 테니스 선수인 비너스 윌리엄스(Venus Williams, 1980~)의 동생이다. 1995년 프로에 진출한 이후 1999년 US오픈에서 우승해 오픈 시대인 1968년 이후 최초로 흑인 여자 선수의 메이저 대회 단식 우승 기록을 세웠다. 2002년에는 프랑스오픈, 윔블던대회, US오픈을 모두 우승해 메이저 3연승을 달성했으며 2003년 1월 호주오픈까지 4개의 메이저대회 우승을 석권하며 그랜드슬램을 달성했다. 이후 윔블던 대회 5회 우승, 호주오픈 4회 우승. US오픈 2회 우승을 연이어 기록했으며 여자프로테니스(WTA) 투어 단식에서는 73회 우승해 역대 5위. 현역 선수 중 1위에 올라있다. 제27회 시드니 올림픽(2000년)과 제29회 베이징 올림픽(2008년)에는 언니와 함께 테니스 미국대표로 출전해 여자 복식 금메달을 차지했다. 이러한 성과로 2010년 캘리포니아 명예의 전당에 헌액됐다.

강변가요제 21년 만의 '화려한 부활'

1980~1990년대 신인가수 등용문이자 오디션 프로그램의 원조인 MBC '강변가요제'가 21년 만에 부활했다. '강변가요제 뉴챌린지'로 부활한 가요제는 세대·연령대를 뛰어넘어 7080세대부터 MZ세대까지 온 가족이 함께하는 가족형 오디션 프로그램으로 거듭 태어났다.

1978년 '강변축제'로 처음 막을 올린 **'강변가요제'는 수많은 히트곡과 스타를 배출**했지만 시대가 흐르면서 참신한 노래와 신인 발굴이라는 본래 기능이 사라졌다는 지적이 나왔다. 대중의 반응도 시들해지면서 2001년 행사를 마지막으로 폐지됐다.

▲ 강변가요제 뉴챌린지 포스터 (자료 : MBC)

21년 만에 재개된 올해 강변가요제에는 1200여 명의 지원자가 1·2·3차 예선을 겨뤄 12팀이 본선에 올랐다.

과거 강변가요제가 수수하고 수줍은 무대였다면 세월을 건너뛰어 부활한 뉴챌린지 무대는 개성이 흘러넘치고 표현도 세련되고 과감했다.

21년 만에 돌아온 '강변가요제 뉴챌린지' 영예의 대상은 '홀로(Lonely Night)'를 부른 사운드 힐즈가 차지했다. '아이 미스 마이 대드(I miss my dad)'를 부른 오헬렌과 '모든 것이 떨어진다 해도'를 부른 뉴 에보(New evo)는 각각 금상과 은상의 영예를 안았다.

강변가요제 관객의 스펙트럼도 넓었다. 7080세대에는 과거의 향수와 옛 추억을, MZ세대에게는 호기심과 신선함을 선사했다. 한편, 강변가요제는 17세 이상 뮤지션이라면 누구나 장르 제한 없이 본인 창작곡으로 참여할 수 있다.

▌음악의 3요소

구분	세부내용
리듬	박자나 빠르기(tempo) 등으로 표현되며 음악에 구조를 제공하는 가장 근본적인 요소
멜로디	연속되는 음들의 연결에서 음이 올라가거나 내려가는 패턴
하모니	음의 수직적 연결으로 두 개 이상의 음이 동시에 울리는 화음

'너바나' 앨범 알몸 아기, 손해배상 소송 기각

▲ 너바나 '네버마인드' 앨범

그런지록을 대표하는 록밴드 너바나가 1991년 발매한 앨범 '네버마인드(Nevermind)'의 앨범 표지에 알몸 아기로 등장했던 당사자가 제기한 손해배상 소송이 다시 기각됐다.

9월 2일(이하 현지시간) 미 캘리포니아 중부 연방지방법원은 앨범 표지 속 주인공이었던 31세 남성 스펜서 엘든이 너바나 멤버들을 상대로 제기한 손해배상 소송에 대한 재심 청구를 기각했다고 9월 4일 로이터통신 등이 전했다.

엘든은 너바나가 '네버마인드' 표지에 생후 4개월이었던 자신의 알몸이 등장한 것이 아동 성착취라고 주장하며 너바나 멤버 2인, 1994년 사망한 커트 코베인의 부인 코트니 러브, 사진작가 등 15명에게 각각 15만달러(약 2억원)의 손해배상을 청구했다. 이 표지는 벌거벗은 아기가 낚싯바늘에 꿰인 1달러 지폐를 향해 헤엄치는 모습을 담고 있다.

재판부는 앞서 엘든이 자신의 사진이 너바나 앨범 제작에 사용된 것을 안 시점으로부터 이미

10년 이상이 지나 공소시효가 만료했다고 판단했다. 엘든은 지난해 소송을 제기하면서 알몸 사진으로 평생 고통을 받았기 때문에 공소시효와 무관하게 손해배상을 청구한다고 주장했지만 받아들여지지 않았다.

너바나 측 피고소인들은 엘든이 지난 30년간 자신을 '너바나 아기'로 내세웠다는 점에서 피해자로 볼 수 없다는 취지로 주장했다.

너바나 정규 2집 '네버마인드'는 '스멜스 라이크 틴 스피릿(Smells Like Teen Spirit)' 등이 수록된 너바나의 대표작으로 전 세계에서 3000만 장 이상 판매됐다. 그러나 비교적 덜 유명할 때 너바나는 엘든의 부모에게 앨범 사진 사용료로 200달러(약 27만원)를 준 것으로 알려졌다.

■ **그런지록 (grunge rock)**
그런지록은 1990년대 초중반 미국 시애틀을 중심으로 태동해 큰 인기를 모았던 장르다. 대표적인 그런지록 밴드로 너바나, 펄잼, 앨리스 인 체인스, 사운드가든 등이 꼽힌다. 그런지록의 음악적 특성은 밴드마다 달라 정의가 모호하지만 하드록과 헤비메탈을 절충한 비교적 단순하고 멜로디컬한 연주, 전반적으로 우울하고 패배주의적인 정서를 강조한 것이라고 할 수 있다.

➕ 27세 클럽
27세 클럽이란 전설적 뮤지션들 가운데 유독 27세에 요절한 이들이 많은 것을 빗대어 만든 말이다. 사이키델릭 신을 장악했던 도어스의 리더 짐모리슨, 블루스의 선구자 로버트 존슨, 역사상 가장 위대한 기타리스트로 꼽히는 지미 헨드릭스, 블루스록의 여제 제니스 조플린, 전설적 록밴드 롤링 스톤스의 기타리스트였던 브라이언 존스, 너바나의 프론트맨 커트 코베인, 천재 싱어송라이터 에이미 와인하우스 등이 모두 27세를 일기로 사망했다.

브레이브걸스 '롤린', 걸그룹 최장 차트인 기록

▲ 브레이브걸스 '롤린(Rollin')' (자료 : 브레이브 엔터테인먼트)

그룹 브레이브걸스의 '롤린(Rollin')'이 신기록을 달성했다. 소속사 브레이브 엔터테인먼트는 8월 29일 브레이브걸스의 '롤린'이 ■**역주행** 이후 멜론 일간 차트에 547일 연속 진입하며 국내 여성 아이돌 그룹의 노래 중 최장기간 차트인 기록을 세웠다고 알렸다.

2021년 2월 역주행을 하며 브레이브걸스를 희망의 아이콘으로 우뚝 서게 한 **'롤린'은 경쾌한 업템포에 트로피컬 하우스를 접목시킨 곡이다.** 멤버들의 시원시원한 보컬과 중독성 넘치는 후렴구로 많은 사랑을 받았다.

이 곡은 지난 1월 공개 이후 멜론 연간 차트 2위에 랭크되며 음원계의 스테디셀러로 굳게 자리매김했다. 특히 이번 기록은 지난 5월 멜론 내 누적 스트리밍 2억 회를 돌파한 데 이은 것으로 더욱 의미가 깊다.

한편, 브레이브걸스는 최근 첫 단독 미국 투어 '브레이브걸스 퍼스트 유에스 투어(BRAVE GIRLS 1st U.S. TOUR)'를 성공적으로 마쳤다.

■ 역주행 (逆走行)
역주행이란 발매 후 상당 시간 주목받지 못하던 노래 또는 최초 히트 후 한동안 잠잠했던 노래가 어떤 사유로 재조명되어 음악 관련 차트나 가요프로 순위 상승이 일어나는 것이다. 영화 박스오피스 순위가 갑자기 오를 때도 역주행이라고 한다. 활동이 종료되는 등의 이유로 더 이상 크게 주목받지 못하던 곡이 재조명되어 역주행 끝에 음원차트 1위나 가요프로 1위 트로피를 거머쥐게 되는 경우도 있다. 역주행의 이유는 대개 노래가 좋거나, SNS 이슈로 전파되거나, 방송을 타면서 화제를 모으는 경우, 다른 사람의 리메이크로 알려지는 경우 등이 있다.

통 큰 김광현, 인천 초교
1학년 전체에 선물 세트 주다

▲ 학용품 선물한 SSG 랜더스 김광현 (자료 : SSG 랜더스)

SSG 랜더스 '에이스' 김광현이 인천 지역 초등학교 1학년 학생 전원에게 특별한 선물을 전달했다. 김광현은 준비한 'KK 드림 기프트'를 추석 연휴를 앞두고 어린이 팬들에게 나눠줬다.

김광현은 지난 4월 9일 KIA 타이거즈와의 홈경기에서 KBO리그 복귀 첫승을 거두면서 어린이 팬들에게 감사한 마음을 담아 인천 지역 초등학교 1학년 학생 약 2만5000명 전원에게 김광현의 캐릭터와 사진이 담긴 문구 세트와 야구 관람 티켓으로 구성된 'KK 드림 기프트'를 선물하기로 약속한 바 있다.

'KK 드림 기프트'는 패키지 박스부터 필통, 공책, 메모지, 연필, 볼펜, 파일까지 모든 구성품에 김광현 선수의 전용 캐릭터 디자인이 담겨 있으며, 초등학교 1학년 학생들이 추석 선물로 받아볼 수 있도록 9월 7일까지 각 학교에 배송되어 학생들에게 배포됐다.

김광현은 "저 또한 초등학교 1학년 자녀를 둔 아빠로서, 즐거운 마음으로 'KK 드림 기프트'를 마련했다. 아이들에게 빨리 선물해 주고 싶었는데, 아이들이 직접 써도 안심할 수 있도록 '어린이제품 공통안전기준(■KC인증)'에 부합하는 선물을 만들다 보니 제작 기간이 조금 길어진 것 같다. 추석 연휴를 맞아 어린이들에게 좋은 선물이 됐으면 좋겠고, 준비를 위해 노력한 만큼 아이들이 많이 기뻐했으면 좋겠다"라고 밝혔다.

평소 어린이 팬들을 위한 활동에 적극적으로 참여해왔던 김광현은 9월 8일 랜더스 필드 인근 초등학교 1곳을 방문해 1학년 전교생에게 'KK 드림 기프트'를 직접 전달하는 시간을 가져 특별한 추억도 함께 선물했다.

■ KC인증 (Korea Certification Mark)
KC인증이란 지식경제부(현 산업통상자원부)·노동부·환경부·방송통신위원회·소방방재청 등 5개 부처에서 각각 부여하던

13개 법정인증마크를 통합해 2009년 7월 1일부터 단일화한 국가통합인증마크다. 각 부처별 인증기관이 다른 번거로움을 없애고 국제 신뢰도 증진을 위해 이전까지 사용되던 안전·보건·환경·품질 등의 법정 강제 인증 제도를 단일화했다. 2009년 7월 지식경제부에서 도입하여 인증제도 9개에 우선 적용했으며, 2011년 1월 1일부터 모든 부처로 확대·실시했다.

프로농구 고양 캐롯 점퍼스 공식 출범

▲ 고양 캐롯 점퍼스 창단식 (자료 : 고양시)

▪**네이밍스폰서** 프로농구단이 공식 출범했다. 데이원스포츠는 8월 25일 홈인 고양체육관에서 창단식을 진행했다. 손해보험사인 캐롯손해보험과의 네이밍스폰서 계약에 따라 팀 이름은 고양 캐롯 점퍼스다.

데이원자산운용은 대우조선해양건설이 모기업이며 오리온 오리온스를 인수했다. 구단 운영은 데이원스포츠가 맡는다. **프로농구에선 네이밍스폰서가 처음**이다. 캐롯손해보험은 한화, SK텔레콤, 현대자동차, 스틱인베스트먼트, 알토스벤처스가 설립한 국내 최초의 디지털 손해보험회사다. 데이원과 캐롯손해보험의 계약 기간은 4년으로 알

려졌다.

허재 전 국가대표 감독이 새 구단의 대표이사, 그리고 김승기 감독이 사령탑을 맡는다. 허 대표는 "인기구단, 명문구단이 되겠다"며 "새로운 방식의 구단 운영으로 한국 프로농구에 새로운 바람을 일으키겠다"고 강조했다. 허 대표는 "(네이밍스폰서에 대한) 우려를 잘 알고 있지만, 너무 걱정하지 않아도 된다"고 덧붙였다.

캐롯은 창단과 함께 새 엠블럼과 독특한 마스코트도 공개했다. 개구리로 매력적인 캐릭터를 만든 가운데 '좋은 기운을 불러온다'는 의미로 대길이라는 이름도 붙였다. 남들과 다른 길을 걷는 캐롯이 바라는 것도 대길이다. 김 감독은 "처음엔 마스코트에 실망했지만 이젠 매력을 느낀다. 마스코트에서 기운을 얻어 빠른 시일 내에 정상에 오르겠다"고 말했다.

■ **네이밍스폰서 (naming sponsor)**
네이밍스폰서란 스포츠 팀이나 지자체에서 기업체의 상표나 로고를 광고해 주고 일정한 금액의 지원금을 받는 것을 말한다. 기업이 스포츠 팀을 직접 소유하기보다는 회사명이나 제품명을 붙이는 권리만 사용하는 것이다. 네이밍스폰서는 일반 대중에게 문화·스포츠 관련 이미지를 심어 이미지 제고와 광고효과를 누릴 수 있다.

"모니터링하다 캡처"... 뷔·제니, 해킹 피해 '심각'

그룹 ▪**방탄소년단** 멤버 뷔와 블랙핑크 멤버 제니로 추정되는 커플 사진이 또다시 유출됐다. 9월

▲ 뷔(왼쪽)·제니 (뷔·제니 인스타그램 캡처)

2일 SNS에서는 뷔와 제니로 추정되는 두 남녀가 영상통화를 하는 장면이 캡처된 사진과 더불어 남성이 여성의 이마에 입 맞추는 사진이 유포됐다.

영상통화 캡처 사진에서 뷔로 추정되는 남성이 밝게 웃고 있는 모습이 담긴 한편 통화 상대인 여성의 얼굴은 절반만 드러나 있다. 네티즌들은 미소 짓고 있는 여성의 입꼬리를 보고 제니로 추정하고 있다. 최근 **뷔와 제니가 함께 있는 모습이 찍힌 사진이 연달아 확산**되며 한동안 잠잠했던 이들의 열애설에 다시 불이 붙고 있다.

앞서 확산된 사진에서는 뷔가 여유로운 미소를 지으며 헤어 메이크업을 받고 있는 한편, 뷔의 오른쪽 뒤에 푸른 색 계열의 카디건을 입은 여성이 뷔가 헤어 메이크업을 받는 모습을 직접 촬영하는 모습이 담겼다. 이 여성이 제니라는 의견에 힘이 실리면서 열애설이 재점화됐다. 뷔와 제니의 소속사는 이번 열애설에 대해 묵묵부답으로 일관하고 있으나, 여러 차례의 사진 유출로 열애설에 더욱 힘이 실리고 있다.

뷔와 제니가 함께 있는 사진이 온라인에 유출된 가운데, **당사자나 지인의 휴대폰이 해킹당했을 가능성이 제기**됐다. 국내 보안업계에 종사하는 보안 전문가(화이트 해커) A 씨는 지난 8월 29일 연예기자 출신 유튜버 이진호와의 인터뷰에서 유출된 뷔와 제니의 사진은 합성 사진이 아니라고 주장했다.

그는 "유출된 사진에서 합성하거나 조작한 흔적이 거의 나타나지 않았다. 휴대폰이나 클라우드 계정이 해킹당해 유출된 것 같다"며 "모든 사진은 휴대폰이나 클라우드 계정에 저장되는데, 이게 해킹되면 사진도 유출될 수밖에 없다"고 설명했다.

A 씨는 해커가 돈이나 유명세를 노리고 뷔와 제니의 사진을 유출했을 것으로 내다봤다. 그러면서 "사진을 하나씩 공개하는 것도 '내가 민감한 정보를 갖고 있다'며 피해자의 관심을 끌기 위한 것"이라고 밝혔다.

■ 방탄소년단 (BTS)

방탄소년단은 2013년 6월 13일에 데뷔한 하이브 엔터테인먼트 소속의 7인조 그룹으로, 멤버는 RM(리더), 진, 슈가, 제이홉, 지민, 뷔, 정국으로 구성돼 있다. 그룹명 '방탄소년단'에서 방탄은 젊은 세대들이 살아가면서 겪는 고난 및 사회적 편견과 억압을 받는 것을 막아내어, 당당히 자신들의 음악과 가치를 지켜내겠다는 의미가 있다. 방탄소년단은 2018년 발매한 'LOVE YOURSELF 轉 Tear'로 빌보드 200 1위를 차지한 최초이자 유일한 대한민국의 음악 그룹이 되었다. 이후 'MAP OF THE SOUL : PERSONA'를 발매하면서 발매 첫 주 213만 장의 음반 판매량을 기록해 대한민국 역대 음반 초동 1위라는 기록과 함께 역대 대한민국에서 가장 많이 판매된 음반 기록을 세웠다. 이후 2020년 8월 21일 발매한 'Dynamite'로 한국 가수 최초로 빌보드 HOT 100 차트 1위를 달성했으며, 제63회 그래미 어워드 베스트 팝 듀오·그룹 퍼포먼스 부문에 노미네이트 됐다.

분야별
최신상식

인물
용어

조용히 그만두기
quiet quitting

조용히 그만두기란 직장보다 개인의 삶을 중시하는 태도로, 열심히 일하려는 강박을 버리는 것이다. **허슬 컬처**(hustle culture : 개인의 생활보다 일을 중시하고 일에 열정적으로 임하는 라이프 스타일)를 포기하고 직장에서 주어진 것이상을 중단하려는 현상이다.

조용히 그만두기는 글로벌 숏폼 모바일 비디오 플랫폼 틱톡의 사용자인 미국의 20대 엔지니어 자이들 플린이 올린 영상을 시작으로 유행처럼 번졌다. 플린은 자신의 퇴사 과정을 영상으로 찍으면서 조용히 그만두기에 대해 "직장에서 (업무적으로) 더 나아가야 한다는 생각을 그만두는 것"이라고 설명했다. 이어 그는 "일은 당신의 삶이 아니다"라며 "당신의 가치는 당신이 한 일의 결과물에 의해 규정되지 않는다"고 말해 MZ세대들의 뜨거운 반응을 얻었다.

이러한 현상은 팬데믹을 지나며 원격근무·재택근무가 보편화되고 '일과 생활'의 경계선이 모호해지면서 등장했다. 조용히 그만두기가 유행하는 또 하나의 이유는 과도하게 업무로 인해 발생하는 스트레스 때문이다. 글로벌 여론조사기관 갤럽이 96개국의 11만2312개 기업을 직장인을 대상으로 설문조사한 결과 지난해 전 세계 직장인 중 스트레스를 받고 있다는 응답이 44%로 사상 최고로 집계됐다.

밀프렙
meal prep

밀프렙은 식사(meal)와 준비(preparation)의 합성어로, 3~7일 치 도시락을 한 번에 미리 준비해 냉동실 등에 보관해 뒀다가 끼니때마다 간편하게 챙겨 먹는 방식을 일컫는 말이다. 음식 조리에 드는 시간을 아낄 수 있어 바쁜 현대인들, 특히 1인 가구를 중심으로 성행하고 있다. 먹을 음식을 미리 준비해 두면 외식이나 배달 음식 등 식품의 충동적인 구매를 막을 수 있어 엥겔지수(Engel's coefficient : 총 가계 지출액 중에서 식료품비가 차지하는 비율)를 낮추는 데도 도움을 준다.

밀프렙 식단을 구성할 때는 우리 몸에 꼭 필요한 **6대 영양소인 ▲탄수화물 ▲단백질 ▲지방 ▲물 ▲무기질 ▲비타민** 등이 골고루 포함되게 해야 한다. 다만 상하기 쉬운 생선 등의 음식은 식단에서 제외하는 게 좋다. 또 일일 성인 권장 섭취 칼로리인 남자 2500kcal, 여자 2000kcal를 감안해 식단을 짜야 한다. 밀프렙 방식으로 식사를 하는 사람들을 밀프렙족이라고 한다. 최근 외식물가지수가 30여 년 만에 최고치로 오르면서 식사비용을 아끼기 위해 직접 도시락을 싸오는 밀프렙족들이 많아졌다.

소셜 트레이딩
social trading

소셜 트레이딩(소셜 투자)은 다른 사람들과의 소통을 통해 투자 정보 및 의견을 공유하고, 이를 통해 투자 전략을 수립하거나 투자 포트폴리오를 공유하는 투자 방식을 의미한다. 소셜 트레이딩은 폐쇄적으로 이뤄진 종래 투자 방식과 달리 **제한된 정보 교류를 넘어 다양한 주체들과 열린 교류를 지향**한다. 이러한 방식은 주식 투자는 물론 부동산·채권·외환 투자 등 다양한 재무적 투자에 활용될 수 있다.

모바일트레이딩시스템(MTS)에 SNS 기능을 결합한 것은 투자자들이 소셜 트레이딩에 참여할 수 있도록 구현된 서비스 형태다. 소셜 트레이딩은 개인 투자자가 증가하고 SNS가 활성화되면서 디지털 증권업의 새로운 트렌드로 떠올랐다. 실제로 젊은 세대들은 투자를 할 때 소셜미디어에 가장 많이 의존하고 있다. 미국 CNBC의 설문 조사에 따르면 18~34세 젊은 투자자들의 주요 투자 정보 획득 경로는 소셜미디어(35%), 지인(25%), 투자 웹사이트(24%) 순으로 나타났다. 유럽 호주 등 선진국은 소셜 트레이딩 사업이 가능하도록 법적 기반을 마련해 감독하고 있다.

조롱경제
鳥籠經濟

조롱경제는 국가의 계획과 지도로 시장경제를 활성화할 수 있다는 중국 공산당의 이론이다. 여기서 조롱은 남을 비웃거나 깔보는 게 아니라 새장을 의미한다. 시장을 새에, 국가 통제는 새장에 비유한 것이다. 조롱경제는 새를 위해 새장의 크기를 늘릴 수는 있지만 새가 새장을 벗어날 수는 없다고 본다. **국가가 시장에 일정 부분 자율성을 허용할 수는 있지만 시장과 기업이 국가의 지도를 벗어날 수는 없다는 것**이다.

조롱경제는 1978년 덩샤오핑이 중국 개혁·개방을 천명한 이후 시장 경제를 얼마나 허용할 것인지 논쟁이 일면서 1982년 제12차 당 대회에서 당시 최고 경제전문가였던 천원이 제시한 이론이다. 이는 사회주의 시장경제와도 비슷한 말이다. 중국 공산당은 조롱경제 원칙에 예외를 둔 적이 없다. 정부에 맞서거나 정부의 권위를 뛰어넘는 민간 부문은 용납되지 않는다. 지난 2020년 정부에 쓴 소리를 했던 마윈 알리바바 회장의 앤트그룹 증시 상장이 취소된 사건이 세계 경제에 충격을 주면서 조롱경제 개념은 다시 주목을 받았다.

XAI
eXplainable Artificial Intelligence

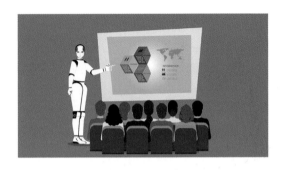

XAI는 '설명 가능한 인공지능(AI)'으로, **사용자가 AI의 동작과 최종 처리 결과를 이해할 수 있도록 설명하고 정보를 제공하는 AI**라는 뜻이다. 예를 들어 기존 AI 시스템이 개의 이미지를 분류할 때는 개의 이미지인지 여부만을 판별하지만 XAI는 털이나 얼굴의 모양 등 그렇게 판단하게 된 근거까지 제시하는 방식이다.

미국 국가표준기술연구원(NIST)은 XAI의 조건이 되는 네 가지 원칙을 정했다. 첫째, AI 시스템은 모든 산출물에 대해 증거 혹은 이유를 제시해야 한다. 둘째, 개별 이용자에게 의미가 있거나 이해할 수 있는 설명을 제시해야 한다. 셋째, 해당 설명은 산출물을 생성하는 시스템 프로세스를 적절히 반영해야 한다. 마지막으로 시스템은 충분히 신뢰할 수 있을 만한 산출물을 생성할 것이란 믿음을 전제로 운영돼야 한다. 최근 우리나라 금융정책을 총괄하는 금융위원회에서는 금융 상품 추천과 여신(與信 : 금융 기관에서 고객에게 돈을 빌려주는 일) 심사 등 금융 분야에서 AI 의사결정이 확대되는 것에 대비해 XAI의 도입과 운영과 관련한 기준 검토가 필요하다고 밝혔다.

살만 루시디
Salman Rushdie, 1947~

▲ 살만 루시디

살만 루시디는 인도계 영국 소설가다. 『한밤의 아이들』로 영문학계 최고 권위를 자랑하는 부커상을 수상했으며 1988년 발표돼 격렬한 논쟁을 일으킨 『악마의 시』가 대표작이다. **『악마의 시』는 이슬람교에 대한 풍자소설로서 이슬람교의 예언자 무함마드를 조롱**하고 그의 열두 아내를 창녀에 비유했으며, 경전인 코란의 일부를 '악마의 시'라고 표현해 이슬람계의 분노를 일으켰다. 유럽에서는 이 소설이 문학적으로 높은 평가를 받기도 했으나 루시디는 이슬람권에서 공공의 적으로 낙인찍혔다.

1989년 이란의 정치·종교 지도자 아야톨라 호메이니는 종교 법령인 '파트와'에 의거해 이슬람교 모독죄로 루시디에게 처형 명령을 내렸고, 영국은 이란과 단교하게 되었다. 1998년 모하메드 이란 대통령이 사형선고를 공식 철회하면서 이 사건은 막을 내렸다. 하지만 이슬람 종교단체에서는 여전히 루시디의 목에 거액의 현상금을 걸고 있다. 루시디는 지난 8월 12일(현지시간) 미국 뉴욕에서 강연 도중 레바논계 미국인에게 흉기 피습을 당해 한쪽 눈을 실명했다.

캣콜링
cat calling

캣콜링은 주로 서구권에서 남성이 길거리를 지나가는 불특정 여성을 향해 휘파람 소리를 내거나 성희롱적 발언을 하는 등 추근대는 언행을 하는 것이다. 캣콜링과 비슷한 행위로 울프 휘슬링(wolf whistling)이란 말도 있는데 이는 입안에 손가락을 넣어 더 큰 휘파람 소리를 내는 것이다. 플러팅(flirting)이라는 말도 함께 언급이 되는데 이 역시 이성에게 장난삼아 추파를 던지며 희롱하는 행위를 가리킨다. 이러한 행동을 싸잡아 서구권에서는 노상 성희롱(street harassment)으로 취급하기도 한다.

캣콜링이 주로 서구권에서 일어나는 까닭은 서양인들이 외향적인 성향이 강해 낯선 사람에게 말을 잘 걸고 성적으로도 개방적이기 때문이다. 한 실험에 따르면 영국에서 17세 미만 여성의 90%가 캣콜링을 경험한다고 한다. 지난해 영국에서는 여성들에 대한 폭력을 방지하기 위한 세부 계획으로서 캣콜링이나 울프 휘슬링을 금지하기로 했다. **프랑스에서도 2018년 캣콜링법을 제정하고 길거리에서 성희롱을 할 경우 벌금을 부과하고** 있다.

새출발기금

▲ 권대영 금융위원회 금융정책국장이 새출발기금에 대해 발표하고 있다. (자료 : 금융위원회)

새출발기금은 사회적 거리두기 등 코로나19 방역 조치의 영향으로 피해를 본 자영업자·소상공인을 대상으로 정부가 마련한 채무조정 프로그램이다. 팬데믹 기간 사회적 거리두기로 과중해진 자영업자·소상공인들의 빚 부담이 최근 인플레이션에 따른 영업 여건 악화로 더 커질 우려가 있는 데다가 금리 상승기에 부실 문제가 확대될 가능성이 있다는 점에서 마련됐다.

새출발기금은 자영업자·소상공인들의 영업 기반이 훼손되지 않도록 하는 데 중점을 뒀다. 새출발기금 설립을 통해 대출 부실이나 부실 우려가 우려되는 차주의 대출 채권을 매입하고 유리한 조건으로 상환 일정과 조건을 조정한다. 정부는 아울러 대출금리 조정과 60~90%의 원금을 과감하게 감면하는 지원도 시행할 방침이다. 한편, 소상공인 업계는 사업체와 개인을 분리하기 어려운 개인사업자 특성상 새출발기금의 **대환대출**(對還貸出 : 금융기관에서 대출을 받아 이전의 대출금이나 연체금을 갚는 제도)에 가계대출이 포함돼야 한다고 촉구했다.

모유은행
母乳銀行

모유은행이란 **건강한 여성으로부터 모유를 기증받아 살균 등의 공정을 거친 뒤 모유를 필요로 하는 조산아**(임신기간 37주 미만)**나 저체중아**(체중 2.5kg 미만)**에게 제공하는 기관**이다. 모유는 신생아에게 가장 우수한 영양 공급원이며 특히 미숙아의 성장과 발달에 매우 중요하지만 이른둥이 산모 중에는 모유량 부족으로 어려움을 겪는 이들이 많다. 조산으로 인한 스트레스가 심하고, 신생아 집중치료실에 입원한 아이와 떨어져있을 수밖에 없어 모유가 충분히 나오지 않기 때문이다. 또한 모유 기증에 대한 의료수가 등 제도가 없어 관리가 어려운 실정이다.

정부가 내년부터 처음으로 모유은행을 지원하기로 했다. 현재 국내 모유은행은 서울 강동경희대병원이 운영하는 1곳뿐이다. 보건복지부는 내년 상반기 중 강동경희대병원에 최소 1억원의 운영비를 지원하는 시범사업을 시작한다고 8월 18일 밝혔다. 지금은 수혜자가 모유 50cc당 3360원을 부담하는데, 시범사업이 진행되면 1년 동안 이 비용 역시 정부가 지원한다. 복지부는 신생아 집중치료실을 갖춘 대형병원 중 모유은행 운영 의사가 있는 곳에도 지원을 확대할 방침이다.

히트플레이션
heatflation

히트플레이션이란 열을 의미하는 히트(heat)와 인플레이션(inflation)의 합성어로 **폭염이 작황에 영향을 줘 식량 가격이 급등하는 현상**을 말한다. 올여름 폭염으로 전 세계가 몸살을 앓았다. 프랑스, 그리스, 스페인에서는 40도 이상의 기온으로 곳곳에 산불이 발생했으며 영국에서도 이례적으로 40도가 넘는 더위가 지속됐다. 미국 중서부에서는 일부 지역 기온이 43도에 이르렀다. 중국에서는 전국 71개 국가기상관측소에서 사상 최고 기온이 관측됐다.

전 세계를 강타한 극단적인 날씨는 인플레이션 압력 요인으로 작용한다. 이상 기온은 식량 생산에 직접적인 영향을 끼쳐 올해 유럽연합(EU) 최대 밀 수출국인 프랑스의 연질 밀 수확량은 지난해보다 7% 줄어들 전망이다. 이탈리아농민협회는 곡물의 올해 수확량이 지난해 대비 30%가량 감소할 것으로 봤다. 이렇게 되면 우크라이나 전쟁으로 치솟은 곡물 가격의 추가 상승이 불가피하고, 인플레이션 가속화로 이어지게 된다. 문제는 폭염이 일시적 현상이 아니라 앞으로 더 자주 발생할 가능성이 높다는 점이다.

밀크플레이션
milkflation

밀크플레이션이란 우유(milk)와 인플레이션(inflation)의 합성어로, 원유의 가격이 상승하면서 우유·치즈·버터 등의 유제품뿐만 아니라 커피·제빵·제과 등 2차 가공식품 등 전반적인 식품의 가격도 상승하는 인플레이션을 말한다. **원유 가격이 오르며 관련 제품의 가격도 덩달아 상승**해 전반적인 식품 가격에 영향을 미친다.

지난 8월 국내 최대 우유업체인 서울우유는 낙농가에 월 30억원 규모의 목장경영 안정자금을 지급한다고 밝혔다. 이는 사실상 원유 구매가격 인상을 의미해 원유 구매 가격은 리터당 58원 인상, 소비자 가격은 리터당 200~300원 수준 인상이 예상된다. 서울우유의 자율적인 가격 결정에 '원유가격 결정체계' 개편을 준비하던 정부는 난감한 처지가 됐다. 현재 원유가격은 단일가로 책정하며 시장 수요를 반영하지 않고 농가의 생산비에만 연동하여 결정한다. 정부는 이 방식이 국산 가공유 제품의 가격 경쟁력을 떨어트린다고 보고 용도별 차등가격제를 추진하고 있지만 낙농제도 개편안을 두고 대립이 이어지면서 논의가 이뤄지지 않고 있다.

에코그래머블
eco-grammable

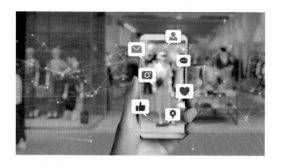

에코그래머블은 환경을 뜻하는 에코(eco)와 '인스타그램에 올릴 만한'이라는 의미의 인스타그래머블(instagrammable)의 합성어로 **인스타그램에 올릴 만한 외관을 갖춘 친환경 제품이나 서비스**를 뜻한다. ESG경영의 중요도가 높아지면서 친환경에 비중을 둔 소비자들의 가치소비가 대폭 증가하고 있다. 대한상공회의소가 발표한 MZ세대 설문조사에 따르면 응답자의 65.4%가 ESG 실천 기업의 제품이 비싸더라도 구매할 의향이 있다고 답했다. 또 기업의 바람직한 역할로 13.2%가 환경보호를 뽑았을 정도로 환경에 대한 관심이 높다.

환경에 대한 관심도가 높아짐에 따라 기업은 친환경이라는 긍정적인 영향력을 지닌 다양한 콘텐츠를 마련하고 MZ세대의 자발적인 참여와 공유까지 이끌 수 있는 '에코그래머블' 마케팅을 펼치고 있다. 한국 코카콜라는 '원더풀 캠페인'을 통해 33.5톤의 플라스틱을 수거해 유용한 자원으로 재탄생시켰다. 마켓컬리를 운영하는 컬리는 지구의 날을 맞아 종이박스 회수 서비스를 통해 마련한 재원으로 샛별숲을 조성해 이산화탄소 저감효과와 토양 재생효과에 기여했다.

에어마겟돈
airmageddon

에어마겟돈이란 공항(airport)과 종말의 대전쟁(armageddon)의 합성어로, 코로나19 엔데믹으로 여행 수요가 회복되면서 **공항 이용객이 증가했으나 공항 및 항공사 인력 부족으로 공항이 혼란에 빠진 상태**를 일컫는다. 코로나19 팬데믹으로 국가 간 이동이 어려워지면서 공항 및 항공사 인력이 대폭 감축됐는데, 코로나19 완화로 그동안 눌려왔던 여행 심리가 폭발하면서 '보복 여행' 수요는 증가했다. 여기에 일부 공항의 파업과 여러 문제가 겹치면서 항공 운항에 대혼란이 빚어졌다.

전 세계 공항에서는 지연 운항이나 취소 항공편이 급증했으며 수화물이 제때 도착하지 않는 사례가 많아져 승객들이 불편을 겪었다. 런던 히스로 공항에서는 하루 최대 4000명의 승객이 제때 비행기를 타지 못하는 상황이 반복돼 결국 하루 10만 명 이상의 수용이 어렵다며 세계 각국의 항공사에 9월 11일까지 티켓 판매 중단을 요청했다. 프랑스 샤를드골 공항은 7월 첫 주말에만 가방 1500개가 분실됐으며 미국은 독립기념일 연휴에 하루 600편이 결항되고 4300편의 운항이 지연됐다.

I2U2

I2U2는 인도(India), 이스라엘(Israel), 미국(United States), 아랍에미리트(United Arab Emirates) 4개국 간 외교 협력체로, 명칭은 각 국가의 알파벳 첫 글자를 따 만든 것이다. 2020년 이스라엘과 아랍에미리트가 국교를 정상화한 상태에서 2021년 10월 열린 4개국 외무장관 회담에서 구체화됐으며 2022년 7월 첫 정상회담을 열었다. 4개국은 공동성명을 통해 세계 주요 식량 수출국인 러시아와 우크라이나의 전쟁 등으로 인해 **세계 식량 부족이 현실화된 데 대해 공동 대처**에 나서기로 했다. 인도에 식량공원(food park)을 추진하기로 합의해 인도가 토지와 노동력을, 아랍에미리트가 20억 달러를 투자하고 미국과 이스라엘 민간 기업은 첨단기술을 제공한다. 향후 5년 안에 인도의 식량 생산량을 현재의 3배 수준으로 늘리는 것이 이들의 목표다.

I2U2는 재생 에너지 프로젝트도 함께 추진한다. 200MW(메가와트) 수준의 전력을 생산하는 태양광과 풍력 발전 단지를 조성할 계획이다. I2U2는 2030년까지 신재생에너지 등 비화석 연료에 의한 발전 용량을 500GW(기가와트)까지 확대하겠다는 인도의 목표 달성에 기여할 것이라고 밝혔다.

에너지캐시백
energy cashback

에너지캐시백이란 전기 사용량을 상대적으로 줄인 아파트 단지나 가구에게 **절약된 전기 사용량만큼 현금으로 돌려주는 제도**다. 6개월 단위로 지급하며, 캐시백 지급을 위해서는 최소 3% 절감률 달성이 필요하며 캐시백이 과다 지급되는 것을 방지하고자 최대 절감률 30%까지만 지급한다. 주택용 오피스텔이나 과거 전기사용량 자료가 없는 신규 아파트를 제외한 대상 아파트 단지는 절감 기준 구간별로 20만~400만원, 개별 가구는 절감량 1kWh당 30원을 돌려받는다.

올해 2~5월 세종·나주·진천 등 3개 혁신도시에서 시범적으로 실시했다. 산업통상자원부는 3개 혁신도시 시민들이 전기사용량을 5%만 줄여도 500ml짜리 페트병 약 2억2000만 개를 생산·폐기하는 과정에서 배출되는 양만큼의 온실가스를 줄이는 효과가 있다고 분석했다. 또 최근 전기요금과 가스요금이 나란히 오르고 있는 상황에서 상당 수준의 전기가 절약될 수 있다고 보았다. 실제로 시범 시행 기간 세대 평균 소비 절감률이 14.1%에 달해 7월 4일부터는 사업을 전국으로 확대 시행 중이다.

면치기

면치기는 많은 양의 국수, 라면 등 면발을 끊지 않고 한 번에 흡입하듯 먹거나, **연속적으로 끌어 올려 입으로 밀어 넣으며 먹는 방식을 말한다.** 원래대로라면 면을 소리 내어 먹지 않는 것이 한국의 전통 식사 예절이지만 예능 프로그램, 유튜브 먹방(먹는 방송)에 면치기가 자주 나오면서 복스러운 먹기의 대명사로 여겨져 면을 제대로 먹는 법으로 인식됐다.

최근 면치기 논란이 불거졌다. 한 프로그램에서 면치기를 하지 않는 출연진에게 다른 출연진이 타박을 한 것이다. 이를 기점으로 SNS와 인터넷 커뮤니티 등에서 해당 방송에 대한 성토가 이어졌다. 예능과 먹방이 잘못된 예절을 부추겼다는 반응이 대다수였다. 면치기는 일본에서 온 것이며, 한국의 식사예절이 아니라는 것이다. 특정 식사법이 옳다고 강요하는 듯한 태도 또한 반감을 샀다. 계속된 먹방 콘텐츠와 면치기에 대중들이 피로감을 느끼고 있으며 '소식'과 같은 새로운 흐름이 생겨나 이런 분위기가 형성된 것으로 보인다.

태그니티
tagnity

태그니티는 해시태그의 태그(tag)와 공동체를 의미하는 커뮤니티(community)의 합성어로 SNS에서 **해시태그를 걸어 같은 관심사와 취향을 공유하는 공동체**를 말한다. 개개인의 취향이나 지향하는 가치관에 따라 형성된 신개념 관계로 모두가 자발적으로 참여해 콘텐츠를 확대 재생산하고 새로운 커머스로 확장한다. 코로나19 확산으로 대면 소비보다 온라인 플랫폼 소비가 활성화되면서 태그니티가 유행하고 있다.

태그니티 트렌드에 맞춰 기업들도 특정 태그니티를 타깃으로 하는 제품을 내놓거나 특정 해시태그를 할 경우 경품을 주는 이벤트를 진행하는 등 활발한 마케팅을 펼치고 있다. 운동을 즐기는 사람들 중심으로 '#오운완(오늘 운동 완료)'이라는 해시태그를 달아 SNS에서 공유하는 것이 유행이다. 이에 식음료업계는 영양분 보충제로 이들을 공략하고 있다. '#나의비거니즘일기' 등을 달고 비건 식사를 인증하는 비건인들 타겟으로는 식물성 정육, 비건 만두 등 비건 관련 제품이 속속 등장하고 있다. 이처럼 태그니티는 단순히 관심사를 공유하는 것에서 나아가 새로운 비즈니스를 탄생시키고 있다.

모디슈머
modisumer

모디슈머는 수정하다(modify)와 소비자(consumer) 의 합성어로 **자신만의 조리법으로 제품을 즐기는 소비자**를 말한다. 크리슈머(cresumer : 제품을 자신 의 취향에 맞게 새롭게 만들어 사용하는 소비자)의 한 종류다. 모디슈머의 활약상이 가장 두드러지 게 나타나는 음식은 라면으로, 이들은 자신의 기 호에 맞게 조리법을 바꿔 즐긴다. 표준조리법을 준수하기보다 서로 다른 라면 2개로 새로운 제품 을 만들어내기도 한다.

웹 환경이 발달하면서 SNS를 통해 자신만의 독 특한 레시피를 공개하는 소비자들이 새로운 유 형의 신소비 세력으로 부상해 기업들의 마케팅에 영향을 미치고 있다. 농심은 지난해 '카구리'(카레 +너구리)에 이해 올해 3월에는 '신볶게티'(신라면 볶음면+짜파게티)를 선보였으며 오뚜기는 SNS에 서 유명한 '컵라면 볶음밥' 조리법을 토대로 만든 '진라면 볶음밥'을 출시했다. 잘 알려진 레시피를 통해 얻은 화제성으로 매출을 견인하겠다는 전략 이다. 다만 모디슈머에 대한 평가는 엇갈린다. 새 로운 아이디어를 제공하는 긍정적인 면도 있지만 소비자들이 자발적으로 기업의 홍보 요원이 되고 있다는 지적도 있다.

장 뤽 고다르
Jean-Luc Godard

▲ 고(故) 장 뤽 고다르

장 뤽 고다르는 프랑 스의 '영화 혁명'이었 던 누벨바그 운동을 이끈 영화감독으로서 지난 9월 13일 안락 사를 선택해 사망했 다. 향년 91세. 프랑 스 언론에 따르면 고 다르의 유족들은 "그 는 아팠던 것이 아니라 지쳤을 뿐이고 그것을 끝 내기로 결정했다"고 밝혔다. **누벨바그**(nouvelle vague)**는 프랑스어로 '새로운 물결'이란 뜻으로 1951년 창간한 프랑스 영화 평론지 '카이에 뒤 시 네마'의 필진이자 영화감독들이 주도한 영화 운동** 이다. 누벨바그는 줄거리보다 표현에 중점을 두 면서 즉흥 연출, 장면의 비약적 전개, 완결되지 않은 스토리, 감각적 영상으로 종래 상업 영화의 궤를 벗어났고 영화 작가의 시대를 열었다.

장 뤽 고다르의 대표작으로는 프랑스의 국민배우 장 폴 벨몽도를 스타로 만든 '네 멋대로 해라', '미 치광이 피에로', '비브르 사 비' 등이 있다. 고다르 와 함께 누벨바그를 대표한 감독으로는 '400번의 구타'를 연출한 **프랑수아 트뤼포, 클로드 샤브롤, 자크 리베트, 에릭 로메르** 등이 있다.

버터나이프 크루

▲ 버터나이프 크루 로고 (버터나이프 크루 4기 홈페이지 캡처)

버터나이프 크루란 청년 스스로 성평등 문화를 만들어가기 위해 고민하고 제안하는 모임을 말한다. 버터나이프 크루의 버터는 갓 구운 빵에 덩어리째 발라먹는 버터처럼 사소하고 일상적이지만 확실한 행복, 즉 일상의 기쁨이자 사회적 자원을 상징하며, 나이프는 참여를 통해 자신의 삶에 버터 한 덩어리를 얹어 행복한 오늘을 맞이할 수 있다는 의미로 기쁨을 나누어 주는 도구를 상징한다. 그러나 **해당 모임은 활동 내용이 지나치게 여성주의(페미니즘)에 치우쳐 있다는 지적**이 있었다.

버터나이프 크루 4기는 지난 6월 30일 출범했으나, 국민의힘 권성동 원내대표가 SNS를 통해 "페미니즘이 중요하다면 자기 돈과 시간을 내서 하라"며 남녀갈등을 증폭시키고 특정 이념에 편향적으로 세금을 지원한다고 지적한 직후 7월 5일 여성가족부는 돌연 사업 전면 재검토에 나섰다. 여성가족부의 버터나이프 크루 사업이 폐지 수순에 접어들자 해당 사업 운영처는 "일방적인 주장만을 근거로 시작도 하지 않은 사업을 중단시키는 것은 법과 원칙, 공정과 상식을 벗어난 권력남용"이라며 사업 정상화를 요구하고 나섰다.

브랜드 애그리게이터
brand aggregator

브랜드 애그리게이터는 이커머스에 입점한 다수의 중소상공인(SME, Small and Medium—sized Enterprises) 브랜드 인수 후, 통합 운영·관리하면서 전체 규모를 빠르게 확장시키는 사업 모델을 말한다. 인력·시설을 모두 사들이는 인수합병(M&A)과 달리 **인력·시설을 그대로 두고 브랜드만 매입하는 특이한 방식을 이용**하며, 브랜드 애그리게이터는 이렇게 사들인 브랜드의 부족한 부분을 보완해 성장시킨다. 상품성과 시장성은 있으나 마케팅, 운영, 물류 측면에서 성장의 벽에 막힌 중소형 브랜드를 인수하여 '규모의 경제'를 통해 효율성 및 성장성을 극대화를 추구한다.

브랜드 애그리게이터는 이커머스 생태계의 상품 다양성과 신뢰성을 증진시키는 역할을 하여 SME에 '매각'이라는 새로운 선택지를 제공해 창업 부담을 경감시키면서 '아이디어의 제품화'를 용이하게 만들어 다양한 상품이 시장에 공급되도록 하는 역할을 수행한다. 그러나 브랜드 애그리게이터 모델은 통합 시너지 구축에 실패할 경우 조직 간 마찰, 통합 비용 증가 등 규모의 비경제 효과가 확대돼 부분의 합보다 전체의 가치가 하락하며 실패할 우려가 있다는 리스크가 있다.

통매음

통매음이란 '통신매체이용음란죄'를 줄여서 쓰는 말로, 자신 혹은 상대방의 성적 욕구를 만족시키기 위한 목적으로 **통신매체를 통해 성적인 수치심이나 혐오감을 일으킬 수 있는 음성이나 문자 등을 전송하는 경우에 성립되는 죄**를 말한다. 통매음은 성폭력 범죄의 처벌 등에 관한 특례법 제13조에 의거한다. 해당 법안은 2020년에 개정되어 처벌에 대한 수위가 심화됐다.

통매음은 단순히 창피함이나 불쾌함을 느끼는 것을 넘어 인격적 존재로서 모욕감이나 수치심을 느끼게 하여 사회적 도의에 반하는 경우에 성립한다. 전화, 컴퓨터, 우편 등의 통신 매체를 통해 자신 또는 타인의 성적 욕망을 유발하거나 만족시키려는 목적으로 음성이나 문자를 도달하게 했을 때 2년 이하의 징역 혹은 2000만원의 벌금에 처할 수 있다. 또한, 성폭력 범죄에 해당하므로 엄연히 전과 기록이 남게 되며, 성범죄자 관리 제도에 의해 재범 방지를 위한 조치가 이루어질 수 있다. 최근 **게임이나 SNS 메신저를 통해 상대에게 성적인 단어 등을 사용해 욕설을 했다가 통매음으로 고소당하는 사례가 늘면서 합의금을 노리는 '통매음 헌터'까지 등장**했다.

맥스웰 프로스트
Maxwell Frost, 1997~

▲ 맥스웰 프로스트 플로리다주 하원의원 후보

맥스웰 프로스트는 미국 플로리다주 하원의원 민주당 후보로 선출된 정치인이다. 프로스트는 총기 규제 운동가이자 우버 운전기사로 Z세대의 이상과 현실을 대변하는 정치적 상징성을 띤 인물로 평가받는다. 프로스트는 15세 때인 2012년, 코네티컷주 샌디훅 초등학교 총기 난사 사건을 계기로 총기 폭력 근절을 위한 운동에 뛰어들었다. 현재는 **총기 폭력 예방에 초점을 맞춘 청년 운동인 '우리 삶을 위한 행진**(March for Our Lives)**'의** 전국 조직 이사로 활동하고 있다. 권리를 옹호하는 '미국 시민 자유 연합'에서도 일했다.

프로스트는 태어나자마자 입양됐다. 이미 자녀 7명을 둔 생모는 임신 중 마약과 폭력에 시달렸다고 한다. 프로스트가 본격적인 정계 활동을 결심한 계기는 2021년 6월 생모와의 만남이다. 생모는 마약에 중독되어 있었고 가난했다. 프로스트는 의회에 진출해 고통받는 이들을 돕겠다고 결심했다. 프로스트의 정치적 후원자로는 진보 진영의 대부 격인 무소속 버니 샌더스 상원의원과 민주당의 대표적인 진보 인사 엘리자베스 워런 상원의원 등이 있다.

이나모리 가즈오
稲盛和夫 1932~2022

▲ 고(故) 이나모리 가즈오 교세라 회장

이나모리 가즈오는 일본에서 '경영의 신(神)'이라 불렸던 기업인으로 교세라, 다이니덴덴(현 KD-DI)의 창업주이며, 일본항공(JAL)의 회장을 역임했다. 교세라는 8월 30일 이나모리 회장이 별세했다고 전했다. 향년 90세. 이나모리 회장은 가고시마공대 졸업 후 교토에서 회사원 생활을 거쳐 1959년 교세라의 전신 교토 세라믹을 설립했다. 자본금 300만엔(약 2900만원)에 직원 28명의 중소기업으로 출발한 교토 세라믹은 집적회로 등에 사용되는 파인 세라믹 기술을 바탕으로 성장해 연간 1조8000억엔(약 17조5000억원)의 매출을 내는 대기업으로 성장했다.

이나모리 회장은 파산 직전이었던 JAL을 13개월 만에 기적적으로 회생시킨 것으로 유명하다. 이는 '아메바 경영'이라는 독특한 경영방식으로 가능했다. **아메바 경영은 조직을 소집단으로 나눠 각각 집단마다 사업의 목표와 계획을 세우게 해 채산성을 높이고 사원들의 동기를 끌어올리는 것**이다. 다만 이나모리 회장이 별세하기 직전 10년간 교세라의 실적은 매우 부진해 그의 경영 스타일이 시대에 뒤처졌다는 평가도 나온다.

스카이코비원
SKYCovione

▲ 국산 1호 코로나19 백신 스카이코비원 (자료 : SK바이오사이언스)

스카이코비원은 SK바이오사이언스가 미국 워싱턴대학과 공동 개발한 국산 1호 코로나19 백신이다. 면역반응 강화 및 중화항체 유도를 위해 면역증강제 AS03이 적용됐다. 개발 초기 단계부터 빌앤드멀린다 게이츠 재단(Bill & Melinda Gates Foundation)과 전염병예방백신연합(CEPI)으로부터 개발비를 지원받았고, WHO 긴급사용목록(Emergency Use Listing, EUL) 등재 획득 이후 코백스 퍼실리티(COVAX Facility) 등을 통해 글로벌 시장에 공급될 계획이다.

스카이코비원은 **보관과 유통이 쉬운 합성항원 방식이 적용**됐다. 이에 글로벌 백신 공급 불균형 해소에 기여할 것으로 기대 중이다. 냉장 조건(섭씨 2~8도)에서 보관 및 유통이 가능해 초저온 설비를 갖추지 못한 중·저개발국 보급에 용이할 것이란 전망이다. 또한 스카이코비원은 글로벌 임상 3상을 통해 대조백신(아스트라제네카 백신) 대비 기초접종 후 우수한 면역원성도 입증했으며, 임상 1/2상 연장연구를 통해 부스터샷 접종 시 오미크론 변이(BA.1)에 대한 높은 면역 반응을 보이는 것으로 확인됐다.

욜디락스
yoldilocks

욜디락스는 1946~1964년 베이비붐 세대에 태어나 이제 막 노년층에 접어든 **젊은 노인층을 의미하는 '욜드(YOLD, young old)'와 이상적인 경제 상황을 의미하는 '골디락스(Goldilocks)'의 합성어**다. 즉, 욜디락스는 젊은 노인층인 욜드 세대가 주도하는 경제 성장을 뜻하는 용어인 셈이다.

최근 코로나19 여파로 소비 심리가 위축되면서 욜드족은 향후 경제를 이끌 새 축으로 주목받고 있다. 이들은 과거와 달리 노인으로 취급받기를 거부하며 생산과 소비 활동에도 적극적인 모습을 보여 '액티브 시니어'(활동적인 고령층)로 평가받기도 한다. 특히, 여전히 직업을 가지고 있거나 은퇴한 지 얼마 되지 않아 안정적인 경제력을 유지하고 있는 점도 최근 욜드족이 부각되는 이유기도 하다. 2020년 이후부터는 베이비붐 세대의 은퇴가 본격화하면서 매년 60만 명 이상의 은퇴자가 나올 것으로 전망된다. 이렇다 보니 전체 인구에서 욜드족이 차지하는 비중도 급격히 증가해 관련 산업에 대한 수요도 커지고 있다.

좌초자산
坐礁資産

좌초자산은 시장의 환경 변화 등 예상하지 못한 이슈로 자산 가치가 하락해 상각하거나 부채로 전환되는 자산을 의미한다. 최근 대표적인 좌초자산으로는 석탄 산업과 관련된 자산이 꼽히고 있다. 환경·사회·지배구조(ESG)에 대한 관심이 커지면서 세계적으로 탈석탄화가 이뤄지고, 석탄 발전 투자 규모가 줄어들면서 기존 석탄 발전소 등 활용이 줄어든 자산은 부채로 인식될 수 있기 때문이다.

석탄 사업처럼 좌초자산 혹은 좌초산업이 될 가능성이 높은 대상들도 눈에 띈다. 대체로 온실가스를 다량으로 배출하는 산업들이다. 철강과 시멘트, 플라스틱 산업은 물론 조선과 내연 자동차 등도 최근 들어 가치가 급속하게 하락하고 있다. 좌초자산 우려 등 기후변화가 금융기관의 부실로 연결되는 것을 막기 위해 **한국은행 금융안정위원회(FSB)는 기후변화 재무정보공개 협의체(TCFD)를 설립**했다. TCFD는 기업이 기후변화 시나리오를 분석하고 이에 대한 재무 영향, 경영·리스크 관리 체계를 재무 보고서를 통해 공개하도록 하는 권고안을 발표했다.

대수의 법칙
law of large numbers

대수의 법칙이란 아무리 특이한 사건이라도 발생 기회가 많으면 그만큼 가능성이 높아진다는 이론이다. 로또 복권에 당첨될 확률은 0.000012% 정도로 알려져 있다. 확률상 일어날 수 없는 일이다. 그런데도 사람들은 매주 복권을 사고, 당첨자가 나오는 이유를 설명하는 것이 바로 대수의 법칙이다. 복권에 당첨될 확률은 수백만 분의 1에 불과하지만 매주 거의 예외 없이 당첨자가 나오는 이유는, 그만큼 많은 사람들이 매주 복권을 사기 때문이라는 것이다.

대수의 법칙의 핵심은 적은 규모나 소수로는 확정적이지 않지만, 대규모 혹은 다수로 관찰하면 일정한 법칙이 나타난다. 예를 들어 어떤 사람이 언제 사망할지는 예측할 수 없지만, 많은 사람들을 관찰한 결과로 매년 일정한 사망률이 집계되는데 이를 '사망률에 관한 대수의 법칙'이라 한다. 결국 대수의 법칙은 '경험적 확률과 수학적 확률과의 관계를 나타내는 정리(定理)'라고 할 수 있다. **표본 관측 대상의 수가 많으면 통계적 추정의 정밀도가 향상 된다는 것을 수학적으로 증명한 이론**인 셈이다.

파포스
PAPHOS

'파포스'는 국내 최초의 인공지능(AI) **시극**(詩劇 : 시 형식으로 쓰인 희곡)으로, 9월 12일에서 14일까지 대학로예술극장에서 공연됐다. 파포스라는 제목은 피그말리온과 그의 조각상 갈라테이아 사이에서 태어난 자식의 이름에서 가져왔다. 작가 '시아'는 미디어아트 그룹 슬릿스코프와 카카오 계열 AI 전문기업 카카오브레인이 작년 말 공동 개발한 AI 시인이다. 파포스는 '시아'가 쓴 시중에서 '고백' '시를 쓰는 이유' 등 20편으로 극을 구성했다.

시아는 인터넷 백과사전과 뉴스 등을 학습하며 한국어를 공부한 뒤, 1만3000여 편에 이르는 한국 근현대 시를 읽어 작법을 익힌 것으로 알려졌다. 작품이 나오는 데는 30초 안팎의 시간이 소요된다. 파포스를 연출한 김제민 서울예대 교수는 "AI가 결국 인간을 인간답게 만들고 예술에 대한 근원적 질문을 던지는 형태로 발전할 것 같다"고 평가했다. 최근에는 한 미술전에서 AI가 만든 그림이 우승을 차지하면서 AI 예술을 둘러싼 창작성 논란에 불이 붙었다.

이원석

李沅祏, 1969~

▲ 이원석 검찰총장

이원석은 차기 검찰총장 후보로 지명된 인물이다. 제주지검장을 맡고 있다가 차기 검찰총장 임명 전까지 총장 직무대행을 맡아 검찰 조직을 이끄는 대검 차장검사로 임명됐다. **대검 차장검사는 검찰총장 후보 1순위로도 꼽히는 자리다.** 이 차장검사는 국정농단 사건 당시 박근혜 전 대통령을 조사한 뒤 구속기소한 바 있다. 윤 대통령이 검찰총장에 부임했던 2019년엔 대검 기획조정부장으로 가까이에서 보좌했다. 윤 대통령이 대검 중수부 1과장으로 근무했던 2011년~2012년 중수부로 파견 가 부산저축은행 사건을 함께 수사하고 기소를 전담할 정도로 근무연이 깊다.

한편, 이 신임 총장은 9월 19일 임명 후 첫 출근길에 '신당역 스토킹 살해사건'을 언급하며 "깊은 책임감을 갖고 있다"며 경찰과 협력해 재발을 방지하겠다고 밝혔다. 이 후보자는 인사청문회 과정에서 법사위 위원들의 질의에 적절하게 답변했다는 평가를 받고 있다. 검찰 내부에서도 한동훈 법무부 장관과 인사를 협의한 경험으로 안정감이 있다는 평가가 나온다. 윤석열 대통령은 9월 16일 이원석 검찰총장 임명을 재가했다.

가스텍

gastech

▲ 밀라노에서 개최된 '가스텍 2022'

가스텍이란 LNG(액화천연가스)**와 수소, 저탄소 등 가스분야 세계최대 전시회를** 말한다. 올해로 50주년을 맞게 된 '가스텍 2022'은 이탈리아 밀라노에서 9월 5일부터 8일까지 개최됐다. 현대중공업, 대우조선해양, 삼성중공업 등 국내 대형 조선업체들이 세계 최대 가스 분야 전시회인 가스텍에서 미래 기술을 선보였다. 현대중공업그룹은 혼소 엔진 등 총 10건에 대한 기술 인증을 획득했으며, 대우조선은 노르웨이 선급과 친환경 기술 개발을 위한 업무협약을 맺었다. 삼성중공업은 **이산화탄소 포집·저장**(CCS, Carbon Capture and Storage) 기술 등을 전시했다.

국내 대형 조선업체가 가스텍에서 친환경 기술을 대거 선보인 것은 전 세계적인 탄소 감축 요구로 세계 최대 가스 분야 전시회인 가스텍의 위상이 높아지고 있기 때문으로 풀이된다. 탄소 감축을 위해 글로벌 에너지 환경이 석유에서 LNG, 암모니아, 수소 등으로 전환되고 있어, 가스텍에서 선보이는 미래 기술의 의미가 갈수록 커지고 있다는 평가다.

SNS 톡! 톡!

해야 할 건 많고, (이거 한다고 뭐가 나아질까) 미래는 여전히 불안하고 거울 속 내 표정은 (정말 노답이다) 무표정할 때!
턱 막힌 숨을 조금이나마 열어 드릴게요. "톡!톡! 너 이 얘기 들어봤니?" SNS 속 이야기로 쉬어가요.

#이_정도는_알아야 #트렌드남녀

즉위식서 짜증 낸 모습 포착된 찰스 3세 ● ● ● ●

▲ 찰스 3세가 인상을 찌푸리고 있다.
(데일리메일 유튜브 캡처)

영국 엘리자베스 2세 여왕 서거로 왕위를 계승한 찰스 3세가 즉위
식에서 짜증을 내는 모습이 화면에 잡혔다. 인디펜던트 등 현지 언
론에 따르면 찰스 3세는 9월 10일(현지시간) 성 제임스 궁에서 즉
위 선언문에 서명하고 국왕으로서 맹세를 하는 과정에서 짜증을
내며 책상에 놓여 있는 만년필을 치우라고 손짓하는 모습이 포착
돼 SNS에서 화젯거리가 됐다.

@ 버킹엄 궁전 (Buckingham Palace)
1703년 버킹엄 공작 셰필드의 저택으로 건축되었으며, 1761년 조지 3세가 이를 구입한 이후 왕실 건물이 되었다.

#여왕처럼_헌신할_것이라는_다짐 #변하지_않길

넷플릭스 '수리남' 공개 이틀 만에 글로벌 8위 ● ● ● ●

▲ '수리남' 포스터 (자료 : 넷
플릭스)

넷플릭스 새 오리지널 시리즈 '수리남'이 공개 이틀 만에 글로벌 순위 8위
에 올랐다. 한국, 홍콩, 싱가포르, 베트남 등 4개 국가에서는 정상에 올랐
다. '수리남'은 한 민간인 사업가가 남미 국가 수리남을 장악한 한인 마약
왕을 검거하기 위한 국정원의 비밀작전에 협조하는 이야기다. 하정우, 황
정민, 박해수, 조우진 등 연기파 배우들이 출연한다.

@ OTT (Over The Top)
OTT(온라인동영상서비스)는 기존 통신·방송사업자 이외 제3사업자들이 온라인을 통해 드
라마, 영화 등 다양한 미디어 콘텐츠를 TV, PC, 스마트폰 등에 제공하는 서비스를 말한다.

#글로벌_순위_1위까지 #기대하겠습니다!

"쓰레기통을 지켜라" 인간과 앵무새의 싸움

호주에서 쓰레기통을 두고 인간과 앵무새 사이에 치열한 머리싸움이 벌어지고 있다. 새가 쓰레기통을 뒤지면서 쓰레기들이 주택가 마당과 도로에 어질러지는 문제가 발생한 것이다. 인간이 쓰레기통이 열리지 않도록 장치를 고안하면 새는 뚜껑을 여는 새로운 방법을 찾아내 이들 사이의 신경전이 끊이지 않고 있다. 독일 막스 플랑크 동물행동연구소의 바버라 클럼프 박사 연구진은 9월 13일 국제 학술지 '커런트 바이올로지'에 "호주 시드니 교외에서 쓰레기통을 두고 인간과 새 사이의 경쟁이 전형적인 문화 진화의 형태를 보였다"라고 밝혔다.

@ 비인간 인격체 (non-human person)
비인간 인격체란 의식을 가지고, 자아를 인지하며 도덕적 판단이나 인지능력, 공감능력이 있는 동물을 일컫는 표현으로 앵무새도 여기에 해당한다.

#나날이_똑똑해지는_앵무새 #하지만_쓰레기_뒤지기는_그만

폭염으로 인기 얻은 중국 방공호 식당

최근 중국에 기록적인 폭염이 계속되는 탓에 방공호와 같은 지하 공간의 식당들은 인기를 얻고 있다. 충칭의 한 식당은 지하 30m의 방공호를 개조해 에어컨을 따로 가동하지 않아도 서늘한 공기를 느낄 수 있어 더위에 지친 시민들의 발길이 끊이지 않고 있다. 식당 온도는 평균 16도인 것으로 알려졌다.

@ 방공호 (防空壕)
군사적 목적으로 제작된 것으로 공중에서 가해지는 폭격을 차단 또는 감쇄시키기 위해 만든 공간을 말한다.

#유례없는_기후재난 #이제는_정말_관심을_가져야_할_때

페이스북에서 이벤트도 참여하세요.

· **페이스북**
facebook.com/
eduwillnet

· **에듀윌 도서몰**
book.eduwill.net

· **시사상식 App**
에듀윌 시사상식

구글 플레이스토어 or 애플 앱스토어에서 에듀윌 시사상식을 검색하세요.

* **Cover Story**와 분야별 **최신상식**에 나온 중요 키워드를 떠올려보세요.

01 특정 기념주기를 뜻하는 말로 고대 이스라엘에서 50년마다 열린 안식년에서 유래한 단어는?

p.16

02 피해자의 고소가 없어도 기소할 수 있지만, 피해자가 범인의 처벌을 원하지 않는다는 의사를 표시하면 기소할 수 없고 기소한 후에 그러한 의사를 표시하면 형사재판을 종료해야 하는 범죄는?

p.26

03 미국 캔자스시티 연방은행의 주최로 매년 8월 주요국가의 중앙은행 총재와 경제전문가를 초청해 거시경제에 대해 토론하는 연친회는?

p.35

04 상장폐지가 결정된 주식에 대해서 마지막으로 주식을 거래할 수 있는 기회를 주는 제도는? p.47

05 사전적으로는 '유동성 또는 이동성·기동성'을 뜻하지만, 일반적으로 사람들의 이동을 편리하게 하는 데 기여하는 각종 서비스나 이동수단을 폭넓게 일컫는 말은?

p.59

06 기업 등이 자국의 안전보장에 위협이 되는 첨단기술이나 전자부품 등을 정부의 허락 없이 수출할 수 있는 국가의 명단을 뜻하는 단어는?

p.66

07 우크라이나 동부 돈바스 지역에서 활동하는 파견대로, '신(新)나치주의'에 기반해 만들어진 조직은?

p.80

08 고령자나 장애인들도 살기 좋은 사회를 만들기 위해 물리적·제도적 장벽을 허물자는 운동을 일컫는 단어는? p.89

09 '아침'을 뜻하는 '마탱(matin)'에서 나온 말로 낮 동안 상연되는 공연이나 음악회 등을 뜻하는 단어는? p.91

10 컴퓨터가 시멘틱 웹 기술을 이용해 웹페이지에 담긴 내용을 이해하고 개인 맞춤형 정보를 제공할 수 있는 지능형 웹 기술을 뜻하는 단어는? p.96

11 2017년부터 시작된 미국항공우주국(NASA)의 유인 우주 탐사 계획으로 2024년까지 달에 최초로 여성 우주인을 보내고, 2028년까지 달에 유인 기지를 건설하려는 계획은? p.98

12 공연이나 스포츠 업계에서 기업이 비용을 지원하는 대신 명칭에 기업 이름이 들어가는 것을 말하는 단어는? p.110

13 직장보다 개인의 삶을 중시하는 태도로 열심히 일하려는 강박을 버리는 것을 뜻하는 신조어는? p.112

14 프랑스의 '영화 혁명'이었던 누벨바그 운동을 이끈 영화감독으로서 지난 9월 13일 안락사를 선택해 사망한 인물은? p.121

정답 **01** 주빌리 **02** 반의사불벌죄 **03** 잭슨홀 미팅 **04** 정리매매 **05** 모빌리티 **06** 화이트리스트
07 아조우 연대 **08** 배리어프리 **09** 마티네 **10** 웹 3.0 **11** 아르테미스 계획 **12** 네이밍스폰서
13 조용히 그만두기 **14** 장 뤽 고다르

사막이 아름다운 것은
어딘가에 샘이 숨겨져 있기 때문이다.

– 생텍쥐페리(Antoine Marie Roger De Saint Exupery)

에듀윌, 대한민국 ESG 대상 및 농림축산식품부장관상 수상

종합교육기업 에듀윌(대표 권대호)이 8월 31일 국회에서 개최된 '2022년 제17회 대한민국 ESG/CSR 대상' 시상식에서 ESG 대상 및 농림축산식품부장관상을 수상했다.

한국서비스산업진흥원이 주최하는 '대한민국 ESG/CSR 대상'은 올해로 17회를 맞이했다. 환경경영, 윤리경영, 사회공헌에 적극적인 기업을 ESG와 CSR 대상으로 나눠 심사해 ESG 및 CSR 경영 우수기관 및 기업을 선정해 포상한다.

이번 시상식은 국회, 교육부, 통일부, 행정안전부, 농림축산식품부, 보건복지부, 환경부, 중소벤처기업부, 식품의약품안전처, 서울특별시, 해양경찰청 등 11개 정부 부처의 후원으로 진행됐다.

에듀윌은 ESG 경영의 중요성에 깊이 공감하고, 전 직원의 실천 의지를 높이기 위해 '에듀윌 ESG 경영 헌장'을 채택하는 등 적극적인 행보를 펼쳐왔다. 산하 ESG위원회를 주축으로 각 관계 부서가 ESG 경영에 필요한 다양한 활동을 기획 및 실천한 점을 높이 평가받은 것으로 보인다는 게 에듀윌의 설명이다.

에듀윌은 이와 함께 검정고시 교육 지원, 장학재단과 임직원 나눔 펀드 운영 등 다양한 사회공헌활동과 윤리경영 선포식, 윤리강령 제정 등 투명 경영 그리고 온실가스 감축에 기여하는 등 ESG 각 부문에서 선도적인 역할을 하고 있다.

권대호 에듀윌 대표는 "최근 ESG 평가에서 우수 등급을 획득한 데 이어, 대한민국 ESG 대상을 수상하게 돼 매우 기쁘고 감사하다"며 "ESG 활동을 통해 지속가능한 사회 발전에 기여한 공로를 인정받은 만큼 교육업계를 대표해 ESG 경영 문화의 확산과 수준 향상을 위해 앞장서겠다"고 소감을 전했다.

PART

03

취업상식
실전TEST

취업문이 열리는 실전 문제 풀이

최근 출판된 에듀윌 자격증·공무원·취업
교재에 수록된 문제를 제공합니다.

01 정치·외교적 갈등으로부터 자유로운 동맹국들과 공급망을 구축하려는 움직임을 나타내는 용어는?

① 리쇼어링
② 니어쇼어링
③ 오프쇼어링
④ 프렌드쇼어링

해설 프렌드쇼어링에 대한 설명이다.
① 리쇼어링(reshoring) : 기업이 외국으로 진출했다가 다시 돌아오는 것
② 니어쇼어링(nearshoring) : 본국으로 이전하는 리쇼어링이 어렵다고 판단되면 인접 국가로부터 아웃소싱하는 것
③ 오프쇼어링(off-shoring) : 기업의 생산기지를 해외로 이전하는 것

📁 **박진, '칩4' 中 우려에 "특정국 배제 의도없어"**

▲ 한중 외교장관회담 (자료 : 외교부)

박진 외교부 장관은 왕이 중국 외교 담당 국무위원 겸 외교부장을 만나 미국이 주도하는 반도체 공급망 협의체 '칩4'에서 중국의 우려를 해소하는 역할을 한국이 할 수 있다고 강조한 것으로 전해졌다.

외교부 고위당국자는 "박 장관이 한국은 어느 특정국을 배제할 의도가 전혀 없고 한중 간 밀접하게 연결된 경제 통상 구조를 감안할 때 오히려 한국이 가교 역할을 할 수 있다는 입장을 설명했다"고 전했다.

한편, 우리 정부는 8월 초 미국 측에 '칩4' 예비회의 참여 의사를 전달했다. 예비회의는 8월 말이나 9월 초쯤 열리고 실무적 차원에서 칩4의 세부 의제나 참여 수준을 조율하게 될 것이라는 전망이 나오기도 했으나 계속 연기됐다. 칩4는 조 바이든 미국 대통령의 제안으로 미국이 추진 중인 프렌드쇼어링(friendshoring) 전략에 따른 것으로 반도체 분야에서 중국의 발전을 견제하고 안정적인 반도체 공급망을 형성하는 것이 목표다.

정답 ④

02 경찰국에 대한 설명으로 옳지 않은 것은?

① 총경 이상 경찰공무원에 대한 임용 제청을 담당한다.
② 1991년 행안부에서 경찰청이 독립하면서 생겨난 조직이다.
③ 총경 이상 인사권을 경찰청장이 아닌 행정안전부 장관이 가져가게 됐다.
④ 이상민 행정안전부 장관이 발표한 '경찰제도개선안'으로 추진됐다.

해설 경찰국은 1991년 경찰법 시행으로 행안부에서 경찰청이 독립하면서 사라졌다가 2022년 7월 15일 이상민 행정안전부 장관이 발표한 '경찰제도개선안'으로 추진됐다. 경찰국이란 국가경찰위원회 안건 부의, 총경 이상 경찰공무원에 대한 임용 제청, 경찰 관련 중요 정책과 법령의 국무회의 상정, 자치경찰 지원 등을 담당하는 부서를 말한다.

📁 **경찰국, 출범하자마자 김순호 경찰국장 '밀정 의혹'에 곤혹**

행정안전부가 8월 2일 신설한 경찰국이 출범한 지 얼마 되지 않아 암초를 만났다. 김순호 초대 경찰국장의 이른바 '밀정' 의혹이 불거진 것이다. 김 국장은 1989년 노동운동단체 인천부천민주노동자회(인노회) 동료들을 밀고하고 그 대가로 경찰에 대공요원으로 특채됐으며, 이에 앞서 국군보안사령부(현 군사안보지원사령부)의 녹화사업(사상전향 공작) 대상자로서 프락치 노릇을 하면서 대학 서클 동향을 적극적으로 보고했다는 의심을 받고 있다.

일부 야당 의원은 김 국장이 스스로 물러나라고 압박했으며 김 국장의 거취와 관련한 압박은 이상민 장관과 윤희근 경찰청장에게도 향했다. 윤 청장은 이와 관련해 "행안부 의사가 중요해 기다리고 있다"고 8월 22일 밝혔다. 또 "저희는 그쪽(행안부)에 (김 국장을) 파견했기에 파견받은 기관의 이사가 중요하다"고 말했다.

정답 ②

03 OPEC 가입국이 아닌 나라는?

① 이란
② 리비아
③ 에콰도르
④ 베네수엘라

해설 OPEC 가입국은 ▲이란 ▲이라크 ▲쿠웨이트 ▲사우디아라비아 ▲베네수엘라 ▲리비아 ▲아랍에미리트(UAE) ▲알제리 ▲나이지리아 ▲가봉 ▲앙골라 ▲적도 기니 ▲콩고 공화국 등 13개국이다. 에콰도르는 2020년 1월 OPEC을 탈퇴했다.

📂 **올해 누적 무역적자 255억달러...연간 최대 기록**

8월 수출은 1년 전보다 6.6% 증가했지만 수입 증가율은 28.2% 증가해 8월 무역적자가 100억달러에 육박했다. 이에 월간 무역수지는 14년여 만에 5개월 연속 적자를 기록했다. 올해 누적 무역적자 규모는 200억달러를 훌쩍 웃돌며 연간 최대 기록을 넘어섰다.

8월 수출액은 566억7000만달러로 작년 동월보다 6.6% 증가한 반면 수입액은 661억5000만달러로 작년 동월 대비 28.2% 증가했다. 수입 증가율은 작년 6월부터 지난 7월까지 14개월 연속 수출 증가율을 웃돌았다. 주요 품목별로 보면 원유(54.1%), 가스(80.4%), 석탄(143.4%) 등의 수입액이 늘었다. 3대 에너지원인 원유, 가스, 석탄의 합계 수입액은 124억8800만달러를 기록했다.

정답 ③

04 종합부동산세에 대한 설명으로 옳지 않은 것은?

① 부동산 거래 활성화를 위한 목적으로 시행됐다.
② 주택의 경우 공시가격 합산액이 6억원을 넘기면 과세 대상이다.
③ 주택에 대한 종합부동산세와 토지에 대한 종합부동산세를 합한 금액이다.
④ 매년 6월 1일(과세기준일) 기준 소유 부동산을 기준으로 과세대상 여부를 판정한다.

해설 종합부동산세는 부동산 투기수요를 억제하여 부동산 가격을 안정시키기 위한 목적으로 2005년 6월부터 시행됐다. 주택의 경우 공시가격 합산액이 6억원을 넘기면 종부세 과세 대상이다. 단, 1세대 1주택자는 11억원까지 공제받는다.

📂 **종부세 완화 법안, 국회 본회의 통과**

일시적 2주택자와 고령자·장기보유 1주택자 등을 대상으로 부담을 완화해주는 종합부동산세법 개정안이 9월 7일 국회 본회의를 통과했다. 종부세법 개정안은 이사를 위해 신규 주택을 취득했지만 기존 주택을 바로 처분하지 못해 2주택자가 된 경우, 상속으로 주택을 취득한 경우, 투기 목적 없이 지방 저가 주택을 보유한 경우 '1가구 1주택' 지위를 유지해주기로 했다.

대상자는 이사에 따른 일시적 2주택자 5만 명, 상속 주택 보유자 1만 명, 공시가 3억원 이하 지방 저가 주택 보유자 4만 명 등 10만 명으로 추산된다. 이들은 기존에 다주택자로 분류되면서 최고 6%(1.2~6.0%)의 중과세율로 세금을 내야 했지만, 개정안의 본회의 통과로 기본세율(0.6~3.0%)로 세금을 낸다. 비과세 기준선도 현재 6억원에서 11억원(1주택자 기본 공제금액)으로 올라가고, 최대 80%의 고령자·장기 보유 세액공제도 받을 수 있다.

정답 ①

05 유형 혹은 무형의 객체들이 서로 연결되어 데이터를 인터넷으로 주고받는 기술은?

① 빅데이터
② 클라우드
③ 사물인터넷
④ 소프트웨어

해설 세상의 유형 혹은 무형의 객체들이 다양한 방식으로 서로 연결되어 실시간으로 데이터를 인터넷으로 주고받는 기술을 사물인터넷(IoT, Internet of Things)이라고 한다. 사물인터넷은 개별 객체들이 제공하지 못했던 새로운 서비스를 제공할 수 있다.

🗁 5년간 '100만 디지털 인재' 키운다

정부가 초·중학교 코딩 교육을 필수화하고 대학 디지털 분야 학부 정원 규제를 푸는 등 관련 제도를 정비해 올해부터 2026년까지 5년간 100만 명의 디지털 인재를 육성하기로 했다. 인공지능, 일반 소프트웨어, 빅데이터, 메타버스, 클라우드, 사물인터넷 관련 기술을 개발·활용하는 데 필요한 지식과 역량을 갖춘 디지털 인재를 길러내는 게 목표다.

정부는 대학이 교원확보율만 충족하면 디지털 분야 학부 정원을 늘릴 수 있도록 했으며 학–석–박사 5.5년 통합과정으로 조기 박사학위 취득도 지원한다. 디지털 분야 대학원도 늘린다. 또한 초·중학교 코딩교육 필수화를 통해 정보교육 수업시수도 늘린다. 다만, 5년간 50만 명을 실질적으로 추가 양성해낼 수 있을지, 과잉공급이 되지 않을지를 우려하는 목소리도 나온다.

정답 ③

06 개정 군사법원법에 대한 설명으로 옳지 않은 것은?

① '이예람 공군 사망 사건'을 계기로 개정됐다.
② 사망사건은 1심부터 일반 법원이 재판권을 행사한다.
③ 경찰이 군에서 발생한 사망사건의 사실확인과 조사를 담당한다.
④ 군에서 발생한 성폭력 범죄 등 3대 범죄에 대한 수사·재판권이 민간으로 이전됐다.

해설 2022년 7월 시행된 개정 군사법원법은 군에서 발생한 사망사건의 사실확인과 조사는 군사경찰이 하되 그 과정에서 군사경찰이 범죄 혐의를 인지한 경우 경찰에 인계하도록 돼 있다.

🗁 특검, 이성용 전 공군총장 소환...의혹 조사

고(故) 이예람 중사 사망 사건을 수사하는 안미영 특별검사팀이 8월 23일 사건 당시 공군 최고 책임자인 이성용 전 공군 참모총장을 참고인 신분으로 소환했다. 그는 공군 성추행 피해자인 이 중사의 사망과 가해자 송치 당시 관련 사항을 서욱 전 국방부 장관에게 뒤늦게 보고했다는 지적을 받았다. 군 검찰 수사 때 가해자 장 모 중사의 구속 검토를 지시했으나, 공군 법무라인 지휘부에서 이를 무시했다는 의혹도 나왔다.

그는 이러한 부실 수사 논란이 증폭되던 지난해 6월 취임 8개월 만에 사의를 표명해 역대 최단명 공군 참모총장으로 기록됐다. 특검팀은 이 전 총장을 상대로 수사 무마·부실 초동 수사 의혹과 관련한 전반적인 사실관계와 공군 수뇌부의 개입 정도를 확인한다.

정답 ③

07 러시아의 문명이 유럽이나 아시아가 아닌 유라시아 고유의 지정학적 개념에 속한 다고 가정하는 러시아의 정치 운동은?

① 대러시아
② 대서양주의
③ 범슬라브주의
④ 유라시아주의

해설 유라시아주의(Eurasianism)는 러시아의 문명이 유럽이나 아시아가 아닌 유라시아 고유의 지정학적 개념에 속한다고 가정하는 러시아의 민족주의적 정치 운동이다. 유라시아주의는 구소련 해체 후 혁명에 대한 반응으로써 20C에 등장하였다.

🗂 '푸틴의 철학자' 알렉산드르 두긴, 암살 표적되다

▲ 알렉산드르 두긴

러시아 극우 민족주의 사상가인 알렉산드르 두긴이 암살 표적으로 떠올랐다. 지난 8월 20일 두긴의 딸 다리야 두기나가 폭탄 테러로 사망한 가운데 주요 외신은 러시아의 우크라이나 침공에 사상적 기반을 제공한 두긴이 암살 표적이 됐다고 보도했다. 뉴욕타임스(NYT)는 두긴이 러시아 제국의 부활을 강조하고 우크라이나 침공의 명분이 된 신유라시아주의의 창시자로 블라디미르 푸틴 러시아 대통령이 전쟁을 결심하는 데 지대한 영향을 미쳤다고 설명했다.

당초 공산주의에 반대하는 반체제 인사였던 두긴은 소련이 해체될 무렵 서방의 영향력에 대항해 러시아가 세계의 중심이 되어야 한다고 주창했다. 변방에 머물던 극우 민족주의적 사상은 최근 몇 년 사이 러시아 정치권의 주류로 부상했고 급기야 '푸틴의 철학자'로까지 불리게 됐다. 두긴은 과거 우크라이나 크림반도 강제병합에도 관여했으며 현재에도 푸틴 정권에 대한 지지를 표명하고 있다.

정답 ④

08 러시아에서 독일로 직접 이어지는 천연가스 파이프는?

① 가스프롬
② 업스트림
③ 사우스스트림
④ 노르트스트림

🗂 러시아 "가스 공급 중단"... 유럽 가스값 1년 전보다 1000% 상승

러시아가 8월 말 일시적으로 유럽행 가스관을 아예 걸어 잠그겠다고 예고하면서 유럽 시장에서 가스 가격이 급등했다. 8월 22일(현지시간) 네덜란드 에너지 선물시장에서 9월 인도분 네덜란드 TTF 가스선물 가격은 장중 1메가와트시(MWh)당 전 거래일보다 20.6% 뛴 295유로까지 치솟았다. 이는 1년 전 기록했던 26유로에 비하면 1000% 이상 뛴 수준이다.

러시아 국영가스회사 가스프롬은 지난 8월 19일 노르트스트림-1의 유지보수를 위해 이 가스관을 통한 가스공급을 8월 31일부터 9월 2일까지 3일간 중단한다고 밝혔다. 발표 이후 유럽행 가스공급이 아예 중단될 수도 있다는 우려에 천연가스 선물 가격은 8월 19일에 이어 계속 급등세를 이어갔다.

정답 ④

해설 노르트스트림은 유럽 발트해 아래 위치한 천연가스 파이프라인으로, 러시아에서 독일로 직접 이어진다.

09 중국에서 '2030년 이전 탄소 배출 정점, 2060년 이전 탄소 중립'을 실현하겠다는 정책은?

① CF100
② 쌍탄 목표
③ CF1 2030
④ 그린뉴딜 정책

해설 2020년 9월 유엔총회 연설에서 시진핑 주석은 자국 탄소 배출량이 2030년 정점을 찍고 2060년에는 탄소 중립을 실현한다는 쌍탄 목표를 제시했다.

📁 **中 61년 만에 최악의 가뭄·폭염, 전력난까지 덮쳐**

중국이 유례없는 폭염과 가뭄, 그리고 폭우를 동시에 겪으면서 이상기후로 몸살을 앓고 있다. 중국 기상과학원은 올해 폭염이 1961년 기상 관측 이래 최장, 최강이라고 밝혔다. 강수량도 예년 절반 수준에 그치면서 최악의 가뭄까지 겪고 있다. 중국 '수력발전 기지' 쓰촨은 전력 생산이 절반으로 감소하면서 8월 15일부터 공장 가동을 전면 중단했다. 그 여파로 쓰촨 자동차 부품업체들의 생산라인이 멈춰 테슬라 등 상하이 완성차 업체의 조업이 차질을 빚었다.

엎친 데 덮친 격으로 서북 내륙에서는 폭우로 홍수가 발생해 수많은 이재민이 발생했으며 동북부 헤이룽장성 다싱안링에는 폭설이 내렸다. 이상 기후로 잇단 자연재해는 1978년 개혁·개방 이후 중국이 추구한 고도성장 정책의 이면에 깔린 '그림자'라는 지적이 나온다.

정답 ②

10 을지 자유의 방패(UFS)에 대한 설명으로 적절하지 않은 것은?

① 2018년 마지막으로 시행되고 이후 영구 폐지되었다.
② 북한 공격 격퇴를 연습하는 1부와 수도권 안전 확보를 연습하는 2부로 나뉜다.
③ 기존 컴퓨터 시뮬레이션 방식 훈련뿐만 아니라 야외 실기동 훈련 또한 진행했다.
④ 정부연습(을지)과 군사연습(프리덤)이 통합돼 3박 4일 동안 시행됐다.

해설 을지 자유의 방패(UFS, Ulchi Freedom Shield)는 지난 2017년 8월 마지막으로 시행되고 폐지되었다가 5년 만에 재개되었다.

📁 **한미, 을지프리덤실드 연합연습 돌입**

한미 군 당국은 8월 22일 '을지 자유의 방패'(UFS·을지프리덤실드) 연합훈련을 시작했다. 정부와 군은 이번 UFS를 통해 범정부 차원의 위기관리와 연합작전 지원 절차를 숙달해 북한의 국지도발 및 전면전에 대비한 국가총력전 수행 능력을 향상한다는 방침이다. 이번 UFS는 전시 체제로 전환해 북한 공격 격퇴 및 수도권 방어를 연습하는 1부와 수도권 안전을 확보하기 위한 역공격과 반격작전을 숙달하는 2부로 이어진다.

이번 연습에서는 컴퓨터시뮬레이션에 기반한 지휘소연습에 국한하지 않고 제대·기능별로 전술적 수준의 실전적인 연합 야외기동훈련이 진행된다고 국방부는 설명했다. 한편, 북한은 선전매체를 동원해 UFS를 맹비난하고 8월 17일에는 순항미사일을 발사하며 무력시위를 벌이는 등 반발하는 모습이다.

정답 ①

11 문화재 분류 기준에 따라 기념물에 해당하는 것은?

① 국보
② 명승
③ 보물
④ 민속문화재

해설 기념물의 종류로는 사적, 명승, 천연기념물, 지방기념물 등이 있다. ①국보와 ③보물은 유형문화재에 해당한다.

🗁 국내서 '화성 뿔공룡' 화석 첫 발견

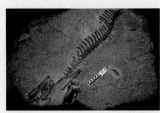

▲ 코리아케라톱스 (자료 : 문화재청)

2008년 경기 화성시에서 발견된 '화성 뿔공룡' 화석이 천연기념물이 된다. 문화재청은 국내에서 처음 발견된 신종 각룡류(뿔이 달린 공룡) 뼈 화석인 '화성 뿔공룡'(코리아케라톱스 화성엔시스) 골격 화석을 국가 지정문화재 천연기념물로 지정할 예정이라고 8월 22일 밝혔다.

코리아케라톱스 화성엔시스는 '화성에서 발견된 한국 뿔공룡'을 의미한다. 이 공룡 화석은 하반신의 모든 뼈가 제자리에 있는 거의 완전한 상태로 발견되었으며 연구 결과 우리나라에서 처음으로 발견된 각룡류인 것으로 밝혀졌다. 문화재청은 "우리나라에서 발견된 거의 유일한 공룡 골격 화석으로, 원형 보존상태가 좋고 신종 각룡류 공룡으로 국제적으로도 인정받은 대표 공룡화석으로 가치가 매우 높다"고 밝혔다.

정답 ②

12 2022년 기준 반환되지 못한 국내 문화재는?

① 일영원구
② 겸재정선화첩
③ 직지심체요절
④ 조선왕조실록 오대산사고본

해설 직지심체요절(直指心體要節)은 현존하는 세계에서 가장 오래된 금속 활자본으로 현재 프랑스국립도서관에 보관되어 있다.

🗁 지구본 닮은 조선 후기 '휴대용 해시계' 귀환

▲ 해시계 일영원구 (자료 : 문화재청)

둥근 공 모양으로 어느 지역에서나 시간을 측정할 수 있도록 한 조선 후기의 독특한 해시계가 국내로 돌아왔다. 국내에서는 처음으로 확인된 형태의 해시계다. 문화재청은 지난 3월 미국의 한 경매에서 '일영원구'를 매입해 국내로 들여왔다고 8월 18일 밝혔다. 이번에 들어온 '일영원구'는 지금까지 학계에 알려진 바 없는 희귀한 유물로 평가된다.

두 개의 반구가 맞물려 있는 이 시계는 각종 장치를 조정해 시간을 측정한 것으로 추정된다. 이 시계는 독특한 형태와 더불어 역사적·과학적으로도 중요한 유물로 평가되며 제작 시기와 제작자를 알 수 있는 과학 유물이라는 점에도 주목된다. 조선 후기의 특성을 반영한 주조 기법과 장식 요소도 돋보인다.

정답 ③

13 전기차 배터리의 핵심 소재로 옳지 않은 것은?

① 베릴륨
② 코발트
③ 천연 흑연
④ 수산화리튬

해설 전기차 배터리의 핵심 소재로는 수산화리튬, 코발트, 천연 흑연, 니켈, 리튬 등이 있다.

📁 **자동차 배터리 핵심 소재 中의존도 심화**

최근 수년간 전기차 배터리 핵심 소재인 수산화리튬과 코발트, 천연 흑연 등의 대(對)중국 의존도가 더욱 높아진 것으로 나타났다. 8월 22일 한국무역협회에 따르면 올해 1~7월 이차전지 핵심 소재인 수산화리튬 수입액 17억4829만달러 가운데 중국 수입액이 14억7637만달러로 84.4%를 차지했다. 같은 기간 코발트 또한 전체 수입액 1억5740만달러 중 중국 수입액이 1억2744만달러로 81%를 기록했으며 천연 흑연의 경우 전체 수입액 7195만달러 중 중국산이 6445만달러로 비중이 89.6%에 달했다.

이런 가운데 내년부터는 배터리에 중국 광물과 부품을 일정 비율 이상 사용하면 미국에서 전기차 보조금을 받지 못해 국내 자동차·배터리 업계는 그야말로 비상이다. 미국이 이처럼 전기차 보조금 수령 요건을 강화한 것은 반도체와 마찬가지로 자동차·배터리 공급망에서도 중국을 배제하기 위한 조치라는 게 대체적인 분석이다.

정답 ①

14 RE100에 대한 설명으로 옳지 않은 것은?

① '재생에너지 100%'의 약자이다.
② 글로벌 기업들의 자발적 참여로 진행된다.
③ 영국 런던의 다국적 비영리기구 '더 클라이밋 그룹'에서 발족됐다.
④ 기업 사용 전력의 100%를 태양열·풍력·지열·원자력발전 등의 에너지원으로 충당하겠다는 캠페인이다.

해설 RE100은 기업 사용 전력의 100%를 태양열, 바이오, 풍력, 수력, 지열 등 재생에너지로 충당하겠다는 캠페인이다. 원자력발전은 재생에너지에 해당하지 않는다.

📁 **네이버, 국내 인터넷 기업 최초 'RE100' 가입**

▲ 네이버 사옥의 옥상 태양광 시설 (자료 : 네이버)

네이버는 탄소중립 달성을 위한 글로벌 'RE100' 이니셔티브에 가입했다고 8월 22일 밝혔다. RE100 가입 대상은 연간 100GWh(기가와트시) 이상 전력을 소비하는 기업으로 국내에서는 SK텔레콤과 KT 등 20여 개 기업이 이름을 올렸다. 국내 인터넷 기업 중 RE100에 가입한 것은 네이버가 처음이다.

네이버는 2030년까지 인터넷데이터센터(IDC)와 사옥 등에서 사용되는 전력의 60%를, 2040년까지 100%를 재생에너지로 대체한다는 계획이다. 네이버는 이런 목표 달성을 위해 지난해 수립한 '2040 카본 네거티브 로드맵'을 실천하기로 했다. 또 PPA(재생에너지 구매 계약) 등 재생에너지 조달 확대 방안을 마련하고, 사옥·IDC의 재생에너지 자가 발전 시설을 늘리는 한편 에너지 저감기술 도입 등을 실행할 예정이다.

정답 ④

15 세계 4대 프로축구리그가 아닌 것은?

① 라리가
② 세리에A
③ 리그앙
④ 분데스리가

☐ 김민재, 2경기 만에 나폴리 데뷔골

▲ 데뷔골 터뜨린 김민재 (자료 : 나폴리 구단 트위터 캡처)

김민재가 2경기 만에 이탈리아 무대에서 데뷔골을 터뜨렸다. 김민재는 8월 22일 이탈리아 나폴리에서 열린 2022-2023시즌 세리에A 2라운드에서 몬차를 상대로 선발 출전해 소속팀 나폴리의 4-0 대승에 마침표를 찍는 골을 터뜨렸다. 올 시즌을 앞두고 튀르키예를 떠나 이탈리아 무대에 입성하여 '빅리거'가 된 김민재의 세리에A 데뷔골이자 시즌 첫 득점이다.

한국 수비수 중 세리에A 무대에서 골을 넣은 것은 김민재가 처음이다. 골로 팀 승리를 도운 김민재는 본업인 수비에서도 제 역할을 빛냈다. 김민재는 9번이나 공 소유권을 빼앗았는데 이는 양 팀을 통틀어 가장 높은 수치. 축구 통계 사이트 후스코어드닷컴은 김민재에게 선발 출전 선수 중 3번째로 높은 7.8점을 부여했다.

해설 세계 4대 프로축구리그로는 ▲영국의 프리미어리그 ▲스페인의 라리가 ▲이탈리아의 세리에A ▲독일의 분데스리가를 꼽는다.

정답 ③

16 2022년 '신 주도주'로 부상한 업종을 일컫는 신조어는?

① BBIG
② FAANG
③ 태조이방원
④ 네카라쿠배

☐ 환율 13년여 만에 1340원 돌파

8월 22일 원·달러 환율이 13년 4개월 만에 1340원을 돌파했다. 환율이 1340원을 넘어선 것은 금융위기 당시인 2009년 이후 처음이다. 최근 달러 강세가 이어진 데 따라 환율은 6월 23일 1300원대에 올라선 이후 고점을 높여왔다. 미국 연방준비제도(Fed·연준)가 공격적인 긴축 의지를 재확인하면서 달러화가 강세를 보이고 있다. 7월 연방공개시장위원회(FOMC) 의사록에서 연준이 지속적인 긴축 방침을 강조한 데 이어 연준 주요 인사들의 매파(통화 긴축 선호) 발언이 이어졌다.

외환당국이 구두개입성 발언에 나섰음에도 고공행진하는 환율을 막기에는 부족했다. 추경호 경제부총리 겸 기획재정부 장관은 "달러화가 20년 만에 최고치까지 상승한 영향으로 주요국 통화 모두 달러화 대비 큰 폭의 약세를 보이고 있다"며 "우리도 8월 들어 무역수지 악화, 위안화 약세 영향 등이 중첩되며 원·달러 환율이 빠르게 상승하는 흐름을 보이고 있다"고 말했다.

해설 태조이방원은 최근 증시 반등을 이끌고 있는 ▲태양광 ▲조선 ▲이차전지 ▲방산(방위산업) ▲원자력의 앞 글자를 따서 만든 신조어다.

정답 ③

01 팩터링(factoring)에 대한 설명으로 옳은 것은?

① 단기자금 조달을 목적으로 도입된 기업 어음의 일종이다.

② 사금융 등의 금융 거래를 막기 위해 도입된 제도이다.

③ 채권을 보유한 투자자가 일정 기간 경과 후 발행사가 보유한 타 기업의 주식으로 교환할 수 있는 권리가 붙은 사채를 말한다.

④ 금융기관이 기업의 매출 채권을 매입하고 이를 바탕으로 기업에 자금을 빌려주는 제도이다.

해설 팩터링(factoring)은 기업의 외상 매출 채권을 매입하여 대금 회수를 행하는 채권 인수업으로, 기업들의 외상 매출 채권을 신속하게 현금화하여 기업 활동을 돕자는 목적에서 도입된 제도이다.

정답 ④

02 다음 중 환율이 하락할 때 일어나는 현상으로 옳지 않은 것은?

① 수출이 감소한다.

② 경상 수지가 악화된다.

③ 국내 물가가 하락한다.

④ 외채 상환 부담이 증가한다.

해설 환율이 하락하면 수출품 가격의 상승으로 수출이 감소하고 수입품 가격의 하락으로 수입이 증가하기 때문에 경상 수지가 악화되나, 국내 물가가 함께 하락하고 기업의 외채 상환 부담이 줄어드는 장점도 있다.

정답 ④

03 다음 용어와 그에 대한 설명이 바르게 연결된 것은?

① 머니 론더링 − 은행 차관

② 모라토리엄 − 지불 유예

③ 모럴해저드 − 돈세탁

④ 뱅크론 − 도덕적 해이

해설 ① 머니 론더링(money laundering) : 돈세탁
③ 모럴해저드(moral hazard) : 도덕적 해이
④ 뱅크론(bank loan) : 은행 간의 차관

정답 ②

04 경제 활동 인구에 관한 설명으로 잘못된 것은?

① 자발적으로 종교 단체나 자선 사업에 종사하는 사람들도 포함된다.

② 노동 시장에 노동을 공급함으로써 경제생활에 기여할 수 있는 인구를 말한다.

③ 일은 하고 있지 않지만 일을 찾고 있는 실업자를 모두 포함한다.

④ 한 나라의 잠재노동력을 나타내는 개념이다.

해설 한국의 경우 15세 이상인 사람들 가운데 일할 능력이 있고 취업할 의사가 있는 인구를 경제 활동 인구라고 한다. 경제 활동 인구는 한 나라의 잠재노동력을 나타내는 개념으로서, 수입(收入)을 목적으로 현재 일을 하고 있는 취업자와, 일은 하고 있지 않지만 일을 찾고 있는 실업자를 모두 포함한다. 따라서 경제 활동 인구에서 취업자 수를 빼면 그것이 곧 실업자 수가 된다.

정답 ①

05 전사적 품질경영을 뜻하는 것은?

① TQM

② TQC

③ SQC

④ QC

해설 전사적 품질경영은 'Total Quality Management'의 약자인 TQM으로 나타낸다. ②TQC(Total Quality Control)는 전사적 품질관리, ③SQC(Statistical Quality Control)는 통계적 품질관리, ④ QC(Quality Control)는 품질관리의 줄임말이다.

정답 ①

06 생산활동에 직접적으로 참여하지 않으나 간접적으로 기여하는 자본을 무엇이라 하는가?

① 사회 간접 자본

② 매판 자본

③ 독점 자본

④ 가변 자본

해설 사회 간접 자본(SOC)은 물건을 생산하는 데에는 직접적으로 사용되지 않지만 도로, 전력, 통신, 항만, 철도 등 생산활동에 간접적으로 도움을 주는 시설을 말한다.

정답 ①

07 다음 중 관세에 대해 설명한 것으로 옳지 않은 것은?

① 중요한 국내 산업을 보호하려 할 때 긴급 관세를 부과한다.
② 무역 상품에 부과되는 세금이다.
③ 수입품의 일정한 수량을 기준으로 부과하는 관세는 슬라이딩 관세다.
④ 일정한 계절에만 부과하는 계절 관세는 대부분 농작물에 적용된다.

해설 수입품의 일정한 수량을 기준으로 부과하는 관세는 할당 관세이다. 할당 관세는 수입할당제와 관세의 기술적인 특성을 혼합하여 이 두 가지 정책수단이 개별적으로 실시됨에 따라 발생되는 결함을 보완하기 위하여 마련된 정책수단이다.
정답 ③

08 특정 품목의 수입이 급증하여 국내 산업에 커다란 손실을 입힐 것으로 판단되는 경우 일시적으로 발동하는 긴급 수입제한조치는?

① 스왑거래
② 세이프가드
③ 펠리 수정법
④ 보호 무역주의

해설 세이프가드(safe guard)에 대한 설명이다. 세이프가드에 의한 제한조치 및 방식, 적용기간, 보상 문제 등 관련된 여러 사안에 대하여 당사국이 협의하면 WTO가 최종 결정을 내리게 된다.
정답 ②

09 다음 중 우리나라와 자유 무역협정을 맺고 있지 않은 나라는?

① 미국
② 러시아
③ 칠레
④ 싱가포르

해설 러시아는 한국과 자유 무역협정(FTA)을 맺고 있지 않다.
정답 ②

10 다음 중 불문법에 해당하지 않는 것은?

① 관습법

② 조례

③ 조리

④ 판례법

11 재고를 남겨두지 않고 필요할 때 적기에 제품을 생산하는 생산 방식과 관계있는 회사는?

① 도요타

② 포드

③ 삼성전자

④ GE

12 다음 중 아웃소싱에 대한 설명으로 옳지 않은 것은?

① 조직이 슬림화·유연화된다.

② 외부 환경에 대한 적응력을 높일 수 있다.

③ 각 부문·기능 간 상호 밀접한 관계가 형성된다.

④ 기업의 업무 중 일부를 외부 기업에 위탁하여 처리하는 것을 말한다.

2022년 SBS 교양 PD

※ 약술형 (01~08)

01 더블보기

_____

_____

_____

_____

_____

_____

02 AVOD, SVOD

_____

_____

_____

_____

_____

_____

03 긱워커

_____

_____

_____

_____

_____

04 포노 사피엔스

_____

_____

_____

_____

_____

_____

_____

_____

05 돌민정음

_____

_____

_____

_____

_____

_____

06 돈바스 지역

_____

_____

_____

_____

_____

_____

_____

07 칩4 동맹

_____

_____

_____

_____

_____

_____

08 콘텐츠 IP

_____

_____

_____

_____

_____

_____

❖ IP 게임 (Intellectual Property game)

> IP 게임은 영화, 만화, TV 시리즈 등 기존 콘텐츠의 캐릭터와 스토리, 세계관에 대한 권리인 IP(지식재산권)를 활용한 게임이다. 애니메이션 '포켓몬스터' 시리즈 IP를 활용한 '포켓몬 고(GO)'가 대표적이다.

정답

01 더블보기는 골프 용어로서 한 홀에서 기준타수보다 2타 많은 타수로 홀인하는 것을 말한다.

02 AVOD와 SVOD는 광고 시청 및 결제 방식에 따른 OTT(인터넷동영상서비스)의 구분으로서 AVOD(Advertising Video On Demand)는 소비자가 광고를 보는 대가로 무료로 콘텐츠를 시청할 수 있는 서비스다. SVOD(Subscription Video on Demand)는 정기 결제하면 일정 기간 제한 없이 콘텐츠를 시청할 수 있는 주문 구독형 비디오 서비스로서 기존 넷플릭스, 웨이브, 쿠팡플레이 등이 있다.

03 긱워커는 필요할 때마다 계약직 혹은 임시직으로 계약을 맺고 일회성으로 일하는 노동자를 이르는 말이다. 지식 정보 산업의 활성화로 다양한 플랫폼이 생겨나고 일과 삶의 균형을 중시하는 풍조가 활성화되면서 긱워커가 늘어났다. 하지만 긱워커는 임시직이고 수입이 불안정하다는 문제도 안고 있다.

04 포노 사피엔스는 스마트폰이라는 강력한 도구를 손에 넣은 신인류이자 스마트폰 없이 살아가기 힘들어 하는 세대를 뜻한다. 스마트폰의 영향으로 시·공간의 제약 없이 자유로운 소통이 이뤄지고 정보 격차가 해소되며 사람들이 편리한 생활을 누리게 됐다는 의미를 담고 있다.

05 돌민정음은 '아이돌'과 '훈민정음'의 합성어로, 한국 아이돌 그룹의 글로벌 팬들이 주로 사용하는 단어를 한국어 발음 그대로 영어로 쓰는 것을 말한다. 예를 들어 볼수록 매력이 있다는 뜻의 '볼매'는 'bolmae'로, 제일 좋아하는 멤버를 일컫는 '최애'는 'choeae'로 사용되는 것처럼 한국 단어나 신조어를 발음 그대로 영어로 바꿔 자연스럽게 쓰는 것이다.

06 돈바스는 우크라이나 동부 지역을 일컫는 명칭이다. 돈바스는 우크라이나 영토였지만 러시아 남부와 인접해 친러시아 성향 주민들이 많았고 친러 반군이 독립을 주장하며 전쟁이 계속됐다. 러시아는 우크라이나 침공을 통해 돈바스 지역을 점령했고 우크라이나가 이를 탈환하기 위해 계속 교전이 이뤄지고 있는 상황이다.

07 칩4 동맹이란 ▲미국 ▲한국 ▲일본 ▲대만 4개국 간의 반도체 동맹으로 미국식으로는 팹4(fab4)로 표기한다. 칩(chip)은 반도체를, 4는 동맹국의 수를 의미한다. 칩4는 조 바이든 미국 대통령이 제안한 동맹으로 미국이 정치·외교적 갈등으로부터 자유로운 동맹국들과 공급망을 구축하려는 전략에 따른 것이다. 중국의 반도체 분야 발전을 견제하고 안정적인 반도체 공급망을 형성하는 것이 목적이다.

08 콘텐츠 IP는 지식재산권의 개념을 콘텐츠에 적용시켜 확장한 개념이다. 작품이 담고 있는 고유한 스토리이자 콘텐츠를 구성하는 기본적 요소로서 하나의 콘텐츠가 웹툰, 드라마, 영화, 뮤지컬, 음원 등으로 확장될 수 있도록 하는 원동력이다. 우수한 콘텐츠 IP는 콘텐츠 플랫폼의 성패를 좌우하는 만큼 콘텐츠 기업들은 이를 발굴·확장하는 데 주력하고 있다.

※ 단답형 (01~23)

01 파리과 곤충으로서 암수가 쌍으로 다니는 습성이 있으며 지난 5~6월 도심에 대거 나타났던 것은?

_____

_____

02 코로나 바이러스 표면의 스파이크 단백질을 만드는 유전정보를 지닌 리보핵산을 이용해 면역 계통의 후천 면역을 강화하는 백신은?

_____

_____

03 〈보기〉의 빈칸에 들어갈 말을 모두 쓰시오.

| 보기 |
( )이(가) 역대 한국 육상(필드 및 트랙 부문)에서 최고 성적을 냈다. 그는 2022년 7월 19일 미국 오리건주 유진 헤이워드 필드에서 열린 ( )대회에서 ( ) 종목에 출전해 2위를 차지했다.

_____

_____

04 미국텔레비전예술과학아카데미(ATAS)가 주최하는 미국 TV 부문 최대의 프로그램 시상식은?

_____

_____

05 작품을 무대에 올릴 때 공연 종료 시점을 정하지 않고 계속 공연하는 것은?

_____

_____

06 '최고의 총잡이'라는 뜻으로 전투기의 근접전에 능한 파일럿에게 붙는 명칭은?

_____

_____

07 미국 항공우주국(NASA)에서 허블 우주 망원경을 대체하기 위해 우주로 발사한 망원경은?

_____

_____

08 〈보기〉의 빈칸에 들어갈 말을 모두 쓰시오.

| 보기 |
중국 IT기업 바이트댄스가 운영하는 ( )을(를) 필두로 숏폼 영상 플랫폼이 전성기를 구가하면서 기존 사업자들도 숏폼 콘텐츠에 공을 들이고 있다. 유튜브는 숏폼 콘텐츠로 ( )을(를) 서비스하고 있고 인스타그램은 ( )을(를) 도입했다.

_____

_____

09 〈보기〉의 빈칸에 들어갈 말을 모두 쓰시오.

┤ 보기 ├

2022년 5월 28일(현지시간) 프랑스 칸 뤼미에르 극장에서 열린 제75회 칸영화제 시상식에서 (   )을(를) 연출한 (   ) 감독이 감독상을 받았다.

10 대한민국 해군이 처음으로 진수한 8200톤급 차세대 이지스 구축함은?

11 〈보기〉의 빈칸에 들어갈 말을 모두 쓰시오.

┤ 보기 ├

2022년 7월 5일 한국계 수학자인 (   ) 미국 프린스턴대 교수 겸 한국 고등과학원(KIAS) 수학부 석학교수가 수학계의 노벨상이라고 불리는 (   ) 수상의 영예를 안았다.

12 법정화폐와 연동돼 가격 변동성을 최소화하도록 설계된 암호 화폐를 일컫는 말은?

13 형벌 법령에 저촉되는 행위를 한 10세 이상 14세 미만인 소년을 무엇이라고 하는가?

14 손흥민이 소속해 있는 리그와 팀명을 쓰시오.

15 우리나라 기술로 개발한 첫 3단계 액체로켓으로서 2022년 6월 21일 2차 발사에 성공한 것은?

정답 **01** 러브버그   **02** mRNA 백신   **03** 우상혁, 세계육상선수권, 높이뛰기   **04** 에미상   **05** 오픈런   **06** 탑건
07 제임스웹 망원경   **08** 틱톡, 쇼츠, 릴스   **09** 헤어질 결심, 박찬욱   **10** 정조대왕함   **11** 허준이, 필즈상
12 스테이블 코인   **13** 촉법소년   **14** 잉글랜드프리미어리그, 토트넘 홋스퍼   **15** 누리호

16 BTS, 에스파, 블랙핑크 멤버 수의 합은?

_____

_____

17 2022년 반 클라이번 피아노 콩쿠르에서 우승한 피아니스트는?

_____

_____

18 〈보기〉의 빈칸에 들어갈 말을 모두 쓰시오.

┤ 보기 ├

사이버 외교 사절단 반크는 애플TV+ 드라마 (   )이(가) 세계적인 인기를 끌고 있는 것을 지렛대 삼아 대대적으로 일제강점기 한국의 역사를 알려 나가는 캠페인을 전개한다고 밝혔다. 재미동포 1.5세 (   ) 작가의 동명 소설이 원작인 이 드라마는 일제강점기 극심한 탄압을 받던 조선인들의 이야기를 담고 있다.

_____

_____

19 '골 때리는 그녀들 시즌2' 슈퍼리그 4강 진출팀을 모두 쓰시오.

_____

_____

20 〈보기〉에서 웹툰 원작이 아닌 드라마는?

┤ 보기 ├

• 사내맞선   • 징크스의 연인
• 왜 오수재인가   • 어게인 마이 라이프

_____

_____

21 임진왜란 3대 대첩을 모두 쓰시오.

_____

_____

22 주식시장에서 매수세가 이어지는 강세장과 주가가 지속 하락하는 약세장을 동물에 빗대어 부르는 말을 순서대로 각각 쓰시오.

_____

_____

23 가상현실(VR)과 증강현실(AR)을 아우르는 혼합현실(MR) 기술을 망라하는 초실감형 기술 및 서비스를 일컫는 말은?

_____

_____

※ 단답형 (01~08)

01 대출을 받으려는 사람의 소득 대비 전체 금융 부채의 원리금 상환액 비율을 뜻하는 영문 약자는?

_____

_____

02 선진국과 개발도상국 양쪽으로부터 끼여 힘을 쓰지 못하는 경제 상황을 가리키는 말은?

_____

_____

03 지속적인 경고가 나와 충분히 예상할 수 있는데도 쉽게 간과하여 대처하지 못하는 위험 요인을 동물에 비유한 말은?

_____

_____

❖ 그레이 스완 (gray swan)

> 그레이 스완(회색 백조)은 화이트 스완처럼 반복적으로 일어나지 않아 정확한 예측은 어렵지만 어느 정도의 예측과 대응이 가능한 위기를 말한다. 그레이 스완은 화이트 스완(하얀 백조)과 블랙 스완(검은 백조)을 절충한 의미를 담고 있다. 화이트 스완은 축적된 데이터와 경험을 통해 충분히 예상할 수 있는 위기임에도 적절한 대응책을 마련하지 못하는 상황을 말한다. 블랙 스완은 과거의 데이터와 경험으로도 예상이 불가능하고 대응책을 마련하는 것도 불가능한 상황을 일컫는다.

04 사업 또는 사업장, 공중이용시설 및 공중교통수단을 운영하거나 인체에 해로운 원료나 제조물을 취급하면서 안전·보건 조치의무를 위반하여 인명피해를 발생하게 한 사업주, 경영책임자, 공무원 및 법인의 처벌 등을 규정한 법의 약칭은?

_____

05 2022년 5월 조 바이든 미국 대통령이 삼성전자 평택 반도체 공장을 방문해 사인을 남긴 반도체 웨이퍼는 몇 나노 반도체 웨이퍼였는가?

_____

06 한국은행이 2019년 이후 제시한 소비자물가 상승률(전년 동기 대비) 기준은 몇 %인가?

_____

07 법 규정의 위헌성이 드러났지만 위헌결정을 내릴 경우 그날부터 해당 규정의 효력이 상실됨에 따라 생기는 법적 혼란을 막기 위해 관련법이 개정될 때까지 한시적으로 법적 효력을 인정해 주는 헌법재판소의 변형결정은?

_____

정답 **16** 15   **17** 임윤찬   **18** 파친코, 이민진   **19** FC국대패밀리, FC액셔니스타, FC월드클라쓰, FC구척장신   **20** 왜 오수재인가
21 진주대첩, 한산도대첩, 행주대첩   **22** 불마켓, 베어마켓   **23** 확장현실(XR) / **01** DSR   **02** 넛크래커   **03** 회색 코뿔소
04 중대재해처벌법   **05** 3나노   **06** 2%   **07** 헌법불합치

08 빅데이터 산업 활성화 목적에 따라 활용할 수 있도록 개인정보의 일부나 전부를 삭제·대체함으로써 특정 개인을 식별할 수 없도록 만든 정보는?

_____

_____

❖ 데이터 3법

데이터 3법(데이터 규제 완화 3법)은 빅데이터 산업 육성을 위해 데이터 이용에 따른 규제를 푸는 법으로써 ▲개인정보보호법 ▲정보통신망법 ▲신용정보보호법으로 이뤄져 있다. 개인정보보호법은 가명정보 데이터를 제품·서비스 개발에 활용하고 개인정보 관리감독 기능을 하는 개인정보보호위원회를 일원화하는 데 초점을 맞춘다. 정보통신망법은 온라인상 개인정보보호 규제·감독 권한을 개인정보보호위원회로 변경하는 법이다. 신용정보보호법은 금융 분야 가명정보를 빅데이터 분석·이용에 활용할 수 있도록 하고 가명정보 주체의 동의 없이 정보의 이용·제공을 허용하는 내용이다.

※ 약술형 (01~08)

01 영포티

_____

_____

_____

_____

02 개인화와 초개인화

_____

_____

_____

_____

03 프롭테크

_____

_____

_____

_____

_____

04 프렌드쇼어링

_____

_____

_____

_____

❖ 리쇼어링 (reshoring)

리쇼어링이란 인건비 등 각종 비용 절감을 이유로 해외에 나간 자국 기업이 다시 국내에 돌아오는 현상을 말한다. 최근 중국 등 과거 개발도상국들의 인건비 상승, 눈에 보이지 않는 간접비용 부담, 전쟁, 자유 진영과 독재 진영 간 갈등 등으로 오프쇼어링(offshoring : 해외로 생산기지 이전)의 장점이 줄어들고 리쇼어링이 부각되고 있다.

05 경찰국

_____

_____

_____

_____

_____

06 애그플레이션

08 디지털트윈

07 베이다이허 회의

01 현재 한국의 40대 초반 남녀를 일컫는 말이다. 한때 X세대라고 불렸던 세대로, 전체 인구를 통틀어 인구가 가장 많다. 이들은 문화 소비에 대한 욕구가 크며 경제력도 뒷받침되기 때문에 최근 방송, 영화, 책, 공연 분야에서 이들에게 집중한 콘텐츠가 주류를 이루고 있다.

02 개인화는 성별, 거주지, 라이프스타일 등 개인별 특성을 통해 분류하는 마케팅 기법이다. 초개인화는 여기서 한 발 나아간 이커머스의 마케팅 전략으로서 소비자의 상황과 맥락을 실시간으로 파악한 뒤 니즈를 예측해서 상품이나 서비스를 제공하는 것을 통칭한다.

03 프롭테크는 부동산(property)과 기술(technology)의 합성어로, 모바일 채널과 빅데이터 분석, 가상현실 등 정보통신기술(ICT)을 접목해 혁신적인 서비스를 제공하는 것이다.

04 프렌드쇼어링이란 미국이 정치, 외교적 갈등으로부터 자유로운 우방국이나 동맹국들과 공급망을 구축하려는 움직임을 말한다. 중국·러시아를 공급망에서 배제하려는 의도도 반영됐다. 코로나19 사태에 이어 우크라이나 전쟁, 인플레이션 등으로 세계 각국에 걸친 공급망이 마비되면서 정치, 외교, 군사적 위험이 없는 우호국을 기반으로 새로운 물류 공급망을 재편하려는 의도로 나타난 현상이다.

05 경찰국은 행정안전부 소속 기관으로서 국가경찰위원회 안건 부의, 총경 이상 경찰공무원에 대한 임용 제청, 경찰 관련 중요 정책과 법령의 국무회의 상정, 자치경찰 지원 등을 담당한다.

06 애그플레이션은 농업(agriculture)과 인플레이션(inflation)의 합성어로 농산물 가격이 오르면 일반 물가도 오르는 현상을 말한다. 곡물 가격이 상승하면 곡물 사료를 먹는 가축 사육비에 영향을 주기 때문에 육류는 물론 우유나 버터 등 각종 유제품과 빵, 과잣값까지 높아지면서 애그플레이션으로 이어지게 되는 것이다.

07 베이다이허 회의는 중국 지도부가 매년 휴양지인 베이다이허에서 피서를 겸해 여는 회의다. 중국 공산당의 공식 회의는 아니지만 매년 열리는 공산당 중앙위원회 전체회의를 앞두고 주요 의제에 대한 사전 조율작업뿐 아니라 최고위층의 인사문제가 논의되는 등 중국의 권력이동과 정책의 향배를 가늠할 수 있어 세계의 주목을 받는다.

08 디지털트윈은 가상공간에 실물과 똑같은 물체를 만들어 다양한 시뮬레이션으로 검증해 보는 기술을 말한다. 제조업은 물론 항공, 건설, 헬스케어, 에너지, 국방, 도시설계 등 다양한 분야에서 활용될 수 있는 신기술로 주목받고 있다.

01 (가) 시대의 생활 모습으로 옳은 것은?

부여 송국리에서는 비파형 동검, 거푸집 등 (가) 시대의 대표적인 유물이 출토되었고, 다수의 집터 등 마을 유적과 고인돌이 남아 있습니다. 부여 송국리 유적이 선사 문화 체험 교육장으로 적극 활용될 수 있도록 많은 관심이 요구됩니다.

부여 송국리 유적, 교육 시설로 적극 활용 필요

① 주로 동굴이나 막집에 거주하였다.
② 철제 농기구를 제작하여 사용하였다.
③ 소를 이용한 깊이갈이가 일반화되었다.
④ 계급이 없는 평등한 공동체 생활을 하였다.
⑤ 반달 돌칼을 사용하여 곡물을 수확하였다.

해설 자료에서 제시된 부여 송국리 유적, 비파형 동검, 거푸집, 고인돌 등을 통해 (가) 시대는 청동기 시대임을 알 수 있다.
⑤ 반달 돌칼은 청동기 시대의 대표적인 유물로, 곡식의 이삭을 자르는 데 사용하던 농기구이다.

오답 피하기
① 동굴과 막집은 구석기 시대 대표적인 주거지이다.
② 철제 농기구는 철기 시대부터 사용하기 시작하였다.
③ 고려 시대에 소를 이용한 깊이갈이가 일반화되었다.
④ 계급은 청동기 시대에 등장하였고, 구석기·신석기 시대는 계급이 없는 평등한 사회였다.

02 다음 기획전에 전시될 문화유산으로 적절한 것을 보기에서 고른 것은?

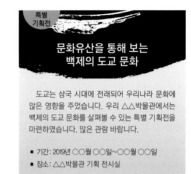

특별 기획전

문화유산을 통해 보는 백제의 도교 문화

도교는 삼국 시대에 전래되어 우리나라 문화에 많은 영향을 주었습니다. 우리 △△박물관에서는 백제의 도교 문화를 살펴볼 수 있는 특별 기획전을 마련하였습니다. 많은 관람 바랍니다.

■ 기간: 2019년 ○○월 ○○일~○○월 ○○일
■ 장소: △△박물관 기획 전시실

⊣ 보기 ⊢

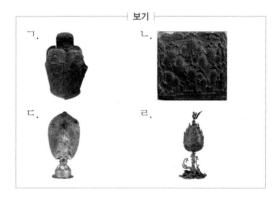

ㄱ. ㄴ.
ㄷ. ㄹ.

① ㄱ, ㄴ ② ㄱ, ㄷ ③ ㄴ, ㄷ
④ ㄴ, ㄹ ⑤ ㄷ, ㄹ

해설 백제의 도교 문화와 관련 있는 문화유산을 찾아야 한다.
ㄴ. 백제의 문화유산인 산수무늬 벽돌로 자연과 더불어 살고자 하는 마음이 반영된 백제의 대표적인 도교 문화유산이다.
ㄹ. 백제의 문화유산인 금동 대향로로 불로장생하는 신선이 용, 봉황과 같은 상상의 동물과 조화롭게 사는 도교의 이상 세계가 표현되어 있다.

오답 피하기
ㄱ. 김해 대성동 고분군에서 출토된 금관가야의 철제 판갑옷이다.
ㄷ. 고구려의 대표적인 불상인 연가 7년명 금동 여래 입상이다. 청동으로 만들고 금으로 도금하였으며, 뒷면에는 고구려와 관련된 글이 새겨져 있다.

03 밑줄 그은 '선종'의 활동으로 옳은 것은?

> 진성왕 즉위 5년에 선종(善宗)은 죽주의 적괴 기훤에게 의탁하였다. 기훤이 업신여기고 잘난 체하며 예우하지 않았다. 선종은 답답하고 스스로 불안해져서 몰래 기훤 휘하의 원회, 신훤과 결연하여 친구가 되었다. 그는 임자년에 북원의 도적 양길에게 의탁하였다.
> — 『삼국사기』 —

① 김흠돌 등 진골 세력을 숙청하였다.
② 고창 전투에서 고려군에게 패하였다.
③ 금성을 습격하여 경애왕을 죽게 하였다.
④ 금산사에 유폐된 후 왕건에게 귀부하였다.
⑤ 국호를 마진으로 바꾸고 철원으로 천도하였다.

해설 자료의 밑줄 그은 '선종'은 궁예이다. 궁예는 기훤의 휘하에 있다가 북원(오늘날 강원도 원주)의 호족 양길에게 의탁하였고, 이후 세력을 확장하며 후고구려를 건국하였다.
⑤ 궁예는 국호를 마진으로 바꾸고 도읍을 철원으로 옮겼다. 이후에는 국호를 다시 태봉으로 변경하였다.

오답 피하기
① 통일 신라 신문왕은 즉위 초에 김흠돌의 난(681)을 진압하며 진골 세력을 숙청하였다.
② 견훤이 이끄는 후백제군은 고창 전투(930)에서 왕건의 고려군에게 패하였다.
③ 신라 경애왕은 견훤이 이끄는 후백제군의 침략으로 죽음을 맞이하였다(927).
④ 견훤은 그의 아들인 신검에 의해 금산사에 유폐되었고 이후 고려로 귀부하였다(935).

04 다음 상황이 나타난 시기를 연표에서 옳게 고른 것은?

> 거란군이 귀주를 지날 때, 강감찬 등이 동쪽 교외에서 맞아 싸웠다. …… 고려군이 용기백배하여 맹렬하게 공격하니, 거란군이 북으로 도망치기 시작하였다. …… 거란군의 시신이 들판에 널렸고, 사로잡은 포로와 획득한 말, 낙타, 갑옷, 무기는 헤아릴 수 없이 많았다. 살아서 돌아간 자가 겨우 수천 명이었으니, 거란의 패배가 이토록 심한 적이 없었다.
> — 『고려사』 —

① (가) ② (나) ③ (다)
④ (라) ⑤ (마)

해설 제시된 자료에서 강감찬이 이끄는 고려군이 귀주에서 거란군을 물리쳤다는 내용을 통해 고려 시대 거란의 3차 침입 당시 강감찬이 대승을 거둔 귀주 대첩(1019)에 대한 내용임을 알 수 있다.
② 서희의 외교 담판은 거란의 1차 침입(993) 때 있었던 사실이며, 별무반은 거란의 침입 이후 여진을 몰아내는 과정에서 조직되었다.

정답 01 ⑤ 02 ④ 03 ⑤ 04 ②

05 (가), (나) 사이의 시기에 있었던 사실로 옳은 것은?

> (가) 대군이 압록강을 건너서 위화도에 머물렀다. …… 태조가 여러 장수들에게 말하기를 "내가 글을 올려 …… 군사를 돌이킬 것을 청했으나, 왕도 살피지 아니하고, 최영도 늙고 정신이 혼몽하여 듣지 않았다." …… 태조가 회군한다는 소식을 듣고는 사람들이 다투어 밤낮으로 달려서 모여든 사람이 천여 명이나 되었다.
> — 『태조실록』 —
>
> (나) [대소 신료들이] 왕위에 오를 것을 간절히 권하여, 태조가 마지 못해 수창궁으로 행차하였다. 백관들이 서쪽 궐문에서 줄을 지어 맞이하니, 태조는 말에서 내려 걸어서 대전에 들어가 왕위에 올랐는데, 어좌(御座)를 피하고 기둥 안에 서서 여러 신하들의 하례를 받았다.
> — 『태조실록』 —

① 녹읍을 폐지하고 관료전을 지급하였다.
② 조준 등의 건의로 과전법을 제정하였다.
③ 양지아문을 설치하여 양전 사업을 실시하였다.
④ 공로와 인품에 따라 역분전을 차등 지급하였다.
⑤ 직전법을 실시하여 현직 관리에게만 수조권을 지급하였다.

해설 (가) 위화도, 태조, 최영, 회군 등을 통해서 고려 우왕 때 일어난 위화도 회군(1388)에 대한 내용임을 알 수 있다.
(나) 태조가 왕위에 오르는 모습을 통해 조선 건국(1392)에 대한 것임을 알 수 있다.
② 과전법은 고려 말에 신진 사대부의 경제적 기반을 마련하기 위해 실시(1391)한 제도이다.

오답 피하기
① 신라 신문왕은 녹읍을 폐지하고 관료전을 지급하였다.
③ 대한 제국 시기 광무개혁을 추진하는 과정에서 양지아문이 설치되었고, 양전 사업이 실시되었다.
④ 고려 태조는 후삼국 통일 등에 공을 세운 자들의 공로와 인품에 따라 역분전을 지급하였다.
⑤ 조선 세조 때 직전법이 실시되었다.

06 (가)에 들어갈 문화유산으로 옳은 것은?

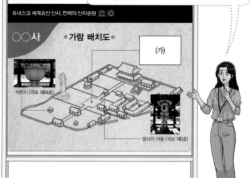

국보 제55호인 [(가)]은 현존하는 유일의 조선 시대 목탑으로 임진왜란 때 불타 없어졌는데, 인조 때 다시 조성된 것입니다.

① 마곡사 대웅보전

② 금산사 미륵전

③ 화엄사 각황전

④ 무량사 극락전

⑤ 법주사 팔상전

해설 현존하는 유일의 조선 시대 목탑은 보은 법주사 팔상전이다.
⑤ 보은 법주사 팔상전(국보 제55호)은 높이가 약 22m에 이르며, 우리나라에서 가장 오래된 목조탑이다. 내부에는 석가모니의 생애를 여덟 장면으로 그린 불화가 있다.

오답 피하기
① 공주 마곡사 대웅보전(보물 제801호)은 다포 양식의 팔작지붕 건물이다.
② 김제 금산사 미륵전(국보 제62호)은 조선 후기의 대표적인 건축물이다.
③ 구례 화엄사 각황전(국보 제67호)은 신라 시대에 처음 건축되었다고 알려져 있으며, 조선 숙종 때 재건되었다.
④ 부여 무량사 극락전(보물 제356호)은 조선 중기의 건축물이다.

07 밑줄 그은 '임금'이 재위했던 시기의 사실로 옳은 것은?

자네, 양재역에 벽서가 붙었다는 소문 들었나? 대비께서 권력을 잡고 간신이 설치니 나라가 망한다는 내용이라고 하네.

임금의 상심이 크시겠군. 대비마마와 이기, 윤원형 등이 가만있지 않을테니. 이로 인해 곧 조정에 큰 변고가 생길까 두렵네.

① 신유박해로 천주교인들이 처형되었다.
② 사림이 동인과 서인으로 나뉘게 되었다.
③ 홍경래 등이 봉기하여 정주성을 점령하였다.
④ 외척 간의 대립으로 을사사화가 발생하였다.
⑤ 자의 대비의 복상 문제로 예송이 전개되었다.

해설 자료에서 대비가 권력을 잡았다는 점, 대비와 윤원형이 같은 세력인 점 등을 통해 밑줄 그은 '임금'이 조선 명종이며, 명종의 어머니인 문정 왕후와 그의 동생이자 명종의 삼촌인 윤원형이 권력을 잡은 시기임을 알 수 있다.
④ 조선 명종 때 윤원형 일파인 소윤이 윤임 일파인 대윤을 몰아내는 과정에서 을사사화(1545)가 일어났다. 이는 명종의 외척인 윤원형과 인종의 외척인 윤임 사이에 일어난 대립이었다.

오답 피하기
① 신유박해로 천주교인들이 처형된 것은 1801년으로, 조선 순조 때이다. 이로 인해 이승훈이 처형되고 정약용이 유배를 당하는 사건이 발생하였다.
② 사림이 동인과 서인으로 나뉜 것은 선조 때의 사실이다.
③ 홍경래 등이 봉기하여 정주성을 점령하였던 홍경래의 난(1811)은 순조 때의 사실이다.
⑤ 인조의 계비인 자의 대비의 복상 기간을 둘러싸고 기해예송(1659)과 갑인예송(1674)이 전개된 것은 현종 때의 사실이다.

08 (가) 운동에 대한 설명으로 옳은 것은?

기록화로 보는 (가)

고부 관아 점령 → 황룡촌 전투

우금치 전투 ← 삼례 집결

① 을사늑약에 반발하여 봉기하였다.
② 백낙신의 탐학이 발단이 되어 일어났다.
③ 집강소를 중심으로 폐정 개혁안을 실천하였다.
④ 유계춘을 중심으로 봉기하여 진주성을 점령하였다.
⑤ 홍의장군으로 불린 곽재우가 의병장으로 활약하였다.

해설 자료에서 고부 관아 점령, 황룡촌 전투, 삼례 집결, 우금치 전투 등을 통해 (가) 운동이 동학 농민 운동임을 알 수 있다.
동학 농민군은 황토현 전투와 황룡촌 전투 등에서 관군에 승리하는 등 매서운 기세로 조정을 압박하였다. 이후 정부와 전주 화약을 체결하고 집강소를 중심으로 폐정 개혁안을 실천해 나갔으나, 일본의 경복궁 점령 등을 계기로 삼례에 집결하여 재차 봉기하였다. 하지만 우금치 전투에서 대패하고 지도자였던 전봉준이 체포되면서 봉기는 끝이 나게 되었다.
③ 전주 화약 직후 동학 농민군은 전라도 일대에 자치 개혁 기구인 집강소를 설치하고 폐정 개혁안을 실천하였다.

오답 피하기
① 을사늑약에 반발하여 을사의병 등이 일어났다.
② 세도 정치 시기에 경상 우병사 백낙신의 탐학에 맞서 임술 농민 봉기(1862)가 일어났다.
④ 몰락 양반 출신인 유계춘을 중심으로 임술 농민 봉기(1862)가 일어났다.
⑤ 임진왜란(1592~1598) 당시 곽재우가 의병장으로 활약하였다.

정답 05 ② 06 ⑤ 07 ④ 08 ③

01 밑줄 친 고유어의 뜻풀이로 적절하지 않은 것은?

① 땅에 웅숭그리고 시적시적 노량으로 땅만 판다.
→ 어정어정 놀면서 느릿느릿.

② 끙끙 앓는 소리를 내며 이틀 밤낮을 내처 잠만 잤다. → 어떤 일 끝에 더 나아가.

③ 정말 접시처럼 발랑 되바라진 애구나, 못쓰겠어. → 어린 나이에 어수룩한 데가 없고 지나치게 똑똑한.

④ 아내는 남편의 입에서 얼음이 깨물리는 소리가 참으로 재겹게 들렸다. → 몹시 지겹게.

⑤ 장마 통에 집을 잃고 깜냥엔 비를 피해 오길 잘했다고 안심하는 성싶었다. → 스스로 일을 헤아림.

해설 고유어
② '내처'는 '어떤 일 끝에 더 나아가' 외에 '줄곧 한결같이'라는 의미가 있다. ②에서 '내처'는 후자의 의미이다.
정답 ②

02 제시된 두 단어의 의미 관계가 〈보기〉의 밑줄 친 것에 해당하지 않는 것은?

─── 보기 ───
단어들 사이의 의미적 계층 관계는 크게 상하 관계와 부분 관계로 나눌 수 있다. 여기서 상하 관계는 상위어가 그것의 부분 속에 위치하고 있는 하위어를 포함하는 관계, 부분 관계는 한 단어가 지시하는 대상이 다른 단어가 지시하는 대상의 부분이 되는 관계를 일컫는다.

① 음식 : 김밥　　② 식물 : 나무
③ 얼굴 : 낯　　　④ 책 : 시집
⑤ 곡식 : 쌀

해설 어휘 간의 의미 관계
③ '얼굴'과 '낯'은 유의 관계이다.
정답 ③

03 밑줄 친 한자어의 사전적 뜻풀이로 옳지 않은 것은?

① 봄이 되니 전기난로가 계륵 같은 물건이 되었다. → 닭의 갈비라는 뜻으로, 그다지 큰 소용은 없으나 버리기에는 아까운 것을 이르는 말이다.

② 우리 팀은 상대 팀을 거세게 밀어붙인 끝에 완벽한 승리를 거두었다. → 흠이 없는 구슬이라는 뜻으로, 결함이 없이 완전함을 이르는 말이다.

③ 벌써 그의 가슴으로 간발의 틈을 노린 칼끝이 닿고 있었다. → 발을 한 번 떼어 놓는 걸음이라는 뜻으로, 아주 잠시 또는 아주 적음을 이르는 말이다.

④ 그 노래는 오늘날까지 많은 사람 사이에 널리 회자되고 있다. → 회와 구운 고기라는 뜻으로, 칭찬을 받으며 사람의 입에 자주 오르내림을 이르는 말이다.

⑤ 내가 결혼할 생각이 추호라도 있었다면, 10년 전에 했을 거다. → 가을철에 털갈이하여 새로 돋아난 짐승의 가는 털이라는 뜻으로, 매우 적거나 조금인 것을 비유적으로 이르는 말이다.

해설 한자어
③ 간발(間髮)은 '터럭(털)과 터럭 사이.'라는 뜻에서 '아주 잠시 또는 아주 적음.'의 의미로 확장된 것이다.
정답 ③

04 밑줄 친 부분의 띄어쓰기가 잘못된 것은?

① 이것은 그것만 못하다.
② 밥은 커녕 물도 못 마시고 있다.
③ 연수차(次) 갔던 미국에서 그를 만났다.
④ 그이는 일을 잘할뿐더러 착하기까지 하다.
⑤ 말하는 대로 할 수만 있다면 얼마나 좋을까.

해설 띄어쓰기
② '은커녕'은 어떤 사실을 부정하는 뜻을 강조하는 보조사로, '밥은커녕'과 같이 붙여 써야 한다.
정답 ②

05 밑줄 친 관용 표현의 쓰임이 적절하지 않은 것은?

① 그녀는 이제 남자라면 학을 뗀다.

② 할 일이 태산같이 많은데 발이 길면 어쩌니?

③ 노름판에서 발을 빼고 이제 착실히 일을 하기로 했네.

④ 저 친구는 낯이 넓으니까 잘 따라다니면 자네에게도 도움이 될 걸세.

⑤ 무리한 다이어트는 건강을 해친다고 의사들은 입을 모아 이야기한다.

해설 **관용구**

② '발이 길다'는 '음식 먹는 자리에 우연히 가게 되어 먹을 복이 있다.'라는 뜻으로, 제시된 문장에서는 '손을 맺다'라는 관용 표현을 활용하는 것이 더 적절하다. '손을 맺다'는 '할 일이 있는데도 아무 일도 안 하고 그냥 있다.'라는 뜻의 관용 표현이다.

정답 ②

06 밑줄 친 말을 순화한 것으로 적절하지 않은 것은?

① 은사님께서 갤러리(→ 화랑)를 개업하셨다.

② 두영이는 무데뽀(→ 막무가내)로 그녀에게 키스했다.

③ 다영이는 남자 친구의 쿠사리(→ 잔소리) 때문인지 슬퍼 보였다.

④ 지아는 아무런 망설임 없이 제로 베이스(→ 원점)에서 다시 시작했다.

⑤ 회사를 살리기 위해 보람이를 태스크 포스 팀(→ 특별 전담 조직)에 합류시켰다.

해설 **순화어**

③ '쿠사리'는 '면박, 핀잔'으로 순화해야 한다.

정답 ③

자주 출제되는 고유어		자주 출제되는 외래어 표기법	
머쓱하다	어울리지 않게 키가 크다	Angela Merkel	앙겔라 메르켈
괴괴하다	쓸쓸한 느낌이 들 정도로 아주 고요하다.	Haiti	아이티
재겹다	몹시 지겹다	leadership	리더십
조롱조롱	작은 열매 따위가 많이 매달려 있는 모양	cardigan	카디건
갈치잠	비좁은 방에서 여럿이 모로 끼어 자는 잠	femme fatale	팜파탈

01 다음 글의 제목으로 가장 적절한 것은?

Warming temperatures and loss of oxygen in the sea will shrink hundreds of fish species — from tunas and groupers to salmon, thresher sharks, haddock and cod — even more than previously thought, a new study concludes. Because warmer seas speed up their metabolisms, fish, squid and other water-breathing creatures will need to draw more oxygen from the ocean. At the same time, warming seas are already reducing the availability of oxygen in many parts of the sea. A pair of University of British Columbia scientists argue that since the bodies of fish grow faster than their gills, these animals eventually will reach a point where they can't get enough oxygen to sustain normal growth. "What we found was that the body size of fish decreases by 20 to 30 percent for every 1 degree Celsius increase in water temperature," says author William Cheung.

① Fish Now Grow Faster than Ever

② Oxygen's Impact on Ocean Temperatures

③ Climate Change May Shrink the World's Fish

④ How Sea Creatures Survive with Low Metabolism

유형 독해

어휘 shrink 줄어들게[오그라지게] 하다 / grouper 농어 / thresher shark 환도상어 / haddock 해덕(대구와 비슷하나 그보다 작은 바다 고기) / cod 대구 / metabolism 신진대사 / draw (연기나 공기를) 들이마시다[빨아들이다] / gill 아가미 / sustain 유지하다, 지탱하다, 지속하다

해설 ③ 첫 번째 문장에서 바다의 온도 상승과 산소의 손실은 수백 가지 어류의 몸 크기를 줄어들게(shrink) 할 것이라고 설명하며, 마지막 문장에서는 그에 대한 근거를 자세한 수치를 제공하며 제시하고 있으므로, 글의 제목으로 가장 적절한 것은 ③이다.

해석 해양의 상승하는 온도와 산소의 손실은 참치와 농어에서부터 연어, 환도상어, 해덕, 그리고 대구에 이르기까지 수백 가지의 어종을 이전에 생각했던 것보다 훨씬 더 많이 (크기가) 줄어들게 할 것이라고 한 새로운 연구는 결론짓고 있다. 더 따뜻한 해양이 그것들의 신진대사를 촉진시키기 때문에, 어류, 오징어, 그리고 기타 수중 호흡 생물들은 해양으로부터 더 많은 산소를 흡수해야 한다. 동시에, 온도가 상승하는 바다는 이미 해양의 많은 부분에서 산소의 이용 가능성을 감소시키고 있다. University of British Columbia의 과학자 두 명은 어류의 몸체가 그것들의 아가미보다 더 빠르게 자라기 때문에, 이 동물들은 결국 일반적인 성장을 유지하기 위한 충분한 산소를 얻지 못하는 지점에 이르게 될 것이라고 주장한다. "우리가 발견한 것은 수온이 섭씨 1도 상승할 때마다 어류의 몸체 크기가 20~30 퍼센트 줄어든다는 것이었습니다"라고 저자인 William Cheung은 말한다.

정답 ③

02 밑줄 친 부분 중 어법상 옳지 않은 것은?

Urban agriculture (UA) has long been dismissed as a fringe activity that has no place in cities; however, its potential is beginning to ① be realized. In fact, UA is about food self-reliance: it involves ② creating work and is a reaction to food insecurity, particularly for the poor. Contrary to ③ which many believe, UA is found in every city, where it is sometimes hidden, sometimes obvious. If one looks carefully, few spaces in a major city are unused. Valuable vacant land rarely sits idle and is often taken over — either formally, or informally — and made ④ productive.

유형 문법

어휘 urban 도시의 / agriculture 농업 / dismiss 묵살하다, 일축하다, 치부하다 / fringe 비주류의, 주변의 / self-reliance 자립, 자기 의존 / insecurity 불안정 / obvious 명백한, 분명한 / vacant 빈 / idle 비어있는, 노는 / take over 차지하다 / productive 생산적인

해설 ③ 밑줄 친 which 이후의 many believe에서 many는 주어의 역할을 하는 명사로 사용되었고, 타동사인 believe의 목적어가 없으므로 many believe는 불완전한 형태로서 밑줄 친 which는 관계대명사로 볼 수 있다. 그러나 관계대명사 which 앞에는 반드시 선행사의 역할을 하는 명사가 존재해야 하나, 밑줄 이전에는 전치사 to만 존재하므로 옳지 않은 문장이다. 즉, 선행사가 없으며 Contrary to는 전치사구이므로 전치사 to의 명사 목적어 역할을 함과 동시에 선행사를 포함하는 관계사 what이 오는 것이 적절하다. 따라서 밑줄 친 which는 what으로 수정해야 한다.

해석 도시 농업(UA)은 오랫동안 도시에서 설 곳이 없는 비주류 활동으로 치부되어 왔다. 그러나 그것의 잠재력이 인식되기 시작하고 있다. 사실 UA는 식량 자립에 관한 것이다. 그것은 일 창출을 수반하며, 특히 빈곤한 사람들에게 있어서 식량 불안정에 대한 대응이다. 많은 사람들이 믿는 것과 대조적으로, UA는 모든 도시에서 발견되는데, 그곳에서 그것은 때때로 숨겨져 있거나, 때로는 명백하다. 주의 깊게 살펴보면, 주요 도시에서 사용되지 않는 공간은 거의 없다. 귀중한 공지는 좀처럼 비어있지 않으며, 공식적으로든 비공식적으로든 종종 점유되어 있고, 생산적이게 된다.

정답 ③

수 / 리 / 논 / 리

01 H 공업사에는 제품 X를 생산하는 기계 A, B, C 3대가 있다. 제품 X를 1개 생산하는 데 기계 A는 15시간이 걸리고, 기계 B는 6시간이 걸린다. 두 기계 B, C가 60시간 동안 21개의 제품 X를 생산한다고 할 때, 다음 중 360시간 동안 세 기계 A, B, C가 생산하는 제품 X의 개수를 고르면?

① 150개   ② 160개   ③ 180개

④ 200개   ⑤ 240개

해설 제품 x를 1개 생산하는 데 기계 A는 15시간이 걸리므로 1시간당 생산량은 $\frac{1}{15}$개이고, 기계 B, C는 제품 x를 21개 생산하는 데 60시간이 걸리므로 1시간당 생산량은 $\frac{21}{60}$개이다. 따라서 기계 A, B, C가 360시간 동안 생산하는 제품 x의 개수는 $\left(\frac{1}{15}+\frac{21}{60}\right)$ $\times 360=150$(개)이다.

정답 ①

02 직장인 20대 3명과 30대 3명이 있다. 이들 중 3명을 선택할 때, 다음 중 20대가 적어도 한 명 포함될 확률을 고르면?

① $\frac{4}{5}$ ② $\frac{9}{10}$ ③ $\frac{14}{15}$

④ $\frac{19}{20}$ ⑤ $\frac{24}{25}$

해설 20대가 적어도 한 명 포함될 확률은 전체의 확률 1에서 20대가 한 명도 포함되지 않을 확률을 빼면 된다. 6명 중 3명을 선택하는 전체 경우의 수가 $_6C_3\frac{6\times5\times4}{3\times2\times1}=20$(가지)이고, 20대가 한 명도 포함되지 않는 경우는 30대로만 3명을 모두 선택하는 경우 1가지이므로 구하는 확률은 $1-\frac{1}{20}=\frac{19}{20}$이다.

정답 ④

03 A 회사의 2018년 전체 직원 수는 300명이었고, 2019년에는 전년 대비 25% 감소하였다. 2020년 전체 직원 수가 전년 대비 20% 증가하였을 때, 2018년 대비 감소한 2020년 A 회사 전체 직원 수를 고르면?

① 15명   ② 30명   ③ 45명

④ 60명   ⑤ 75명

해설 2018년 전체 직원 수는 300명이었고, 2019년에는 전년 대비 25% 감소하였으므로 2019년 전체 직원 수는 $300 \times (1-0.25) = 225$ (명)이다. 그리고 2020년 전체 직원 수는 2019년 대비 20% 증가하였으므로 2020년 전체 직원 수는 $225 \times (1+0.2) = 270$(명)이다. 따라서 2018년 대비 감소한 2020년 A 회사 전체 직원 수는 $300-270=30$(명)이다.

정답 ②

04 제조팀 6명과 영업팀 4명 중에서 3명을 뽑아서 제품 전략 기획에 대한 TF를 구성하고자 할 때, 다음 중 제조팀에서 2명, 영업팀에서 1명을 뽑을 확률을 고르면?

① $\dfrac{1}{4}$ ② $\dfrac{1}{3}$ ③ $\dfrac{1}{2}$

④ $\dfrac{3}{5}$ ⑤ $\dfrac{2}{3}$

해설 10명 중 3명을 뽑는 전체 경우의 수는 $_{10}C_3 \dfrac{10 \times 9 \times 8}{3 \times 2 \times 1} = 120$(가지)이고 제조팀에서 2명을 뽑는 경우의 수는 $_{6}C_2 \dfrac{6 \times 5}{2 \times 1} = 15$(가지), 영업팀에서 1명을 뽑는 경우의 수는 $_{4}C_1 = 4$(가지)이다. 따라서 구하는 확률은 $\dfrac{15 \times 4}{120} = \dfrac{1}{2}$이다.

정답 ③

문 / 제 / 해 / 결 / 능 / 력

[01~02] 다음 글을 읽고 질문에 답하시오.

공공 기관이 보유한 보건 의료 빅 데이터는 우리 국민의 건강 상태를 가장 포괄적이고 상세하게 반영하고 있어, 보건 의료 분야 연구를 위한 정보의 원천으로 꼽혀 왔다. 특히 여러 기관의 자료를 상호 연계할 경우, 그 가치가 크게 높아지기 때문에 정책 담당자 및 연구자의 수요가 높았다. 하지만 이들 정보를 하나로 모아 볼 수 있는 시스템이 그동안 국내에는 없어 단일 플랫폼의 필요성이 제기되어 왔다.

이에 따라 보건복지부는 보건 의료 분야 공공 기관의 의료 데이터를 정책 연구 등 공공 목적으로 활용할 수 있도록 '보건 의료 빅 데이터 플랫폼'을 개통하였다. 보건 의료 빅 데이터 플랫폼은 건강보험심사평가원, 국민건강보험공단, 질병관리본부, 국립암센터가 각각 보유한 빅 데이터를 연계해 단일 시스템에서 연구자가 활용할 수 있는 플랫폼이다. 플랫폼은 공공 기관 보건 의료 빅 데이터 활용 체계 구축을 위한 것이며, 국민 건강 향상과 의료 질 제고를 위한 연구에 활용된다.

플랫폼의 핵심 기능은 보건 의료 빅 데이터 활용 방안 제안, 보건 의료 빅 데이터 활용 신청, 보건 의료 빅 데이터 현황 확인, 공공 기관 간 데이터 연계·교류, 개인 정보 비식별 조치 기능 등이다. 국민 누구나 플랫폼을 통해 보건 의료 빅 데이터를 활용한 연구 주제 등을 제안할 수 있고, 보건 의료 분야 연구자들은 연구에 필요한 데이터를 신청할 수 있다. 국민이 제안한 연구 과제 중 공공 기관이 보유한 데이터를 활용하는 과제는 소관 부서 및 전문가들의 검토를 거쳐 실제 정책 연구나 연구 개발(R&D) 사업 등으로 수행될 예정이다. 연구자들은 플랫폼을 통해 데이터 관련 상세 정보를 얻고 연구에 필요한 데이터를 신청할 수 있다. 주요 보건 의료 공공 기관에 분산된 빅 데이터를 공통의 연결 고리를 기반으로 연계 후, 연구자에게 열람할 수 있도록 하는 것이 특징이다. 연구자가 플랫폼 홈페이지에서 데이터 편람(카탈로그)을 내려받아 각 공공 기관이 보유한 데이터의 범위, 형태, 종류 등을 확인해 연구 설계에 활용할 수 있으며, 이와 관련된 질의 답변 등 안내를 받을 수 있다. 이를 토대로 연구자들이 필요한 데이터를 플랫폼 홈페이지에서 신청하면, 연구 과제의 공공성 심의 및 기술 검토를 거쳐 연구자에게 데이터가 제공된다.

민감한 보건 의료 정보를 다루는 만큼 공공 기관 간 자료 전송 시 인터넷에 연결되지 않은 전용 회선(행정망)을 활용하고 자료를 암호화해 주고받으며, 주요 국가 전산망으로서 철저히 보호하는 한편, 제3자 신뢰 방식(TTP) 및 안전한 일방 암호화 함수 등을 활용해 연계한다. 또 개인 정보 유출 우려를 줄이기 위해 데이터에 개인 정보를 알아볼 수 없도록 기술적 조치(비식별 조치)를 하고, 연구자는 이를 인터넷에 연결되지 않은 폐쇄된 연구 공간을 통해서만 열람·분석할 수 있도록 하였다.

01 주어진 글의 내용과 일치하지 않는 것을 고르면?

① 연구자들은 보건 의료 빅 데이터 관련 상세 정보를 얻을 수 있다.

② 보건 의료 빅 데이터는 소관 부서 및 전문가들만 활용할 수 있다.

③ 연구자들은 보건 의료 빅 데이터에 대해 질의하고 답변을 받을 수 있다.

④ 보건 의료 빅 데이터를 활용한 연구 주제 제안은 일반 국민도 할 수 있다.

해설 보건 의료 빅 데이터 플랫폼은 보건 의료 분야 연구자 및 일반 국민이 보건 의료 빅 데이터를 활용할 수 있는 기반을 제공한다. 플랫폼에서는 국민 누구나 빅 데이터를 활용한 연구 주제를 제안할 수 있고, 국민이 제안한 과제는 소관 부서 및 전문가들의 검토를 거쳐 실제 정책 연구나 연구 개발 사업 등으로 수행될 수 있다. 또한 보건 의료 연구자들은 플랫폼을 통해 연구에 필요한 데이터를 신청하고 제공받을 수 있으므로 ②의 설명은 옳지 않다.

정답 ②

02 주어진 글을 읽은 사람이 다음 [보기]를 확인하고 보일 수 있는 반응으로 가장 적절하지 않은 것을 고르면?

정보 기관	신장 이식 수술 기록	합병증 기록
질병관리본부	○	×
국민건강보험공단	×	○

① 신장 이식 수술 이후 합병증을 예방하기 위해 질병관리본부와 국민건강보험공단의 협조가 필요하겠군.

② 질병관리본부와 국민건강보험공단의 자료를 연계해 합병증에 대해 연구하면 돼.

③ 그러면 신장 이식 수술 이후 발생하는 합병증 추이를 정확히 파악할 수 있겠군.

④ 만성 신장 질환 발생 예측 및 예방 프로그램을 개발할 수도 있어.

해설 [보기]는 신장 이식 수술과 수술 이후 발생하는 합병증에 대한 기관별 정보 보유 현황을 보여 주는 자료이다. [보기]를 통해 질병관리본부는 개인별 신장 이식 수술 기록을, 국민건강보험공단은 개인별 합병증 관련 기록을 보유하고 있음을 알 수 있다. 따라서 주어진 글의 내용과 [보기]를 통해 질병관리본부로부터 신장 이식 수술 환자의 목록을 받아, 국민건강보험공단의 합병증 정보를 더해 신장 이식 환자의 합병증 예방 및 검진 관련 관리 정책 수립과 개선에 활용할 수 있다는 내용을 이끌어 낼 수 있다. 하지만 주어진 글과 [보기]의 내용만으로 만성 신장 질환 발생을 예측하고, 예방 프로그램을 개발한다는 내용은 이끌어 내기 어렵다.

정답 ④

고 / 난 / 도

01 다음 [조건]을 근거로 판단할 때, 첫째 돼지, 둘째 돼지, 셋째 돼지가 집을 지을 때, 들어간 재료 비용의 총합을 고르면?

---- 조건 ----

- 아기 돼지 삼형제는 엄마 돼지로부터 독립하여 벽돌집, 나무집, 지푸라기집 중 각각 다른 한 채씩을 선택하여 짓는다.
- 벽돌집을 지을 때에는 벽돌만 필요하지만, 나무집은 나무와 지지대가, 지푸라기집은 지푸라기와 지지대가 재료로 필요하다. 지지대에 소요되는 비용은 집의 면적과 상관없이 나무집의 경우 20만 원, 지푸라기집의 경우 5만 원이다.
- 재료의 1개당 가격 및 집의 면적 1m²당 필요 개수는 다음과 같다.

구분	벽돌	나무	지푸라기
1개당 가격	6,000원	3,000원	1,000원
1m²당 필요 개수	15개	20개	30개

- 첫째 돼지 집의 면적은 둘째 돼지 집의 2배이고, 셋째 돼지 집의 3배이다. 삼형제 집의 면적의 총합은 11m²이다.
- 모두 집을 짓고 나니, 둘째 돼지 집을 짓는 재료 비용이 가장 많이 들었다.

① 61만 원   ② 68만 원   ③ 79만 원
④ 82만 원   ⑤ 94만 원

정답 풀이

첫째 돼지 집의 면적이 둘째 돼지 집의 2배이고, 셋째 돼지 집의 3배이므로 첫째 돼지 집의 면적은 6의 배수이다. 즉, 첫째 돼지의 집의 면적을 6a라 하면, 둘째 돼지의 집의 면적은 3a, 셋째 돼지의 집의 면적은 2a이다. 따라서 $6a+3a+2a=11(m^2)$이므로 $a=1(m^2)$이다. 즉, 첫째 돼지 집의 면적은 $6m^2$, 둘째 돼지 집의 면적은 $3m^2$, 셋째 돼지의 집의 면적은 $2m^2$이다. 첫째, 둘째, 셋째 돼지가 지을 수 있는 집은 다음과 같이 여섯 가지가 있다.

1) (첫째, 둘째, 셋째)=(벽돌, 나무, 지푸라기)

이때, 각 집을 짓는 데 필요한 재료 비용은 다음과 같다.

- 벽돌: $6,000×15×6=540,000$(원)
- 나무: $3,000×20×3+200,000=380,000$(원)
- 지푸라기: $1,000×30×2+50,000=110,000$(원)

2) (첫째, 둘째, 셋째)=(벽돌, 지푸라기, 나무)

이때, 각 집을 짓는 데 필요한 재료 비용은 다음과 같다.

- 벽돌: $6,000×15×6=540,000$(원)
- 지푸라기: $1,000×30×3+50,000=140,000$(원)
- 나무: $3,000×20×2+200,000=320,000$(원)

3) (첫째, 둘째, 셋째)=(나무, 벽돌, 지푸라기)

이때, 각 집을 짓는 데 필요한 재료 비용은 다음과 같다.

- 나무: $3,000×20×6+200,000=560,000$(원)
- 벽돌: $6,000×15×3=270,000$(원)
- 지푸라기: $1,000×30×2+50,000=110,000$(원)

4) (첫째, 둘째, 셋째)=(나무, 지푸라기, 벽돌)

이때, 각 집을 짓는 데 필요한 재료 비용은 다음과 같다.

- 나무: $3,000×20×6+200,000=560,000$(원)
- 지푸라기: $1,000×30×3+50,000=140,000$(원)
- 벽돌: $6,000×15×2=180,000$(원)

5) (첫째, 둘째, 셋째)=(지푸라기, 벽돌, 나무)

이때, 각 집을 짓는 데 필요한 재료 비용은 다음과 같다.

- 지푸라기: $1,000×30×6+50,000=230,000$(원)
- 벽돌: $6,000×15×3=270,000$(원)
- 나무: $3,000×20×2+200,000=320,000$(원)

6) (첫째, 둘째, 셋째)=(지푸라기, 나무, 벽돌)

이때, 각 집을 짓는 데 필요한 재료 비용은 다음과 같다.

- 지푸라기: $1,000×30×6+50,000=230,000$(원)
- 나무: $3,000×20×3+200,000=380,000$(원)
- 벽돌: $6,000×15×2=180,000$(원)

따라서 둘째 돼지 집의 재료 비용이 가장 많이 드는 경우는 6)의 (첫째, 둘째, 셋째)=(지푸라기, 나무, 벽돌)일 때이고, 이때의 재료 비용은 총 $230,000+380,000+180,000=790,000$(원)=79(만 원)이다.

정답 ③

해결 TIP

이 문제는 2021년 7급 공채 PSAT 기출 변형 문제로 주어진 복합 조건을 바탕으로 계산 과정을 통해 정답을 선택하는 NCS 자료해석 유형입니다. 이런 유형은 NCS 필기시험에서 선택지·보기의 정오를 판단하여 정답을 선택하는 일반적인 유형과 비교해 상대적으로 낮은 빈도로 출제되는 유형이지만, 다소 난이도가 높기 때문에 고난도 NCS 유형을 대비하기 위해서는 해당 유형을 학습할 필요가 있습니다. 결괏값을 구하는 문제이므로 정오 판단 유형처럼 소거법을 이용하여 문제를 해결할 수는 없지만, 복잡한 계산 과정을 통해 결괏값을 구하지 않아도 해결할 수 있는 방법이 여러 가지가 있습니다. 근사치를 구하여 비교적 가까운 값에 해당하는 선택지를 찾는 경우와 자릿수별 숫자의 차이를 확인하여 해당 자릿수만을 계산하는 등의 방법이 있습니다. 또한 주어진 조건의 내용을 바탕으로 계산 과정상 생략할 수 있는 부분과 간단하게 정리할 수 있는 부분을 찾아 불필요한 계산을 하지 않고, 빠르게 건너뛰어 결괏값을 구할 수 있는 방법도 있습니다. 따라서 문제를 풀면서 적용할 수 있는 방법이 무엇인지 파악하면서 해결하도록 합니다.

이 문제는 고려해야 할 경우가 많고, 비교적 계산해야 할 과정이 많으므로 다음과 같은 방법으로 해결할 수 있습니다. 첫째 돼지의 면적이 $6m^2$, 둘째 돼지는 $3m^2$, 셋째 돼지는 $2m^2$이므로, 셋째 돼지의 벽돌, 나무, 지푸라기의 비용을 구한 뒤 셋째 돼지의 면적을 바탕으로 둘째 돼지는 ($\times 1.5$), 첫째 돼지는 ($\times 3$)으로 계산할 수 있습니다. 한편 나무와 지푸라기의 지지대 가격은 면적에 상관없이 동일하다는 것에 유의하도록 하며, 계산하기 쉽도록 원 단위를 만 원 단위로 환산하여 해결하도록 합니다. 각 경우의 비용을 파악하기 쉽도록 아래와 같이 표로 정리할 수 있습니다.

구분	벽돌	나무	지푸라기
셋째($2m^2$)	$0.6 \times 15 \times 2 = 18$(만 원)	$(0.3 \times 20 \times 2) + 20 = 12 + 20 = 32$(만 원)	$(0.1 \times 30 \times 2) + 5 = 6 + 5 = 11$(만 원)
둘째($3m^2$)	$18 \times 1.5 = 27$(만 원)	$(12 \times 1.5) + 20 = 38$(만 원)	$(6 \times 1.5) + 5 = 14$(만 원)
첫째($6m^2$)	$18 \times 3 = 54$(만 원)	$(12 \times 3) + 20 = 56$(만 원)	$(6 \times 3) + 5 = 23$(만 원)

둘째 돼지가 벽돌집이라면 재료 비용은 27만 원이므로 첫째 또는 셋째가 나무집일 때 각각 32만 원, 56만 원이므로 둘째 돼지보다 비싸게 됩니다. 따라서 둘째 돼지가 벽돌집일 경우는 성립하지 않습니다. 둘째 돼지가 나무집이라면 재료 비용은 38만 원이므로 첫째가 지푸라기집, 셋째가 벽돌집일 때 각각 23만 원, 18만 원이므로 모두 둘째보다 저렴하게 됩니다. 둘째 돼지가 지푸라기집이라면 재료 비용은 14만 원이므로 첫째와 셋째가 어느 집이든 둘째 돼지보다 비싸게 됩니다. 따라서 둘째 돼지가 지푸라기집일 경우는 성립하지 않습니다. 그러므로 첫째는 지푸라기집, 둘째는 나무집, 셋째는 벽돌집이고, 이때의 재료 비용의 총합은 $23 + 38 + 18 = 79$(만 원)이므로 정답을 ③으로 선택할 수 있습니다. 참고로 다음과 같은 방법으로 정답을 더 빠르게 찾을 수 있습니다. 선택지 ①~⑤에 주어진 수치의 일의 자리 값은 모두 다르므로 일의 자리 값만 더하여 정답을 찾을 수 있습니다. $3 + 8 + 8 = 19$로 일의 자리는 9이므로 9에 해당하는 ③을 정답으로 선택할 수 있습니다.

김 성 근
에듀윌 취업연구소 연구원

PART

04

상 식 을
넘은 상식

사고의 틀이 넓어지는 깊은 상식

인구절벽과 저출산 고령화 대책

저출산 대책의 문제점과 대안을 중심으로

🔵 이슈의 배경

한국은 한 세기 뒤 인구가 현재의 3분의 1도 채 안 되는 1500만 명대로 줄어들며 아시아 변방의 소국으로 전락할 것이다. 수백 년 뒤에는 13C에 멸망한 금나라처럼 국가가 소멸하며 역사 유물로만 남을 수도 있다. 괴담처럼 들리지만 현재로서는 예정된 미래다.

고전파 경제학자 애덤 스미스는 『국부론』에서 "인구 증가세는 국가 번영의 정도를 보여주는 가장 분명한 척도"라고 했다. 이 통찰은 오늘날에도 유효하다. 세계은행은 1998년 보고서에서 "동아시아 지역의 기적과 같은 경제 성장의 3분의 1은 인구 증가 때문에 달성된 것"이라고 분석했다.

인구 증가가 경제 성장과 국가 번영의 필수 조건이라면 한국은 경제 쇠퇴와 국가 패망의 조짐이 세계에서 가장 뚜렷한 나라다. 지난 8월 24일 통계청이 발표한 작년 출생 통계에 따르면 우리나라 합계출산율은 0.81명으로 떨어졌다. 경제협력개발기구(OECD) 38개 회원국 중 단연 최하위다. OECD 회원국 중에서 합계출산율이 1명도 안 되는 국가는 한국이 유일하다.

합계출산율 1명 미만은 전쟁 때도 보기 힘든 현상이다. 비교적 사회가 안정돼 있고 세계 10위권 경제력을 지닌 민주주의 국가에서는 유례가 없다. 이 추세대로라면 100년 뒤 한국 인구는 1500만 명이 되고 600년 후 최후의 한국인이 사망한다. 크리스틴 라가르드 전 국제통화기금(IMF) 총재는 저출산의 덫에 빠진 한국을 '집단자살사회'라는 무시무시한 용어로 규정했다.

인구가 줄면 한정된 자원을 둘러싸고 제로섬 게임을 벌이는 한국 사회의 생존경쟁이 완화되지 않겠느냐고 주장하는 이들도 있다. 하지만 경제 전문가들은 인구 감소가 경제 침체와 소득 감소를 유발해 소득 수준을 낮출 것이라고 경고한다.

미국 경제학자 해리 덴트가 주장한 인구절벽 이론에 따르면 생산가능인구(15~64세)가 줄고 부양해야 할 고령인구가 늘면 인구 분포가 마치 절벽이 깎인 것처럼 역삼각형을 이루는 데, 이때 투자·소비·고용이 감소하고 생산성이 떨어진다. 인구절벽의 충격을 뛰어넘는 **인구지진**이 세계 경제에 큰 리스크로 떠올랐다는 분석도 있다. 인구절벽과 인구지진을 극복할 대책은 무엇인가.

인구지진 (age quake)

인구지진은 영국의 인구학자 폴 월리스가 저서 『인구지진』을 통해 만든 용어로서 인구 감소와 고령사회의 충격을 지진(earthquake)에 빗댄 것이다. 월리스는 인구지진이 자연현상으로서의 지진보다 파괴력이 훨씬 크며, 자연 지진에 비유할 때 그 강도가 리히터규모 9.0에 달할 것이라고 예측했다. 특히 베이비붐 세대가 은퇴하는 2020년대에 경제활동인구 대비 고령인구가 많아져 세계 경제가 마치 지진처럼 흔들리는 엄청난 격변을 겪을 것이며, 한국도 인구지진의 피해를 크게 입는 국가 중 하나가 될 것이라고 예측했다.

🔍 이슈의 논점

기존 저출산 대책의 문제점

온 국민이 가난에 허덕이던 1960년대 정부는 산아제한 정책에 사활을 걸었다. "덮어놓고 낳다보면 거지꼴을 못 면한다"는 포스터가 나붙었다.

1980년대 초반 대체출산율이 이미 2.1명 이하로 떨어졌음에도 정부는 산아제한 정책을 지속하는 오판을 범했다. 1990년대부터 저출산 문제가 고개를 들며 정책 방향은 산아제한 철폐로 급선회했다. "엄마, 저도 동생을 갖고 싶어요"라는 공익광고가 전파를 탔다.

또 다른 광고는 "자녀는 국력"이라며 "출산으로 나라를 지켜달라"고 호소한다. 인구를 국가의 자원으로 간주하며 필요에 따라 조절하고 통제할 대상으로 보는 가족계획사업은 거부감만 자아낼 뿐 저출산 문제를 해결할 수 없다. 『사피엔스』의 저자 유발 하라리는 "개체는 종(種)의 번성에 관심이 없다"고 말했다. 아이를 많이 낳은 사람을 보고 흔히 애국자라고 하지만 애국심 때문에, 조국을 인구절벽에서 구출하려는 심정으로 아이를 많이 낳는 이들은 없다.

저출산 문제의 책임을 개인에게 돌리고 특히 여성에게만 출산 의무를 지운다면 저출산 문제를 풀 수 없다. 지난 2016년 정부는 지역별 가임기 여성 수로 순위를 나타낸 '대한민국 출산지도'를 공개했다가 '여성을 가축 취급하는 발상'이라는 지탄을 받기도 했다. 종교계 일각에서는 낙태 반대 주장에 저출산 문제 해결이란 프레임을 동원하며 여성의 신체 자기결정권에 무지함을 드러냈다.

청년들이 결혼을 하고 아이를 낳아 기르고 싶은 마음이 드는 사회를 만들기 위해 고민하기보다 '아이를 낳으면 한 명당 얼마씩 돈을 주겠다'는 식으로 현금을 살포하는 정책도 문제다. 정부는 2006년부터 5년마다 저출산 고령사회 기본계획을 세워가며 무려 400조원이 넘는 예산을 쏟아

부었다. 아이를 한 명만 낳아도 100만원 이상 현금을 지급하는 지자체가 수두룩하지만 효과는 없었다. 합계출산율은 매년 최저치를 경신했고 지역 소멸 우려는 갈수록 커져간다.

출산·육아 친화적 환경 조성

주요 선진국은 한국처럼 극단적인 수준은 아니지만 경제 성장 수준이 성숙기에 접어들면서 대부분 저출산 문제를 이미 겪었으며 프랑스나 영국, 스웨덴 등 일부 국가는 저출산 문제를 상당히 극복했다. 이들 국가는 현금 지원을 늘리기보다는 국민의 공감대를 얻어 과감한 재정 지원을 통해 출산과 육아에 친화적인 사회 분위기를 조성했다는 공통점이 있다.

프랑스는 출산율이 1.79%가 되었을 때 국가 비상사태를 선포하고 저출산 문제를 해결하기 위해 우리나라처럼 막대한 재정을 투입했다. 다만 일회성 현금 지원에 그치기보다는 출산수당과 가족수당을 시간과 장소에 따라 맞춤형으로 세밀하게 지원했다.

스웨덴은 자녀 1인당 총 480일간의 유급 휴직을 주는 부모보험 제도나 육아휴직 기간 중 90일을 남성과 여성에게 각각 할당하는 양성평등 제도를 통해 육아를 지원했다. 아동수당, 대가족수당 등 다양한 수당제도로 양육 가정의 경제적 부담을 줄였다.

고용과 노동 정책을 아우른 사회 전반의 복지 인프라 개선 정책이 없다면 저출산 문제를 풀기 어렵다. 통계청의 2021년 지역별 출산통계에 따르면 세종시의 합계출산율이 1.28명으로 가장 높

았고 서울은 0.63명으로 전국에서 꼴찌 수준이었다.

세종시가 가장 출산 친화적 도시라는 통계는 이곳이 공무원·공공기관 근무자들의 비율이 높은 지역이란 사실과 무관하지 않다. 공직은 정년이 보장되고 민간 기업보다 출산·육아 휴직의 걸림돌이 적다. 경력 단절에 대한 우려도 상대적으로 낮아 출산과 육아에 대한 거부감이 적다. 세종시는 맞벌이 부부들이 선호하는 국공립 유치원·어린이집 비중도 광역단체 중 가장 높다.

반면 서울의 낮은 출산율은 전국에서 가장 높은 거주비와 물가, 치열한 생존 경쟁에서 비롯된 것이다. 전 국민이 공공기관 근무자처럼 출산휴가와 육아휴직 제도를 자유롭게 쓸 수 있고 주거 안정을 통해 육아 부담이 줄어든다면 출산율은 자연히 높아질 것이다.

고령자·외국인 노동력 활용

고용노동부의 연구에 따르면 2020년부터 감소세로 돌아선 생산가능인구(15~64세)가 앞으로 10년 후에는 현재보다 약 260만 명 줄어들 것이라고 한다. 장기적으로 아이를 낳고 싶은 사회를 만들어 인구절벽에 대처해야 하겠으나 당장 태어난 아이들이 노동인구로 편입되려면 약 20년이 지나야 하니 저출산 리스크의 골든타임은 이미 지난 셈이다.

이대로 경제 활력이 떨어지고 생산력이 감소한다면 소득이 감소하고 저출산 문제는 더 악화될 것이다. 당장 출산율을 높이는 것보다 인구절벽의 후폭풍을 최소화할 방법을 고민하는 게 우선이다.

먼저 증가하는 고령자 노동력을 활용해야 한다. 의학 기술의 발달로 건강 상태가 개선되고 평균 수명이 증가함에 따라 고령자의 경제 활동이 활발해지고 있다. 현재 우리나라는 50대가 되면 퇴사를 강요받고 65세 이상은 법적으로 정년퇴직이 불가피하다. 더 일할 의지가 있는 고령자들의 풍부한 경험과 통찰력을 사장시킨다면 사회적으로도 손실이다.

고령자 상당수는 생계를 위해 70세가 넘어서도 일하지만 저임금·비숙련 아르바이트에 그치는 경우가 대부분이다. 고령자가 희망할 경우 오랫동안 일한 직장에서 정년 후에도 계속 일할 수 있도록 계속고용제도를 도입할 필요가 있다. 고령자의 육체적 조건에 맞게 근무시간을 줄이거나 근로 능력을 향상시키기 위해 직업훈련과 재교육이 병행돼야 한다.

이민 활성화 정책도 적극 검토할 필요가 있다. 서구 선진국 대부분은 성장 정체기에 개방적 이민정책을 도입하면서 재성장 동력을 얻었다. 미국은 아메리칸 드림을 꿈꾸며 밀려오는 이민자들덕에 선진국 가운데 유일하게 저출산·고령화 문제를 겪지 않는다. 13억 인구 대국이지만 고령화와 노동력 부족이 예고되는 중국은 결코 미국 경제를 추월하지 못할 것이란 예상이 나온다.

기술·생산성 혁신 절실

일론 머스크 테슬라 최고경영자(CEO)는 지난해 2030년까지 전기차 생산 능력을 연 2000만 대로 확충하겠다고 밝혔다. 2022년 생산 예상치인 200만 대의 10배로, 현재 추세를 감안하면 도저히 달성하기 어려운 목표다. 사람을 두 배 늘려도

일손이 부족해 보이는 상황에서 테슬라는 최근 비상경영 체제에 돌입하며 오히려 대규모 감원에 나섰다.

머스크는 인공지능(AI)과 로봇이 자동차를 만드는 기가 팩토리(테슬라의 스마트 팩토리)로 10배 생산 증대 목표 달성을 자신한다. 그는 단 한 명의 사람도 없는 외계인 기지 같은 공장을 만들겠다고 공언했다. 자동차 제조업은 물론 모든 산업의 공정과 생산 시설에서 자동화가 진행되면서 더 이상 풍부한 노동력과 인구가 경제 성장의 필요조건이 되지 않는 시대가 올 수 있다.

20C 초반 경제학자 조지프 슘페터는 경제 성장과 발전을 이룩하려면 기술 진보와 생산성 증대와 같은 혁신을 통해 잠재 수요를 창출해야 한다고 예견했다. 인구는 내수경제와 국력을 유지하기 위한 중요한 인자이지만, 인구가 감소한다고 해서 국내총생산(GDP)이 반드시 감소하는 것은 아니다.

인구가 적어도 혁신이 활발한 나라는 성장과 분배가 선순환 할 수 있지만 인구가 많아도 혁신하지 않는 나라는 인구만큼 고통의 총량이 커질 뿐이다. 한국은 노동생산성이 경제협력개발기구(OECD) 국가 중 최하위권으로 꼽힌다. 몇 년 전한 국내 자동차 제조 공장에서는 노동자들이 근무 시간 중 휴대전화로 축구 중계 등을 본다는 이유로 사측이 와이파이를 차단하느냐 마느냐를 두고 옥신각신한 적이 있었다. 그러한 공장에 아무리 사람이 넘쳐나도 테슬라 기가 팩토리의 경쟁력에 미칠지 의문이다. 기술·생산성 혁신은 인구절벽 문제를 넘어 생존을 위한 절실한 과제다.

⧖ 연습문제 2022 머니투데이

인구절벽과 저출산 대책에 대해 논하시오. (1000자, 50분)

※ 논술 대비는 실전연습이 필수적입니다. 반드시 시간을 정해 놓고 원고지에 직접 써 보세요.

200

400

윤석열 정부 '빛 탕감' 채무조정 정책 논란

"도덕적 해이 야기"–"가계 채무조정 불가피"

🔵 이슈의 배경

고공 행진하는 물가에 대응하여 통화 당국의 금리 인상이 이어지고 있다. 지난해 8월 이후 1년 새 한국은행 기준금리 인상 폭은 2.0%p에 달한다. 지난 7월 전년 동월 대비 6.3% 인상된 소비자물가지수가 한국은행의 중장기 목표 수준인 2%로 낮아지려면 시간이 걸린다는 점에서 내년까지도 금리 인상 추세는 이어질 가능성이 높다.

올해 6월 기준 기업과 가계 대출 변동금리 대출 비중은 각각 71.6%, 78.1%에 달한 가운데 금리 인상까지 맞물려 기업과 가계 대출의 원리금 상환 부담이 늘어날 수밖에 없는 상황이다. 금리 상승과 경기 위축이 맞물릴 경우 1859조원에 달하는 가계부채(2022년 3월 말 기준)와 439조원의 개인사업자 대출(2022년 7월 말 기준)이 부실화할 가능성이 높아진다.

코로나19 이후 비은행을 이용하거나 여러 곳에서 빚을 낸 다중채무자 또한 급증해 450만 명을 돌파했다. 이들이 빌린 채무액은 600조원에 육박한다. 특히 소득 기반이 약한 청년·노년층의 다중채무액 증가속도가 빠른 데다 이들의 채무가 대출금리가 상대적으로 비싼 제2금융권에 몰리는 경향이 있는 만큼 잠재적 부실이 커질 수 있다는 우려가 나온다.

정책 당국은 '125조원+α' 규모의 '취약부문 금융 민생안정 정책'(이하 채무조정 정책)을 제시해 파격적인 빚 탕감을 해주기로 했다. 자영업자와 소상공인 채무 조정을 위한 새출발기금에 30조원, 저금리 대환 프로그램에 8조5000억원, 안심전환대출에 45조원, 맞춤형 자금 지원에 41조2000억원, 햇살론유스 지원 강화에 1000억원, 최저신용자 대상 특례 보증에 2400억원 등이 투입된다.

새출발기금은 개인사업자와 법인소상공인을 대상으로 코로나 피해 관련 대출에 한해 지원해준다. 연체 90일 미만 부실 우려 차주 대상으로 거치기간을 부여하고 장기분할상환 지원, 고금리 부채의 금리 조정 등을 지원한다. 금리 감면 수준은 현재 3~5% 수준(연체 30~90일 기준)으로 낮춰주는 방안을 협의 중이다.

연체 90일 초과 부실 차주 대상으로는 원금감면 및 장기분할상환을 지원한다. 원금감면 비율은 취약 차주에 한해 최대 90% 감면율을 유지하되 부채가 자산보다 많을 경우에만 순부채의 60~80%를 감면해준다. 총 채무액 기준으로 본 감면율은 0~80%다. 신용대출만 감면 대상이며 담보대출은 제외된다. 최대 90% 감면율은 기초생활보장 수급자, 저소득 중증장애인 등 취약 차주에 한해 적용한다.

서민들을 위한 추가적인 정책금융 제공과 저신용 청년들을 대상으로 한 특례 채무조정 제도 등을 신설하고 기존 지원 제도 간 연계도 강화하기로 했다. 청년 특례 프로그램은 신용평점 하위 20% 이하 청년(34세 이하)을 대상으로 채무 정도에 따라 이자를 30~50% 감면하고, 최대 3년간 원금 상환유예를 하면서 해당 기간 이자율을 3.25%로 적용한다. 적용 기한은 1년이다.

이러한 조치들은 사전적으로 가계부실 위험을 줄이고 경제 및 금융 취약계층의 어려움을 완화, 해소한다는 의미가 있다. 하지만 채무조정 정책에 대해 상대적 박탈감을 일으키고 고의적 연체를

부추길 수 있다는 비판 여론도 만만찮다.

💬 이슈의 논점

"빚 탕감 정책, 도덕적 해이 야기"

정부의 채무조정 정책은 일종의 **배드뱅크**와 같다. 원리금 상환이 90일 초과 연체된 금융사 보유의 소상공인에 대한 대출 채권을 매입하여 원금의 60~80%를 탕감해주고 채무자의 이자를 감면해주기로 한 것이다.

그동안 어려운 상황에도 성실히 원리금 상환을 해 온 차주들 입장에서는 형평성에 어긋나는 이러한 조치들로 인해 상대적 박탈감을 느낄 수밖에 없다. 채무조정 정책은 결국 채무자들로 하여금 채무 탕감을 기대하고 고의적인 연체를 부추기는 등 도덕적 해이를 일으킬 수 있다.

금융위원회는 대책 발표 브리핑 자료에서 "투자손실 등 애로가 큰 저신용 청년들이 신속하게 재기할 수 있도록 신속채무조정 특례 제도를 신설하겠다"고 밝혔는데, 이는 정부가 세금을 들여 '빚투(빚내서 투자)'로 손해를 본 청년층의 대출을 탕감해주겠다는 것이 아닌가.

금융위원회는 이에 대해 가상자산 투자실패자 지원 대책이 아니며 기존 채무조정 지원 제도의 정신과 기본 취지에 맞춰 설계된 것이라고 해명했다. 이번 대책을 둘러싸고 도덕적 해이 논란이 불거진 것은 일종의 오해라는 것이다.

그러나 최근 빚투 실패자 지원과 관련해 도덕적

해이 논란이 인 것은 이번이 처음이 아니다. 7월 초에도 서울회생법원이 채무자가 갚을 돈을 산정하는 데 주식과 가상화폐 투자 손실금을 제외하기로 업무 기준을 마련한 사실이 알려지면서 도덕적 해이를 조장한다는 논란이 일었다.

금융기관에서는 저가에 매출채권을 매각해야 할 수 있다고 우려한다. 이들이 지게 될 부담이 커져 결국 금융권 전체부실 우려로 이어질 가능성이 높다는 점도 문제다. 또한, 민생안정 금융지원대책의 하나로 발표된 '은행 자율로 차주의 90~95%에 만기·상환유예를 추가 연장해 줘라'는 정부의 지침이 정확히 무슨 의미인지, 부실이 확실한 이자 유예 대출자를 어떻게 해야 하는지 등을 놓고 해석만 분분하다.

금융 당국은 발표에 앞서 금융권과 논의했다고 주장하지만, 은행의 상당수 실무책임자들은 대책의 주요 내용을 처음 듣는다고 밝혔다. 금융권 대상 설명회도 이뤄졌지만 금융권은 여전히 의문을 해소하지 못했다. 금융권 참여자들과 제대로 된 소통 없이 정책이 졸속으로 추진된 것이다.

배드뱅크 (bad bank)

배드뱅크는 금융기관의 부실채권이나 부실자산만을 사들여 이를 전문적으로 처리하는 기관이다. 은행이 부동산이나 기계설비 등을 담보로 기업에 대출해줬다가 부도로 인해 기업의 대출자금이 부실채권이 됐을 때 이용하며, 은행의 부실자산을 모두 정리할 때까지만 한시적으로 운영된다. 담보로 잡힌 부동산, 공장 등의 가치를 높인 뒤 높은 가격에 파는 것이 주 업무이며 자본과 인력을 투입해 부동산을 개발하거나 공장을 정상화하는 일도 한다. 우리나라에서는 정부 출가기관인 한국자산관리공사(KAMCO)와 연합자산관리주식회사(UAMCO)가 배드뱅크 역할을 하고 있다.

은행권에서는 취약차주가 연착륙하도록 돕는 것은 당연하다는 취지로 여러 프로그램을 이미 가동했다. 그런데도 정부가 금리 상승과 함께 커지는 금융위험의 책임을 은행에 돌리고 지원을 독촉하는 방식은 문제가 있다.

"일부 가계 채무조정은 불가피"

채무조정 정책에 대해 도덕적 해이 확산 및 금융기관들이 지게 될 부담에 대한 우려가 어느 정도 일리 없는 것은 아니다. 하지만 가계의 특성과 현재의 경제상황을 감안하면 일부 채무 탕감을 비롯한 가계 채무조정은 불가피하다.

정부가 '빚투'로 손해를 본 청년들의 대출을 갚아준다는 것에 대해 논란이 많다. 하지만 이번 정책은 원금 감면이 없기 때문에 '빚 탕감'으로 볼 수 없다. 대통령 국정 지지율이 낮은 정부의 무책임한 선심성 정책이란 주장은 과장된 것이다.

일각에서는 청년들의 투기를 조장하는 정책이라고 하지만 무분별한 투자보다는 집값 등 물가 폭등 속에서 생계비나 주거비 부담 때문에 부채가 폭증한 청년이 훨씬 많다.

신용회복위원회가 지난해 채무조정 특례를 받은 청년들의 연체 발생 사유를 집계한 자료에 따르면 '생계비 지출 증가'가 30%로 가장 많았고 그 다음이 실직(21.3%) 순이었다. 코로나19 등에 따른 일자리 및 소득 감소가 가장 큰 원인이었던 것이다.

빚투나 '영끌(영혼까지 끌어모을 정도로 잔뜩 빚을 진다는 뜻)' 열풍이 대출 증가의 주요 원인으로 꼽히지만, 이는 사실 여유가 있고 자산을 축적할 시간이 있었던 일부 계층의 사정일 뿐이다. 실제 채무조정 지원대상이 될 이들은 소득이 낮고, 좀처럼 일자리를 찾지 못하는 청년들이 대부분이다.

상환능력이 부족한 청년들은 채무조정이 제때 이루어지지 않는다면 평생 빚 부담에 시달리게 된다. 만성화된 가계 신용 부실은 금융권을 넘어 국가 경제를 위협할 것이다.

그 안전장치로서 이미 기존에 다양한 구조조정 제도가 마련되어 있다. 이번 채무조정 정책은 기존 제도 이용 시 걸리는 시간과 절차를 단축해 편의성을 늘린 것에 불과하다. 과거에도 경제상황이 악화될 때 현재 정책과 유사한 배드뱅크가 가동된 바 있다.

이명박 정부 시기인 2008년에는 글로벌 금융위기로 '신용회복기금'을 통해 취약 차주에 대한 구제에 나선 바 있으며 박근혜 정부 시기인 2013년에는 급증하는 가계부채 문제에 대응하여 18조 원 규모로 국민행복기금이 설립되어 현재까지 운영되고 있다.

당시에도 도덕적 해이 우려가 나왔지만 가계부실에 따른 금융위기가 취약 차주의 원리금 상환 연체로부터 시작된다는 점을 고려한다면 개인이 신용불량자로 전락하는 것보다 성실하게 원금 일부를 갚아나가는 게 국가 경제 전반에 더 보탬이 된다는 것을 알 수 있다. 금융불안 및 금융위기의 촉발요인을 제거함으로써 위기 가능성을 완화하는 것이다.

윤석열 정부의 채무조정 정책은 경기 위축과 금

융위기가 현실화되기 전에 선제적으로 가계부채 관련 위험을 낮추고 취약 차주를 지원하려는 의도다. 정책 의도대로라면 채무조정으로 취약 차주가 연체의 굴레에서 벗어나 정상적인 경제생활로 복귀할 수 있고 경기침체와 금융위기를 방지하는 데 기여할 수 있다.

앞으로 금리 상승과 경기악화의 영향으로 채무조정 수요는 더욱 늘어날 가능성이 크다. 정책 당국은 채무조정 혜택이 절실함에도 제외되는 경우가 생기지 않도록 소득 및 재산을 고려하여 엄격한 기준을 마련해야 할 것이다.

이와 함께 신규 대출이나 신용카드 사용 제한 등 강도 높은 도덕적 해이 방지책을 동반한다면 채무조정을 악용하는 사례를 상당 부분 걸러낼 수 있을 것이다.

연습문제 2022 이코노미스트

소상공인, 청년 등 취약계층을 대상으로 하는 빚 청산 정책에 대한 반발이 거세다. 이에 대한 자신의 의견을 서술하시오.

(1000자, 50분)

※ 논술 대비는 실전연습이 필수적입니다. 반드시 시간을 정해 놓고 원고지에 직접 써 보세요.

200

400

600

800

1000

휴대전화 통화 녹음을 금지해야 하는가

"음성권 기준 세워 보호해야"–"범죄 진실 규명 어려워질 것"

➕ 배경 상식

상대방의 동의 없이 대화 내용을 녹음하면 처벌하는 법안이 발의돼 논란이 일었다. 지난 8월 윤상현 국민의힘 의원은 동의 없는 대화 녹음을 금지하는 내용의 통신비밀보호법(이하 통비법) 개정안을 대표발의했다. 현재 통비법은 법리상 대화자(대화에 참여하고 있는 사람) 간 일 대 일로 이뤄진 녹음은 합법이고 '공개되지 않은 타인 간 대화'에 대해서만 녹음을 금지하고 있다. 그러나 윤 의원이 대표발의한 통비법 개정안은 상대방의 동의 없는 통화 등을 녹음했을 경우 1년 이상 10년 이하 징역에 처하도록 하는 내용이 담겼다. 타인 간 대화는 물론 일 대 일 대화 참여자까지 녹음을 할 수 없도록 한 것이다. 통화 녹취록이 재판에서 핵심 증거로 사용되는 사례가 많아 법안이 시행될 경우 파장이 클 전망이다.

윤 의원은 통비법 개정안에 대해 "휴대전화 등 통신장비 발달로 타인은 물론 당사자 간 대화를 녹음해 협박하는 등 악용하는 사례가 빈번해지고 있다"며 "현행 통비법은 대화자 일방의 사생활의 자유 또는 통신 비밀의 자유를 침해하고 있다"고 발의 취지를 밝혔다. 여론은 통비법 개정안에 대해 부정적이었다. 지난 8월 29일 여론조사 업체 리얼미터에 따르면 시민 3명 가운데 2명은 통비법 개정안에 반대했다. 반대 이유로는 "통화 녹음이 내부 고발 등의 목적으로 쓰이거나 자신을 보호하기 위한 용도로 쓰일 수 있기 때문에 반대한다"는 응답이 64.1%로 나타났다. 이와 달리 "통화 녹음이 협박 수단으로 악용되는 경우도 있을 뿐 아니라 개인 사생활 인격권을 침해할 수 있으므로 법안 발의에 찬성한다"는 통비법 개정 개정안 찬성 응답은 23.6%로 나타났다.

통화 녹음 금지 찬성1 음성권 보호하고 악용 사례 막아야

개인의 사적 영역을 타인이나 공권력에 간섭받지 않도록 함으로써 자기결정권을 보호하는 프라이버시권은 자유 민주주의와 법치사회의 근간을 이루는 가치다. 휴대전화 통화 녹음부터 자동차 블랙박스, 음성 기반 인공지능(AI) 비서 등으로 프라이버시권과 초상권, 음성권 등 인격권이 위협받고 있다.

특히 자신의 음성이 함부로 녹취되거나 공표되지 않을 권리를 뜻하는 음성권에 대해 대중의 인식이 부족하다. 대화 녹음을 금지하는 통비법 개정안을 통과시켜 음성권에 대한 기준을 세움으로써 악용 사례를 막아야 한다.

통화 녹음 금지 찬성2 해외에서 이미 보편화된 법

국산 스마트폰인 삼성 갤럭시와 달리 애플 아이폰은 통화 녹음 기능을 제공하지 않고 있다. 이러한 기능 차이 때문에 아이폰보다 갤럭시를 선호하는 사람들도 있다. 그럼에도 애플이 아이폰에서 통화 녹음 기능을 뺀 것은 미국 일부 주와 프랑스 등에서 상대방의 동의 없는 통화 녹음을 법적으로 금지하고 있어서다.

영국, 일본 등에서는 통화 녹음이 가능하지만 제3자에게 공유하는 것은 불법이다. 동의 받지 않은 통화 녹음은 개인 보호라는 순기능보다 사생활 유출과 협박 등 역기능이 더 많다. 이에 주요 선진국에서는 동의 없는 대화 녹음을 금지하는 제도를 일찍부터 시행하고 있었던 것이다.

통화 녹음 금지 반대1 범죄 진실 규명 어려워질 것

통화 녹음을 악용하는 범죄는 제3자가 타인 간 대화를 녹음할 수 없도록 한 현행 통비법으로도 충분히 처벌할 수 있다. 결정적인 법정 증거가 될 수 있는 일 대 일 대화 참여자까지 녹음을 할 수 없도록 한 것은 통화 녹음의 순기능을 억제하면서 오히려 범죄는 조장할 수 있다.

목격자가 없는 밀실 범죄나 성범죄는 사후에 녹취를 통해서 범죄를 입증할 수 있는 경우가 많다. 통화 녹음 자체를 불법으로 규정하면 이러한 범죄의 진실에 접근하기 어려워진다. 통비법 개정으로 녹취 파일의 증거 능력이 사라진다면 자기 방어 사실관계를 입증하기 어려워질 것이다.

통화 녹음 금지 반대2 사회적 방어수단 박탈 안 돼

재벌 총수의 가사 도우미·운전기사 폭행·폭언, 직장 상사의 갑질 등 사회적 약자에 대한 폭력이 통화 녹음을 통해 밝혀진 사례는 많다. 캐디, 병원 직원 등 접객 업무 종사자들은 이른바 '진상' 손님들로부터 언제 당할지 모르는 폭언, 폭력, 성희롱 발언 등에 대비해 소형 녹음기를 소지하는 게 불문율이라고 할 정도다.

녹취의 일상화는 불신과 불안이 한국 사회 전체에 팽배해 있다는 방증으로서 바람직한 현상은 아니다. 그럼에도 사람들이 언제든 자신을 보호하기 위해 증거가 필요하다고 생각해 사회적 방어수단을 마련하겠다면 누구든 그 자유를 막을 권리는 없다.

대기업 하반기
채용 문 '활짝'

삼성 관계사 20곳이 지난 9월 6일부터 하반기 공개채용을 진행한다고 발표한 이후 SK와 현대자동차, LG, CJ그룹 등도 잇달아 채용 공고를 냈다. 기업들은 경기 침체에도 청년 일자리 창출에 적극적으로 나설 계획이다.

9월 13일 업계에 따르면 삼성 계열사인 ▲삼성전자 ▲삼성디스플레이 ▲삼성전기 ▲삼성SDI ▲삼성SDS ▲삼성바이오로직스 ▲삼성물산 ▲삼성엔지니어링 ▲삼성생명 ▲삼성화재 ▲삼성증권 ▲삼성카드 ▲호텔신라 ▲제일기획 ▲에스원 등은 하반기 공채를 시행한다.

삼성전자는 "우수한 인재를 공정하게 선발하고 직원들이 자신의 능력을 최대한 발휘해 더 뛰어난 인재로 성장할 수 있는 여건을 만들기 위해 지속적인 노력을 펼쳐나가겠다"고 밝혔다.

SK의 반도체 계열사 SK하이닉스는 지난 8월 하반기 신입사원 서류 접수를 마친 상태로 20개 분야에서 세 자릿수 인원을 채용할 예정으로 필기(SKCT)와 면접, 건강검진을 통과한 최종 합격자는 내년 1월부터 입사하게 된다.

신입사원 모집 방식을 2019년 '상시 공개채용'으로 바꾼 현대차는 매년 홀수월 1일마다 각 사업장에서 필요한 인재를 선발해왔다. 올 9월에는 14일까지 R&D를 비롯한 생산, 전략지원, 디자인부문 인재 채용을 실시하기로 했다. 기아 역시 생산·구매·품질 등 14개 부문에서 9월 18일까지 하반기 대졸 신입사원 모집에 나섰다.

LG전자도 9월 25일까지 VS와 SW, AI, 빅테이터 등 부문별로 채용연계형 인턴을 포함한 인력 충원에 나섰다. CJ그룹은 9월 13일부터 식품, 바이오, 물류, 콘텐츠 등 미래 라이프스타일 사업 분야 신입사원 채용 절차에 들어갔다. 서류전형 합격자들은 계열사별 채용 일정에 맞춰 테스트와 면접 전형, 직무수행능력평가(인턴십) 등을 거친다.

금융권 하반기
공채 시즌 열렸다

올해 하반기 은행 공채 시즌이 열렸다. 디지털화에 따라 오프라인 은행 영업점이 감소하고 있지만 주요 은행은 금융환경 변화에 적극 대응하고 일자리를 창출하기 위해 예년보다 채용 규모를 더 늘릴 것으로 예상된다.

9월 10일 은행권에 따르면, 신한은행은 지난 9월 5일부터 일반직 신입행원 등 400명을 선발하는 공개 채용을 시작했다. 지난해 하반기 신입행원 채용 규모(250명)보다 대폭 증가한 것이다. 신입행원 이외 경력직, 전문인력, 재채용 등을 더하면 하반기 금융권 최대 규모인 700명 수준이다.

KB국민·하나은행도 9월부터 하반기 채용을 진행한다. KB은행은 ICT(정보통신기술)부문과 핵심성장(IB·자본시장)부문이 수요에 따라 수시 채용을 진행하고 있다. 이재근 KB국민은행장은 지난 8월 열린 '2022년 금융권 공동채용 박람회'에서 "올해 수백 명 규모 채용을 예상하는데 청년들의 기회를 위해 신입사원 비중을 더 늘릴 생각"이라고 했다. 박성호 하나은행장도 예년과 비슷한 300명 수준의 채용 계획을 밝혔다.

우리은행은 지난 6월 시작한 상반기 IT 부문 신입행원 채용이 마무리되는 대로 하반기 신입행원 정기 공채 시기와 규모 등을 정해 절차를 시작할 계획이다. IBK기업은행은 9월 7일부터 금융일반, 디지털, 금융전문·글로벌 등의 분야에서 신입행원 160명을 뽑는 하반기 공채에 돌입했다.

지방은행도 채용을 진행 중이다. 전북은행이 9월 1일 공채 접수를 시작했고 광주은행도 5일부터 두 자릿수 규모의 신입행원 채용에 나섰다. BNK부산·경남은행은 지난 6일부터 지역전형과 비지역전형으로 나눠 두 자릿수 규모로 신입행원을 모집한다. DGB대구은행도 7일 일반전형과 디지털·ICT전형에서 각각 두 자릿수 규모의 신입행원 채용 공고를 냈다.

인크루트,
헤드헌팅 플랫폼 '셜록N' 출시

인크루트가 헤드헌팅 플랫폼 '셜록N'을 정식 출시했다고 9월 14일 밝혔다. 인크루트 측은 "셜록N은 인재 물색, 추천 등의 헤드헌팅 업무를 디지털화한 플랫폼"이라며 "모든 헤드헌팅 과정을 PC와 모바일, 태블릿으로 진행할 수 있다"고 설명했다.

헤드헌터는 셜록N을 통해 인크루트에 등록한 인재 정보를 열람할 수 있다. 이를 통해 별도 영업활동을 하지 않고 인재 추천 업무에만 집중할 수 있다. 또, 인재 추천부터 면접일정 조율, 연봉협상, 채용 결정 등을 온라인 진행해 효율성 제고는 물론 과정을 투명하게 운영할 수 있다.

채용 기업이 셜록N에 인재 추천을 의뢰하면 다수 헤드헌터가 인재를 신속하게 물색, 추천해준다. 또, 셜록N은 헤드헌터 추천 인재 정보를 한눈에 스크리닝할 수 있는 기능이 있어 확인 시간을 줄여준다. 아울러 채용 기업이 셜록N과 자사 모바일 평판조회 솔루션인 레퍼런스체크를 연동해 활용하면 헤드헌터 추천 인재를 심층적으로 검증할 수 있다.

이밖에 스마트 디바이스 활용이 가능한 셜록N은 실시간 메신저와 지원자의 포트폴리오 등록, 상세 스펙 설정 기능 등으로 인사담당자와 헤드헌터의 원활한 소통을 지원한다. 비공개 베타 운영한 결과, 인사담당자가 셜록N에서 헤드헌터 추천 인재 이력서를 확인하고 실제 면접을 요청해 진행한 확률이 70% 이상이었다.

박광원 인크루트 그룹장은 "셜록N이 기업 채용과 헤드헌터 업무에 편의를 높여줄 것으로 기대한다"며 "앞으로도 인사담당자와 헤드헌터 간 협업이 더 수월해질 수 있도록 노력할 것"이라고 말했다.

Z세대 10명 중 8명
"방송국보다 OTT 취업 희망"

1995년 이후 출생 세대(Z세대) 10명 중 8명은 기존 방송국보다 OTT(온라인동영상서비스) 업계 취업을 더 희망하는 것으로 나타났다. 전통적인 메이저 미디어 매체보다 콘텐츠 플랫폼에 대한 구직 선호도가 높아진 것이다.

지난 8월 26일 취업플랫폼 캐치는 구직자 1386명을 대상으로 'OTT 업계와 방송국 중 더 취업하고 싶은 곳'에 대해 조사한 결과 78%가 OTT 업계 취업을 선호하는 것으로 나타났다고 밝혔다. 방송국 취업을 선호하는 비중은 22%였다.

OTT 업계 취업을 희망한다고 응답한 인원(1087명)에게 그 이유를 물어본 결과 '향후 전망이 좋기 때문'(48%)이라는 응답이 다수를 차지했다. 이외에 'OTT를 자주 이용해서'(15%)와 '제작하는 콘텐츠의 성격 때문에'(12%)라는 응답이 뒤를 이었다.

반면, 방송국 취업을 선호하는 인원(299명)에게 물어본 희망 이유로는 '안정적이어서'가 55%의 절반이 넘는 비중으로 1위를 차지했다. 2위는 '네임밸류가 있어서'(16%), 3위에는 '노하우와 전통이 있어서'(12%)라는 답변으로 이어졌다.

한편, Z세대가 가장 선호하는 OTT 플랫폼으로는 넷플릭스가 72%의 압도적인 비율로 1위를 차지했다. 2위는 티빙(10%), 3위는 왓챠(5%)였다. 이어서 웨이브(4%), 쿠팡플레이(3%), 디즈니플러스(3%), 카카오TV(1%) 순이었다.

캐치 관계자는 "K 콘텐츠가 세계시장에서 주목받고 요즘 세대 취향을 적극 반영한 콘텐츠 제작이 늘어나며 해당분야에 대한 구직자들의 관심도 높아지고 있다"고 말했다.

고용 있는 침체...
"일할 사람이 없다"

"침체의 정의를 다시 써야"

세계 경제의 가늠자인 미국에서 최근 '고용 있는 침체(jobful recession)'라는 기현상을 두고 한창 논쟁이 일고 있다. 경기 침체는 경제 활동이 위축되고 감소하면서 경기가 전반적으로 하락하는 상태를 말한다. 시장에서는 보통 성장률이 2분기 연속 마이너스 상태로 떨어지거나 장기 국채 금리가 단기 국채 금리보다 낮아질 때 경기 침체가 왔다고 본다. 경기 침체가 오면 기업이 생산을 줄이므로 일자리가 줄어들고 고용률이 낮아진다.

글로벌 경제는 팬데믹을 틈타 거나하게 벌였던 유동성 잔치의 뒤치다꺼리를 하며 숙취를 겪고 있다. 미국의 국내총생산(GDP) 증가율은 올해 1·2분기 각각 연 기준 -1.6%, -0.9%를 기록했고 장단기 금리 차도 역전된 상태여서 이미 침체에 빠졌거나 침체로 가는 과정이라고 보는 의견이 우세했다.

그러나 유례없이 탄탄한 고용 상황으로 경제 전

문가들은 현재 상황을 침체로 규정해야 할지 혼란에 빠졌다. 미국 실업률은 지난 3~6월 사상 최저 수준인 3.6%를 유지했고 7월에는 3.5%까지 떨어져 사실상 완전고용 상태다. 이를 두고 뉴욕타임스는 "침체에 대한 정의를 다시 써야 한다"고 말했다.

구글, 애플, 테슬라 등 빅테크 글로벌 기업들이 대규모 감원과 현금 확보에 나서며 비상 경영 체제에 돌입했다. 고용 있는 침체는 기업이 호황 속에 고용을 늘려서가 아니라 일할 사람과 일할 의지가 급속히 줄어들어 나타난 결과일 것이다. 한국도 이러한 현상에서 예외가 아니다.

조선업부터 편의점까지 극심한 인력난

지난 7월 한국 취업자 수는 전년 대비 82만여 명 급증하며 22년 만에 가장 크게 늘었고 실업률도 2.9%로 동월 대비 역대 가장 낮았다. 고용 있는 침체에 직면한 기업과 자영업자들은 극심한 인력난에 비명을 지르고 있다. 일손이 부족한 업종은 제조업과 신기술 산업부터 골목상권 자영업자들까지 분야를 가리지 않는다. 가장 심각한 곳은 조선업이다.

국내 조선업계는 세계 선박 수주 물량을 싹쓸이하고 있지만 웃지 못하고 있다. 영국 조선해운시황 분석 업체 클락슨리서치에 따르면 한국조선해양과 삼성중공업, 대우조선해양 등 국내 조선사들은 7월 한 달 간 세계 선박 발주량의 55%를 독점했지만 당장 조선소에서 일할 사람이 부족하다. 오랜 조선소 불황으로 임금과 일감이 줄어 많은 노동자들이 조선소를 떠나서다.

한국 플랜트협회는 조선업계가 수주 물량을 소화하기 위해 올해 9월 기준 6만 명의 인력이 필요한데 약 9500명이 부족할 것으로 전망했다. 10년 불황 끝에 글로벌 조선업계에 슈퍼사이클이 밀려들어 오는데 노 저을 사람이 없는 셈이다.

인문계 학생들까지 코딩 배우기에 뛰어들 정도로 개발자들을 고연봉에 모셔가는 추세라지만 테크 기업의 구인난도 심각하다. 한국소프트웨어정책연구소 분석에 따르면 인공지능(AI) 등 주요 정보기술 분야의 부족 인력은 지난해 9400여 명에서 올해 1만4500여 명으로 늘었다. 테크 업계에서는 앞으로 10년간 개발자 구인난을 면치 못할 것이란 전망이 나올 정도로 개발자 구하기가 하늘의 별따기다.

영세 자영업자와 소상공인들도 일손이 부족해 아우성친다. 24시간 운영해야 하는 편의점에서는 아르바이트생을 구할 수 없어 가족을 총동원하기도 한다. 청년들이 정해진 근무 시간 없이 필요할 때 짭짤한 소득을 올릴 수 있는 배달 아르바이트처럼 비대면·초단기 일자리를 선호하면서 술집이나 고깃집처럼 고된 아르바이트를 기피하는 경향도 뚜렷해졌다. 2022년 최저임금이 9160원으로 올랐지만 자영업자들이 모인 커뮤니티에서는 "시급 1만2000원으로 공고를 내도 전화 한 통 오지 않는다"고 푸념한다.

반세계화·청년인구 감소...고차원 대응 필요

산업 전 분야를 강타한 구인난의 원인은 복합적이다. 직접적 원인은 팬데믹과 신냉전으로 세계화 분업 체제가 쇠퇴하며 외국인 노동자 유입이 급감했다는 점에서 찾을 수 있다. 법무부에 따르면 고용허가제나 방문취업 등의 자격으로 체류하는 조선족 등 국내 이주 노동자는 35만 여 명으로 1년 전보다 8만 명 가까이 급감했다.

아르바이트를 가장 활발히 하는 연령대인 청년층 인구가 줄어드는 것도 일자리 미스매치(mismatch : 기업과 구직자 간 요구 조건의 불일치)의 원인으로 꼽힌다. 통계청에 따르면 지난 5월 기준 청년층(15~29세) 인구는 859만5000명으로 코로나 이전인 2019년(907만3000명) 대비 47만8000명 감소했다. 저출산 고령화로 생산가능인구는 계속 줄어들 것이다. 일본처럼 사람을 못 구해 폐업하는 기업이 속출할 수 있다.

이처럼 구인난은 일시적 현상이라기보다 산업 구조의 변화로부터 기인한다는 점에서 근본적인 대책 마련이 시급하다. 외국인 노동자 쿼터를 늘리는 등 고용 규제를 풀고 신산업에 바로 투입할 수 있는 직업 교육을 통해 일자리 미스매치 현상을 풀어가야 한다. 낮은 실업률을 위안삼아 구인난을 방치한다면 산업 기반이 붕괴하고 고용 없는 불황으로 전이될 수 있다.

String theory

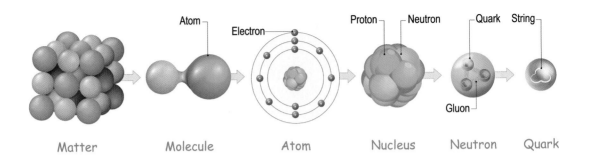

Matter　　Molecule　　Atom　　Nucleus　　Neutron　　Quark

작은 것들을 찾는 여정...
원자부터 쿼크까지

돌턴의 원자설

물질을 쪼개고 쪼개면 어디까지 작아질 수 있을까? 더 이상 쪼갤 수 없는 가장 작은 입자는 무엇일까? 인간은 태양계 바깥 우주인 성간까지 물체(보이저 1호)를 보낼 수 있지만 좁쌀 한 톨이 품고 있는 미시세계에 대해서는 여전히 모르는 게 많다.

2500년 전 그리스 철학자 데모크리스토스는 세상의 만물을 구성하는 기본이자 더 이상 작게 분리되지 않는 조각으로 원자의 개념을 주장했고 이는 수세기간 정설로 여겨져 왔다. 영국 화학자 존 돌턴(John Dalton, 1766~1844)도 원자가 가장 작은 입자라고 생각했다.

돌턴은 원자설을 제창하면서 원자는 더 이상 쪼개질 수 없고 다른 원자로 바뀔 수 없다는 가설을 세우기도 했는데 이는 잘못된 것으로 판명됐다. 원자는 양성자, 중성자 등 원자보다 작은 입자로 구성되므로 쪼개질 수 있고 핵분열이나 핵융합을 통해 다른 원자로 바꿀 수 있다.

돌턴의 원자설이 나온 지 반세기도 지나지 않아 원자가 양성자·중성자·전자로 이루어져 있다는 것이 발견됐다. 현대 원자 물리학의 창시자라고 불리는 존 톰슨(John Thomson, 1856~1940)이 전자를 발견한 데 이어 어니스트 러더퍼드(Ernest Rutherford, 1871~1937)는 양성자를, 그의 제자 제임스 채드윅(James Chadwick, 1891~1974)은 중성자를 규명했다. 이 3명은 모두 노벨 물리학상을 수상했다.

쿼크의 발견

물질의 구성 요소인 원자는 중심에 원자핵을 갖고 그 주위 궤도에 전자가 존재한다. 원자핵은 양성자와 중성자가 결합한 구조다. 양성자와 중성자 및 그것들 사이에 교환되는 π 중간자 등은 소립자라 불리는데, 종래에는 소립자야말로 더 이상 쪼갤 수 없는 궁극의 입자로 여겨졌다.

그렇지만 사람들은 "원자를 구성하는 세 입자 중 전자는 질량이 작은데, 양성자나 중성자는 왜 크고 무거울까"라고 의심을 품었다. 전자를 양성자로 산란시켜 보면 양성자가 이루는 전기장은 점전하(點電荷 : 부피는 없고, 전하량만 가지고 있는 이론적 존재)의 그것과 달리, 양성자의 전하가 퍼져 분포되어 있다는 것을 알 수 있다.

핵자(원자핵을 구성하는 양성자와 중성자 등의 총칭)는 이상 자기모멘트(磁氣moment : 전자기학에서 물체가 자기장에 반응해 돌림힘을 받는 정도를 나타내는 벡터 물리량)를 가지며, 이것도 퍼진 영역에 분포되어 있다. 또한 핵자는 회전 들뜬상태(바닥상태보다 높은 에너지를 가진 양자 상태)를 가지며 관성 모멘트가 유한하므로 질량도 유한한 영역에 분포해 있어야 한다.

그 구조를 알아보기 위해 고에너지의 전자나 중성미자를 충돌시켜 보면, 핵자가 더욱 작은 입자로 이루어져 있다는 것을 알 수 있다. 1964년 미국의 물리학자 머리 겔만(Murray Gell-Mann, 1929~2019)은 양성자가 더 작은 3개의 입자로 이루어져 있다는 사실을 알아냈다.

겔만은 양성자의 100분의 1 크기의 최소 단위 미립자를 쿼크(quark)라고 명명했는데 이는 제임스 조이스(James Joyce, 1882~1941)의 소설『피네건의 경야(Finnegans Wake)』에 나오는 문장에서 따온 말이다. 겔만 또한 1969년 노벨 물리학상을 수상했다.

쿼크의 특징
쿼크의 종류는 전하량과 정지 질량에 따라 업(up), 다운(down), 참(charm), 스트레인지(strange), 톱(top), 보텀(bottom) 등 6종류로 나뉜다. 이는 다시 3세대로 구분되는데 ▲제1세대는 업·다운 쿼크 ▲제2세대는 참·스트레인지 쿼크 ▲제3세대는 톱·보톰 쿼크이다.

쿼크는 기본 전하의 −1/3 또는 +2/3의 전하를 갖는다. 기본 전하의 정수배가 아닌 전하를 가진 자는 쿼크가 유일하다. 전하량 외에도 쿼크는 색전하(色電荷)란 물리량을 갖는데, 이 양은 빨강, 초록, 파랑으로 나타낸다. 반쿼크는 반빨강, 반초록, 반파랑의 색전하를 갖는다.

과학자들은 크기가 없는 쿼크를 가장 궁극적인 입자라고 한다. 그러나 쿼크를 이루고 있는, 더 작은 입자를 발견하지 못하는 인간 능력의 한계 때문에 쿼크를 가장 작은 입자라고 생각할 수도 있다. 현재 우리 인간의 능력으로는 쿼크를 쪼갤 만한 에너지가 없기 때문이다.

원자를 발견하고 나서 쿼크를 규명하기까지 200년의 세월밖에 흐르지 않았다. 인류가 더 작은 것들을 찾아 나서면서 광학현미경과 전자현미경이 발견됐지만 나노미터보다 훨씬 작은 존재를 보려면 더 강력한 가속기(입자나 이온을 빛의 속도에 가깝게 빠른 속도로 가속시키는 장치)가 필요하다. 앞으로 어떤 더욱 작은 입자가 나타날지 알 수 없는 일이다. 우주가 무한히 넓듯 소우주도 무한히 작다. 더 이상 쪼개지지 않는 입자는 영원히 존재하지 않을지도 모른다.

항왜
降倭

이순신李舜臣의 한산도대첩을 그린 영화 '한산: 용의 출현'에는 왜군倭軍이었지만 귀화 후 조선을 돕는 '준사'가 비중 있게 등장한다. 그는 『난중일기亂中日記』에 실제 언급되는 인물로, 이순신은 그를 안골포해전 때 투항한 인물이라 기록하고 있다.

준사의 사례와 같이 임진왜란 때 왜군으로 출정하여 조선에 투항한 왜인을 '항왜降倭'라 불렀다.[1] 임진왜란 중 조선에 투항한 항왜의 숫자는 최대 1만 명에 이른 것으로 파악한다. 침략 후 20일 만에 한양을 함락시킬 만큼 파죽지세의 왜군이었지만, 초반 기세와 달리 전쟁이 장기화될 양상을 보이자 그들 내부에서도 동요가 일 수밖에 없었다.

당시 많은 수의 항왜가 발생하게 된 배경으로는 장기 주둔으로 인한 식량 부족과 경험해보지 못한 추위, 가토 기요마사加藤淸正로 대표되는 왜군 장수의 포악함과 과중한 노역, 조선의 항왜 우대책과 초유책, 장기화되는 전쟁에 대한 반감 등을 들 수 있다.[2]

실제로 『조선왕조실록朝鮮王朝實錄』에는 투항한

▲ 일본장수 가토 기요마사의 초상. 성정이 포악했던 탓에 그의 진영에서 투항해 온 항왜가 유독 많았다. (자료 : 本妙寺)

왜인의 이름이 다수 확인된다. 조선은 이러한 항왜들을 적극 활용하려 하였다. 항왜 중 조총 제조 기술과 염초 채취법 등을 아는 자에게 관직을 주고 후히 대접하여 그 기술을 전수받았고, 일부는 함경도·평안도 등의 국경 지역으로 보내 그들의 높은 전투력을 오랑캐 방어와 토벌에 활용하였다.

귀화 후 활동한 항왜 중에는 왕이 직접 후히 대우할 것을 명한 사례도 있었다. 『조선왕조실록』에 보면 선조宣祖(조선 제14대 왕, 재위 1567~1608)가 항왜 여여문呂汝文을 특별히 후대하라 명하는 기사가 다음과 같이 전한다.

"항왜 여여문을 각별히 후대하라고 전날 전교하였는데 실행하는지 모르겠다. 요사이 듣건대, 이 자가 병이 났다가 차도가 있다 하는데 보통 왜

---

1 이와 반대로 조선인이면서 일본에 협력하거나 항복한 이를 '순왜順倭'라 했다.

2 한문종, 2013, 「임진란 시기 항왜의 투항 배경과 역할」, 『인문과학연구』 36, 강원대학교 인문과학연구소, 322~323쪽.

인이 아니니 대우를 후하게 하지 않으면 안 된다 ……".[3]

여여문은 임진왜란 이후 정유재란 때까지 종군하지 않은 적이 없었고, 척후병으로 왜군의 진영을 정탐하여 승리에 공헌하는 등 맹활약을 펼치다 전사하였다. 선조는 그의 죽음을 원통해 했으며, 우의정 이덕형李德馨은 그의 생전 공적을 일일이 나열하며 상급을 내릴 것을 주청하였다.

임진왜란 때의 항왜 중 가장 널리 알려진 인물은 단연코 김충선金忠善(일본명 沙也加)이다. 그는 가토 기요마사의 선봉장으로 1592년 4월 13일 조선에 상륙한 후, 4월 15일 조선인들을 안심시키기 위한 효유서曉諭書를 발표하였고, 4월 20일 경상병마절도사 박진朴晉에게 강화서講和書를 보내 투항의사를 밝힌 뒤 휘하부대를 거느리고 귀순하였다. 귀순 과정의 날짜를 보면 김충선은 출진 전부터 싸울 의사가 없었던 듯하다.

그의 왜군 내 위치가 가토의 선봉장이었던 만큼 선조는 그의 귀순 소식을 듣고 크게 기뻐하여 종2품에 해당하는 가선대부嘉善大夫에 제수하였고, 귀순 이듬해인 1593년에는 정2품 자헌대부資憲大夫에 제수하고 조선의 성과 이름을 하사하였다. 이때 받은 이름이 김충선으로, 사성賜姓 김해 김씨의 시조가 되었다.[4]

김충선은 단순히 왜군 내의 지위로만 평가받은 것이 아니었다. 그는 귀순 후 임진왜란(정유재란 포함)에서 활약하였으며 나이 예순이 넘을 때까지 전장에서 공을 세웠다. 인조仁祖(조선 제16대 왕, 재위 1623~1649)때 일어난 이괄의 난 진압 시에는 이괄의 수하로 무예가 뛰어나 조선군의 애를 먹인 항왜 서아지徐牙之를 잡아 목을 베었고, 1627년의 정묘호란, 1636년의 병자호란 시에도 노구를 이끌고 전장에 나가 조선을 위해 싸웠다. 병자호란 때 김충선의 나이는 무려 66세였다.

▲ 귀화한 일본장수 김충선의 위패를 모신 녹동서원 (자료 : 한국관광공사)

김충선은 대구 달성군의 우록마을로 내려와 학문에 힘쓰다 72세에 세상을 떠났다. 그는 문무文武를 겸비했던 인물로 전한다. 자손들에게도 영달을 좇지 말 것과 부모에 대한 효와 형제간의 우의, 충성과 신의 등을 강조하였다. 그의 사후 우록마을의 입구에는 김충선의 뜻을 기려 세운 녹동서원鹿洞書院이 자리하고 있다.

신민용
에듀윌 한국사연구소 연구원

---

3 『宣祖實錄』 卷64, 宣祖 28年(1595) 6月 19日.

4 기존 김해 김씨와의 구분을 위해 임금에게 하사받은 성이라는 뜻의 '사성'을 앞에 붙여 사성 김해 김씨라고 부른다. 그가 여생을 보내고 후손들이 집성촌을 이룬 곳이 대구 달성군의 우록마을이라. 우록 김씨라고도 한다.

興 淸 亡 淸

흥할 **흥**　　맑을 **청**　　망할 **망**　　맑을 **청**

돈이나 물건을 마구 사용하거나 흥에 겨워 마음대로 즐김

출전:『연산군일기燕山君日記』

흔히 돈이나 물건을 마구 쓰는 모양을 일러 '흥청망청興淸亡淸'이라고 한다. 흥청망청은 조선 시대 궁궐 기생에게 유래된 말로, 연산군과 얽힌 역사적 사실이 담겨있다.

1494년 조선의 제10대 왕이 된 연산군燕山君은 생모 폐비 윤씨廢妃尹氏가 사약을 받고 죽으며 마지막으로 남긴 피 묻은 적삼을 보고 타오르는 복수심에 불타 패악과 폭정을 일삼았다.

춤과 노래를 좋아한 연산군은 채홍사採紅使라는 관리를 파견하여 지방에서 미모가 뛰어난 처녀들을 궁궐로 데려오게 했다. 그 숫자는 1만 명에 가까웠고 그들 중 미모, 춤, 노래가 뛰어난 이들을 흥청興淸이라 불렀다.

연산군은 흥청과 함께 방탕한 생활을 일삼았다. 흥청 중에서도 임금의 마음에 들어 잠자리를 같이한 흥청은 천과흥청天科興淸으로 구별되어 그렇지 못한 지과흥청地科興淸과 엄격한 서열이 나뉘었다. 흥청 중 가장 출세했던 인물은 장녹수張綠水였으며, 기생에 불과했던 그녀는 연산군의 마음을 얻어 후궁의 지위까지 올랐다.

연산군은 경복궁 경회루慶會樓 연못 서쪽에 만세산萬歲山을 만들어 흥청들과 유흥을 즐겼다. 연일 이어지는 잔치에 엄청난 비용이 소모되었다. 당연히 백성들의 원성은 높아져 갔다. 마침내 1506년 9월 중종반정中宗反正이 일어나 연산군은 왕위에서 쫓겨나게 된다. 이때부터 연산군이 흥청으로 인해 망했다는 뜻으로 흥청에 망할 망亡자를 더해 '흥청망청'이라는 말을 쓰게 됐다.

▌한자 돋보기

興은 위아래로 손을 맞잡고 그 릇을 옮기는 모습을 그린 글자로, 오늘날 '흥하다'라는 뜻으로 사용된다.

興
흥할 흥
臼 총16획

- 咸興差使(함흥차사) 한번 간 사람이 돌아오지 않거나 소식이 없음
- 興盡悲來(흥진비래) 즐거운 일이 지나가면 슬픈 일이 닥쳐옴

淸은 물(水)이 푸를(靑) 정도로 맑다는 뜻으로, '맑다'의 의미로 사용된다.

淸
맑을 청
氵 총11획

- 百年河淸(백년하청) 오랫동안 기다려도 바라는 것이 이루어질 수 없음
- 淸風明月(청풍명월) 결백하고 온건한 성격

亡은 칼이 부러진 모습을 그린 글자로, '망하다'의 의미로 사용된다.

亡
망할 망
亠 총3획

- 脣亡齒寒(순망치한) 가까운 사이의 한쪽이 망하면 다른 한쪽도 온전하기 어려움
- 亡羊之歎(망양지탄) 학문의 길이 여러 갈래로 나뉘어져 있어 진리를 찾기 어려움

▌한자 상식 | 조선의 왕이 죽은 다음 붙이는 이름 묘호

묘호(廟號)는 임금이 죽은 후에 그 업적을 기리기 위해 붙이는 이름이다. 묘호는 '조(祖)'와 '종(宗)'으로 구분되는데, 조는 나라를 처음 일으킨 왕이나 중단됐던 나라의 정통을 다시 세운 왕에게 사용되며, 종은 왕위를 정통으로 계승한 왕에게 사용됐다. 다만, 광해군이나 연산군은 묘호가 없는데, 이 둘은 반정으로 쫓겨나 후대 사람들이 그들을 왕으로 인정하지 않았기 때문에 왕의 아들일 때 사용되는 군호를 그대로 썼다.

Books

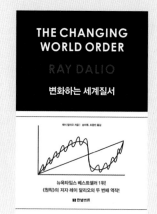

하얼빈

김훈 저 | 문학동네

소설가 ■**김훈**의 신작 장편소설 『하얼빈』이 출간됐다. 『하얼빈』은 김훈이 작가로 활동하는 내내 인생 과업으로 삼아왔던 특별한 작품이다. 김훈은 1909년 10월 26일 안중근이 이토 히로부미를 저격한 순간과 그 전후의 짧은 나날에 초점을 맞추어 안중근과 이토가 각각 하얼빈으로 향하는 행로를 따라간다. 이로써 『하얼빈』에는 안중근의 삶에서 가장 강렬했던 며칠간의 일들이 극적 긴장감을 지닌 채 선명하게 재구성된다. 구한말, 쇠약해져가는 조국을 바라보기만 할 수 없었던 청년들의 결기가 들끓고, 세상의 흐름에 맨몸으로 부딪친 민중들이 공허하게 스러지던 어두운 시대상이 김훈 특유의 단문으로 하드보일드하게 형상화된다.

■ 김훈(1948~) 장편소설 『칼의 노래』, 『달 너머로 달리는 말』, 소설집 『저만치 혼자서』 등으로 한국 문학의 거장 반열에 오른 작가다. '우리 시대 최고의 문장가'로 불릴 만큼 고유한 문투로 한국어의 정수를 보여준다.

눈물 한 방울

이어령 저 | 김영사

탁월한 통찰력으로 문명의 패러다임을 제시해온 시대의 지성 이어령이 남긴 마지막 육필원고다. 2019년 10월부터 영면에 들기 한 달 전인 2022년 1월까지, 이어령은 마지막 순간까지 펜을 놓지 않고 생명과 죽음을 성찰했다. ■**디지로그**와 '생명자본' 등 저자가 이전에 제시한 문명론의 핵심은 변화와 융합이다. 그러나 『눈물 한 방울』은 심장에서 시작한다. 언어 이전의 마음으로 돌아가는 것이다. 저자가 병상에서 자신에게 남은 '마지막 말'을 찾아 노트를 써 내려가면서 발견한 것은 '디지로그', '생명자본' 같은 거창한 개념어가 아니라 '눈물 한 방울'이라는 마음의 표현이다.

■ 디지로그(digilog) 디지털(digital) 기기와 아날로그(analog)의 합성어로 아날로그 사회에서 디지털로 이행하는 과도기 혹은 디지털과 아날로그 정서가 융합한 기술을 말한다.

변화하는 세계 질서

레이 달리오 저·송이루, 조용빈 역 | 한빛비즈

레이 달리오는 몇 년 전, 일련의 거대한 현상들이 반복적으로 전개되고 있음을 느꼈다. 이 경험은 레이 달리오가 ■**빅 사이클**을 연구하도록 만들었다. 그는 지난 500년 동안 모든 부와 권력의 근저에서 반복된 전 세계 주요 국가의 경제적, 정치적, 역사적 패턴과 원인-결과를 연구했다. 그리고 이를 바탕으로 한 '빅 사이클'을 찾아냈다. 철저한 데이터 분석과 인사이트로 점철된 그만의 원칙은 변화하는 세계 질서 속에서 어떻게 행동해야 하는지 알려준다. 그리고 사이클의 각 단계별 특징과 단계별로 필요한 통치자, 쇠퇴하는 단계로 가는 시기를 늦추거나 완만하게 넘어갈 수 있는 방법 등을 설명한다.

■ 빅 사이클(big cycle) 세계는 일정한 패턴으로 거대한 현상들이 반복적으로 전개되며 점진적으로 다음 스텝을 향해 간다는 이론이다.

Movie	Exhibition	Play

스톰보이

숀 시트 감독

| 핀 리틀·제이 코트니 출연

펠리컨과 소년의 특별한 우정을 동화처럼 그려낸 영화 「스톰보이」는 호주의 국민 동화라 불리는 동명의 베스트셀러 소설을 원작으로 한다. 「스톰보이」는 작품 속 마이클이 자신의 손녀에게 펠리컨과 함께했던 어린 시절 이야기와 최근 대두되고 있는 환경 보호·동물 보호를 현대적인 시각으로 재해석해 관객들에게 본격 힐링을 선사한다. 한편, 「스톰보이」는 즐린어린이청소년국제영화제에서 어린이연기상을 수상했으며 호주영화제작자상, 장편제작사상과 호주비평가협회상 주제가상에 ■노미네이트되며 많은 사람들의 가슴을 파고들었다.

비비안 마이어 사진전

그라운드시소 성수

| 2022. 08. 04.~2022. 11. 13.

20C 수수께끼 사진작가 비비안 마이어의 사진전이 열린다. 비비안 마이어는 늘 카메라를 들고 다니며, 언제나 거리에 나가 사진을 찍었다. 15만 장이나 되는 사진들은 경매장에서 발견됐고, 그녀의 사망 후에야 대중들에게 알려졌다. 비비안 마이어의 비밀스러운 이야기는 ■아카데미 시상식 다큐멘터리 부문에 최종 노미네이트된 영화 「비비안 마이어를 찾아서(Finding Vivian Maier)」로 제작되며 전 세계에 비비안 마이어 열풍을 몰고 왔다. 이번 전시는 역대 최대 규모의 세계 투어 전시로 그녀가 누구에게도 보여주지 않았던 사진들을 만날 수 있다.

미세스 다웃파이어

샤롯데씨어터

| 2022. 08. 30.~2022. 11. 06.

코미디 명작 중의 명작으로 꼽히는 영화 「미세스 다웃파이어」가 뮤지컬로 돌아왔다. 특히 한국 프로덕션 초연이 브로드웨이와 동시기에 무대에 오르게 되면서 ■웨스트엔드를 제치고 한국 프로덕션이 가장 먼저 막을 올리게 됐다. 영화 「미세스 다웃파이어」는 1993년 개봉 당시 전미 박스오피스 11주 연속 1위를 차지하는 등 전 세계에 신드롬을 일으킨 작품이다. 뮤지컬 「미세스 다웃파이어」는 영화의 명장면들을 무대로 옮겨 원작 영화를 기억하는 세대들에게 위트와 진한 향수를 불러일으키는 동시에, 원작 영화를 본 적 없는 MZ세대에게도 유쾌한 웃음과 따뜻한 감동을 선사할 예정이다.

■노미네이트(nominate) 어떤 상이나 직책의 후보자로 지명되는 것을 말한다. 일반적으로 '노미네이트'라는 표현을 쓰는 경우는 후보가 되는 것 자체가 상당히 어려운 선발의 과정을 거친 경우를 의미한다.

■아카데미(academy awards) 1929년부터 미국 영화 및 미국에서 상영된 외국 영화를 대상으로 우수 작품과 영화인에 대하여 매해 봄철에 시상하는 미국 영화계의 가장 큰 연례행사다. 처음에는 12개 부문을 시상하였으나, 지금은 녹음·미술·음악·단편 영화·기록 영화 등의 다양한 부문에 걸쳐 시상한다.

■웨스트엔드(West End) 영국 런던 서쪽의 극장 밀집 지역으로, 미국의 브로드웨이와 함께 세계 연극·뮤지컬의 명소로 불리는 곳이다. 브로드웨이 공연이 엔터테인먼트 요소에 치중한 데 비해 웨스트엔드는 음악을 중시하면서 문학·철학적 주제를 다룬 작품이 많이 공연된다.

eduwill

누적 다운로드 수 35만 돌파*
에듀윌 시사상식 앱

94개월 베스트셀러 1위 상식 월간지가 모바일에 쏙!*
어디서나 상식을 간편하게 학습하세요!

매월 업데이트 되는
HOT 시사뉴스

20개 분야 1007개
시사용어 사전

합격에 필요한
무료 상식 강의

에듀윌 시사상식 앱 설치
(QR코드를 스캔 후 해당 아이콘 클릭하여 설치
or 구글 플레이스토어나 애플 앱스토어에서 '에듀윌 시사상식'을 검색하여 설치)

에듀윌 취업 아카데미에서
제대로 공부하세요!

공기업·대기업 수준별 맞춤 커리큘럼
온종일 밀착 학습관리부터 전공&자격증 준비까지 케어

고품질 영상 및 음향 장비를 갖춘 최고의 강의실

언제나 전문 학습 매니저와 상담이 가능한 안내데스크

1:1 대면 첨삭 및 전문 컨설팅이 가능한 일대일 상담실

공용 PC, 프린터, 충전기 등 편의시설을 갖춘 휴게실

강남 캠퍼스

운영시간 [월~금] 09:00~22:00 [토/일/공휴일] 09:00~18:00
주　　소 서울 강남구 테헤란로 8길 37 한동빌딩 1, 2층
상담문의 02)6486-0600

취업 아카데미
바로가기

베스트셀러 1위! 2,014회 달성* 에듀윌 취업 교재 시리즈

공기업 NCS | 쏟아지는 100% 새 문항*

1위 22. 3월 2주

NEW

1위 22. 4월

1위 22. 2월 4주

1위 22. 1월 4주

NCS 통합 기본서/봉투모의고사
피듈형 | 행과연형 | 휴노형 봉투모의고사
PSAT형 NCS 수문끝
NCS BASIC 기본서 | NCS 모듈형 기본서

매1N
매1N Ver.2

한국철도공사 | 부산교통공사
서울교통공사 | 5대 철도공사·공단
국민건강보험공단 | 한국전력공사
8대 에너지공기업 | 한국가스공사

한수원+5대 발전회사
한국수자원공사 | 한국수력원자력
한국토지주택공사 | IBK 기업은행
인천국제공항공사 | 한국도로공사

NCS를 위한 PSAT 기출완성 시리즈
NCS, 59초의 기술 시리즈
NCS 6대 출제사 | 10개 영역 찐기출
공기업 전기직 기출로 끝장

대기업 인적성 | 온라인 시험도 완벽 대비!

1위 22. 9월

1위 20. 11월

1위 22. 8월 2주

1위 22. 9월

1위 21. 12월 3주

대기업 인적성 통합 기본서

GSAT 삼성직무적성검사

LG그룹 온라인 인적성검사

SKCT SK그룹 종합역량검사
롯데그룹 L-TAB

농협은행
지역농협

취업상식 1위!

1위 22. 7월 1주

1위 20. 1월

1위 21. 1월

월간 시사상식

多통하는 일반상식
일반상식 핵심기출 300제

공기업기출 일반상식
언론사기출 최신 일반상식
기출 금융경제 상식

자소서부터 면접까지!

1위

1위 22. 1월 5주

NCS 자소서&면접
실제 면접관이 말하는 NCS 자소서와
면접_인문·상경계/이공계

끝까지 살아남는 대기업 자소서

더 많은
에듀윌 취업 교재

IT자격증 초단기합격!
에듀윌 EXIT 시리즈

컴퓨터활용능력 필기
기본서(1급/2급)

컴퓨터활용능력 실기
기본서(1급/2급)

컴퓨터활용능력 필기
초단기끝장(1급/2급)

ITQ 엑셀/파워포인트/한글/
OA Master

워드프로세서
(필기/실기)

정보처리기사
(필기/실기)

합격을 위한 모든 무료 서비스
EXIT 합격 서비스 바로 가기

빅데이터로 단기간에 합격! 합격의 차이를 직접 경험해 보세요

100만 권* 판매 돌파!
33개월* 베스트셀러 1위 교재

기본서

한국사 초심자도
확실한 고득점 합격

2주끝장

기출선지 빅데이터로
2주 만에 초단기 1급 합격

ALL기출문제집

합격 최적화 최신 기출문제
강의를 뛰어넘는 첨삭 해설

우선순위50

3개년 기출빅데이터로
최최종 마무리 점검

초등 한국사

비주얼씽킹을 통해
쉽고 재미있게 배우는 한국사

취업, 공무원, 자격증 시험준비의 흐름을 바꾼 화제작!
에듀윌 히트교재 시리즈

에듀윌 교육출판연구소가 만든 히트교재 시리즈!
YES 24, 교보문고, 알라딘, 인터파크, 영풍문고 등 전국 유명 온/오프라인 서점에서 절찬 판매 중!

공인중개사 기초서/기본서/핵심요약집/문제집/기출문제집/실전모의고사 외 12종

주택관리사 기초서/기본서/핵심요약집/문제집/기출문제집/실전모의고사

7·9급공무원 기본서/단원별 기출&예상 문제집/기출문제집/기출팩/실전, 봉투모의고사

공무원 국어 한자·문법·독해/영어 단어·문법·독해/한국사·행정학·행정법 노트/행정법·헌법 판례집/면접

7급공무원 PSAT 기본서/기출문제집　　**계리직공무원** 기본서/문제집/기출문제집　　**군무원** 기출문제집/봉투모의고사　　**경찰공무원** 기본서/기출문제집/모의고사/판례집/면접　　**소방공무원** 기본서/기출문제집/실전, 봉투모의고사　　**뷰티** 미용사/맞춤형화장품

검정고시 고졸/중졸 기본서/기출문제집/실전모의고사/총정리　　**사회복지사(1급)** 기본서/기출문제집/핵심요약집　　**직업상담사(2급)** 기본서/기출문제집　　**경비** 기본서/기출/1차 한권끝장/2차 모의고사　　**전기기사** 필기/실기/기출문제집　　**전기기능사** 필기/실기

경영시험 기본서/2주끝장/기출/우선순위50/초등 | 조리기능사 필기/실기 | 제과제빵기능사 필기/실기 | SMAT 모듈A/B/C | ERP정보관리사 회계/인사/물류/생산(1, 2급) | 전산세무회계 기초서/기본서/기출문제집

영어 1급 | 국제무역사 1급 | KBS한국어능력시험 | ToKL | 한국실용글쓰기 | 매경TEST 기본서/문제집/2주끝장 | TESAT 기본서/문제집/기출문제집 | 운전면허 1종·2종

지도사 필기/실기구술 한권끝장 | 산업안전기사 | 산업안전산업기사 | 위험물산업기사 | 위험물기능사 | 토익 입문서 | 실전서 | 어휘서 | 컴퓨터활용능력 | 워드프로세서 | 정보처리기사

월간시사상식 | 일반상식 | 월간NCS | 매1N | NCS 통합 | 모듈형 | 피듈형 | PSAT형 NCS 수문끝 | PSAT 기출완성 | 6대 출제사 | 10개 영역 찐기출 | 한국철도공사 | 서울교통공사 | 부산교통공사

건강보험공단 | 한국전력공사 | 한수원 | 수자원 | 토지주택공사 | 행과연형 | 휴노형 | 기업은행 | 인국공 | 대기업 인적성 통합 | GSAT | LG | SKCT | CJ | L-TAB | ROTC·학사장교 | 부사관

* 수험서 자격증 주택관리사 베스트셀러 1위 (2010년 12월, 2011년 3월, 9월, 12월, 2012년 1월, 3월~12월, 2013년 1월~5월, 8월~11월, 2014년 2월~8월, 10월~12월, 2015년 1월~5월, 7월~12월, 2016년 2월, 2017년 1월~12월, 2018년 1월~12월, 2019년 1월~12월, 2020년 1월~7월, 9월~12월, 2021년 1월~12월, 2022년 1월~9월 월별 베스트, 매월 1위 교재는 다름)
* 국내도서 해당분야 월별, 주별 베스트 기준

우리는 평생을 함께할
에듀윌 동문입니다

6년간 아무도 깨지 못한 기록
합격자 수 1위
에듀윌

• KRI 한국기록원 2016, 2017, 2019년 공인중개사 최다 합격자 배출 공식 인증
  (2022년 현재까지 업계 최고 기록)